普通高等教育会计专业精品课程系列教材

浙江省普通高校新形态教材项目

Fundamental Accounting

基础会计

傅　萌　主　编
王　霞　张　倩　副主编

上海财经大学出版社

图书在版编目(CIP)数据

基础会计/傅萌主编. —上海:上海财经大学出版社,2021.8
(普通高等教育会计专业精品课程系列教材)
ISBN 978-7-5642-3824-7/F·3824

Ⅰ.①基… Ⅱ.①傅… Ⅲ.①会计学-高等学校-教材
Ⅳ.①F230

中国版本图书馆CIP数据核字(2021)第140894号

□ 责任编辑 王 芳
□ 封面设计 张克瑶

基础会计

傅 萌 主 编
王 霞 张 倩 副主编

上海财经大学出版社出版发行
(上海市中山北一路369号 邮编200083)
网 址:http://www.sufep.com
电子邮箱:webmaster@sufep.com
全国新华书店经销
上海市崇明县裕安印刷厂印刷装订
2021年8月第1版 2021年8月第1次印刷

787mm×1092mm 1/16 11印张 282千字
(练习册 7.75印张 198千字)
印数:0 001—4 000 定价:49.00元

(本教材赠送练习册,请向售书单位索取)

前言

F OREWORD

本教材是《中级财务会计》的入门教材。通过学习本教材，使学生能够掌握会计基本知识、基本方法和基本技能，为进行会计专业课程和其他财经类课程的学习奠定基础。为此，本书在编写主线、编写特点与编写结构上涵盖了这些目的。本教材全套分为两册，主教材为《基础会计》，同时附赠《基础会计练习册》。此外，上海财经大学出版社网站上本书页面提供配套教学课件。

编写主线

按照本教材的编写目标，其主线是：依据我国财政部和我国立法机构最新颁布实施的一系列会计规范性文件和法律、条例编写。本教材以简明易懂的文字，阐述了会计核算的基本概念、基本方法与基本技能；用借贷记账法的原理正确处理制造业的主要经济业务；界定了利润总额的组成以及产品制造成本的计算方法；阐述了总分类账和明细分类账的平行登记以及对账、结账、错账更正的方法和财产清查结果的处理。通过《基础会计》的学习，使学生能够初步掌握制造业财务会计报告的基本框架、会计处理以及基本的会计信息阅读与分析能力。

编写特点

为便于学生在学习本章之前对讲授内容有一个大致了解，在每一章之首，阐述了学习目标，提纲挈领地让读者了解每一章的内容，并在每一章之末，对本章的重点部分进行小结，便于学生进行课后重点复习与领会。

本教材以简洁、通俗易懂的方式为会计专业的初学者设计了"知识链接"与"课堂思考"栏目。"知识链接"栏目主要是为了扩展学生的知识面以及提高学生的学习热情；设置"课堂思考"栏目的目的是使学生能够正确理解每一个章节的知识点，培养学生勤于思考、善于思考的能力，使学生知其然，也知其所以然。

为方便教师与学生的教学活动，与本书配套的《基础会计练习册》阐述了各章节的教学重点与难点、练习题与案例分析题。

新形态教材修订说明

本次修订在保持原有教材特色和优点的基础上，基于移动互联网技术，通过二维码将纸质教材、在线课程网站和教学资源库的线上线下教育资源有机衔接起来。修订的主要特点如下：

(1)体现了最新会计准则和财税制度改革的内容。本次修订结合了近几年我国企业会计准则的修订与完善的相关内容，体现了2018年以来增值税税率的变化。主要针对第三章会计要素与会计等式、第四章账户与复式记账、第五章借贷记账法在制造业的运用和第九章财务报告进行了重点修订。

(2)体现了立体化新形态教材的特色。本教材与智慧树平台上由本校开发的基础会计共享课资源相互链接，教材相关的章节配有二维码与网站上的教学视频及学习资源关联，与即时测试关联。这样便于教师进行线上线下混合式教学，便于学习者利用智能设备随时随地学习。

本书各章作者

本书由上海财经大学浙江学院傅萌副教授任主编，负责全书提纲的拟订以及全书定稿前的修改、补充和总纂；上海财经大学浙江学院会计系王霞副教授、张倩讲师任副主编，协助主编的有关工作。本书各章的作者分别是：第一章、第二章由王霞副教授执笔，第四章至第八章由傅萌副教授执笔，第十章由张倩讲师执笔，第三章、第九章由王文红讲师执笔。

致谢和结语

本教材在编写过程中，参考了许多学者的论著和教材，谨向这些作者表示衷心感谢！同时得到了有关院校同行及实务界专家的大力支持，在此，我们全体编写人员表示衷心的感谢。

随着现代企业制度的建立与不断完善，我国会计法规、制度正处于不断地更新与改革之中，在此期间，将有许多会计处理方法需要修订。我们认为，会计是一种国际化商业语言，记录着每一项交易的来龙去脉，但是现实的经济生活，实际上已经超出了这一商业语言本身涵盖的范围，它涉及许多相关的知识"链接"。这些"链接"除会计之外，更多的是法律和经济学方面的，包括金融、货币、证券；甚至是哲学方面的，包括伦理学、心理学等相关内容。受篇幅限制和编写水平有限，本书不可能面面俱到，疏漏之处在所难免，希望会计同仁多多赐教，以修正不足之处。

编者

2021年7月

目 录

CONTENTS

第一章 总　论

学习目标

通过学习本章，应了解会计的概念以及会计产生与发展的简要历史，明确会计工作的目标和核算对象，理解会计核算的基本方法与种类，了解会计职业以及基本会计规范。

第一节　会计的含义与职能

一、会计的含义

会计是现代经济生活中使用比较普遍的词语，泛指会计人员、会计工作、会计信息以及会计学等。会计在现代社会经济生活中是不可或缺的，无论是个人的经济活动还是一个企业的经济活动，都离不开会计。但是，就会计本身所具备的基本特性而言，其含义一般是指：会计是以货币为主要计量尺度，采用专门的方法，核算、反映和监督企业及行政、事业单位能用货币表现的经济活动的过程和结果，并在此基础上进行评价、预测、决策，以求得最佳经济效益的一种管理活动。

二、会计的职能

会计的职能是指会计在经济管理中所具有的作用。根据会计的含义，我们将会计的职能分为核算职能、反映和监督职能，以及评价、预测、决策职能。

（一）会计的核算职能

会计是以货币为主要计量单位，记录企业经济活动的变化。以货币为主要计量单位并且传递财务信息，是会计最古老、最直接和最容易被人们接受的方式。它将一个企业持有的所有资财通过会计确认、计量和报告程序，向会计主体报告财务信息。在我国改革开放初期，会计程序和记账方法主要以手工记录企业各项经济活动。此后，随着电子信息技术的突飞猛进，人们普遍采用计算机加工财务信息。尽管记账工具发生了变化，但是，要描述企业经济活动必须以货币为主要方式，这是由货币本身特点决定的。除货币之外，企业还以非货币或非财务信息来充分披露重要的经济事项。

（二）会计的反映和监督职能

就现代经济活动而言，企业个体以公司组织形式最多。公司股东通常并不直接从事经营活动，他们通过董事会或股东大会聘用经理人员去管理企业，经理层要通过会计向股东报告企业财务状况和经营成果，会计起着反映和监督以及交代受托责任的作用。从投资者和债权人的角度看，由于社会经济资源的稀缺性，他们选择投资或货币投放的企业必须能有效使用经济资源，以得到更好的投资回报和资金安全。因此，投资者和债权人要评价公司投资回报率及相关的财务风险，通过会计反映的财务信息来了解企业财务状况与经营成果，通过外部监督和审计报告来了解财务信息的真实性。此外，企业生产过程中，也都需要通过会计来反映和监督企业资财耗费以及管理绩效等。因此，会计具有反映和监督企业经济活动的作用。

（三）会计的评价、预测、决策职能

会计是通过收集、处理和利用经济信息，对企业经济活动进行组织、控制、评价和预测与决策，促使人们权衡利弊、比较得失、讲求经济效果的一种管理活动。在管理活动的每个阶段，除了需要会计人员担任财务信息提供者的角色，利用会计核算提供的财务状况、经营成果和现金流量信息之外，还直接参与企业经济活动的评价、预测和决策，并对企业的经营业绩分析考核，从而发现企业经营中存在的问题并采取相应措施予以补救，以寻找解决之良策。同时，利用会计所掌握的经济信息及其方法，对专门项目或经济前景进行分析与判断，使得经济活动通过会计提供的财务信息反馈给管理层。因此，会计具有评价、预测、决策的作用。

知识链接

上述三个职能是会计同时具备的。如果会计只是一种记账与反映企业经济活动的工具，而不是主动参与和监督企业管理活动，那么这仅仅是簿记而非会计之功能。因此，随着我国社会经济与资本市场的发展，会计发挥的作用将越来越重要。我国现在的会计所提供的信息与过去相比已不能同日而语，通过会计具有的反映、监督与管理作用，将使整个社会经济资源得以更合理分配。

第二节　会计的产生与发展

在我国，“会计”这个名称起源于西周。清代学者焦循在解释西周时代的会计时说，“零星算之为计，总合算之为会”。这个解释基本上概括了当时的会计既有日常的零星核算，又有岁终的总合核算以及日积月累、年终考核财政收支这样一些意思。现代会计有了很大发展，但是会计这个名称所包含的基本含义还是在一定程度上体现在我们今天的会计实践中。从世界范围看，会计的产生和发展经历了三个阶段，即古代会计阶段、近代会计阶段和现代会计阶段。

一、古代会计阶段

15世纪中叶之前，称为古代会计阶段。在这个漫长的历史时期，会计经历了从无到有、从原始到逐渐形成的发展历程。人类社会原始的会计行为，仅仅是一种极其简单的计量、记录行为，即人们常说的结绳记事、刻石记数。到这一阶段的后期，自然经济占主导地位，并以小生产为主，有一定的简单商品生产，会计逐步形成，并与其他管理和计量活动有所区别。这一阶段会计的主要特征是单式簿记，服务对象主要是个体生产。在中国，宫廷会计有很大发展，并走在世界会计前列。

知识链接

在我国唐宋时期，在生产力发展的同时，逐步形成了一套记账、算账的会计结算法，即“四柱结算法”。该方法是将一定时期内的财物收支记录，通过“旧管＋新收＝开除＋实在”（即上期结存＋本期收入＝本期支出＋本期结存）这一平衡公式，既可以检查日常记账的正确性，又可以系统、全面和综合地反映经济活动全貌。

二、近代会计阶段

15世纪中叶到20世纪五六十年代，称为近代会计阶段。这一时期资本主义国家商品经济大发展，随之产生了借贷记账法。在意大利，随着地中海沿岸银行业的发展，为记录银行的债权与债务，产生了借贷记账法，后通过英国得到广泛传播，成为迄今通行于全世界的会计方法。在经营方式上，股东直接从事经营管理。会计服务对象主要是企业内部管理需要，反映已经发生的经济活动。为了保证会计信息真实、客观，英国首先出现了以审查会计报表真实性为目标的独立审计。在美国，开始研究制定会计准则，用以规范企业的核算行为。在中国，西方会计理论和方法得到传播，借贷记账法传到中国，并有一定的应用，对近代中国资本主义经济的发展起到了推动作用。

知识链接

1494年意大利数学家卢卡·帕乔利（Luca Pacioli）所著的《算术、几何、比及比例概要》一书，系统地描述了热那亚、那不勒斯等地商业贸易中的复式记账，为复式簿记在全世界的广泛应用奠定了基础，这是会计史上的一个里程碑。

三、现代会计阶段

20世纪五六十年代以后，称为现代会计阶段。这一时期商品经济得到充分发展，企业规模扩大，市场竞争更加激烈，所有权与经营权普遍分离，会计发展为以满足所有者、债权人等外部需要的财务会计和服务于内部管理需要的管理会计这两大分支。财务会计在服务目标和行为规范方面都与管理会计存在很大区别。

知识链接

财务会计主要服务于外部需要，包括投资者、债权人、政府部门与其他社会公众的信息需要，处理的是企业与其外部各方面的利益关系；而管理会计则主要是为了满足企业内部管理部门的信息需要，所处理的是企业内部各方面的利益关系。在行为规范方面，财务会计有一套规范。这些规范，在有的国家是由政府部门制定的，而在另一些国家是由会计职业组织这样的民间机构制定的，这些规定都具有强制性。而管理会计基本上可以按照企业内部生产经营特点和管理需要自行组织，即使有些会计职业组织（比如管理会计师协会）制定一些规范，也主要起到指导和示范作用，并不具有强制性。

在我国，现代会计的发展也有类似的经历。新中国成立后，我国实施高度集中的计划经济体制，建立与计划经济相适应的会计制度。企业除了要按照国家统一的会计制度提供财务报表外，类似归口分级管理、班组核算这样一些内部管理形式也得到相当大的发展，后来被誉为中国特色的管理会计。到了 20 世纪 80 年代后，我国实行改革开放政策，计划经济体制逐渐向市场经济体制转化，尤其是证券市场的发展，促使我国会计制度发生巨大变革。时至今日，在大量引进西方财务会计和管理会计理论与方法的同时，我国已经建立了一套比较完整的既与国际会计准则趋同又具有中国特色的企业会计核算新体系，这极大地促进了我国会计事业的发展。

第三节　会计核算的目标与对象

一、会计核算的目标

会计核算的最终产品是财务报告，财务报告包括外部报告与内部报告。外部报告由财务报表和财务报告附注两部分组成。目前，我国企业财务报表主要有资产负债表、利润表、所有者权益变动表和现金流量表。财务报告附注是对财务报表编制基础、编制依据、编制方法及主要项目所做的详细解释。这些报表和附注的编制必须遵循财政部颁布的企业会计准则和相关监管部门的披露规则。外部报告的使用者主要是企业个体之外使用会计信息的人，包括投资者或股东、债权人、政府有关部门、证券分析师、公司员工和社会公众等。由于他们不参与企业的生产和经营活动，在制定经济决策和投资决策时就需要依据企业提供的财务报告。内部报告使用者主要是企业内部的管理者，他们使用会计信息的目的是为企业内部制定决策之用，例如制定生产经营政策、进行各项计划的选择与比较、控制日常经营活动以及考核经营绩效等。

我国《企业会计准则——基本准则》第四条指出：“财务会计报告的目标是向财务会计报告使用者提供企业财务状况、经营成果和现金流量等有关信息，反映企业管理层受托责任履行情况，有助于财务会计报告使用者做出经济决策。”

(一)向财务会计报告使用者提供企业财务状况、经营成果和现金流量等信息

企业财务状况、经营成果和现金流量等信息主要通过资产负债表、利润表、现金流量表和相关附注说明反映。对企业经济资源的要求权来源于两者：一是债权人，二是所有者或投资者，因而也就产生两种不同的权益。债权人权益反映了企业未来的经济业务，而所有者权益则反映了投资者在企业净资产上的利益关系，两者的变动与企业财务状况、经营成果和现金流量有着密切的关系。

通过财务报告所提供的财务状况、经营成果和现金流量等信息，能向会计信息使用者提供企业资金的取得与使用、借款与借款清偿、企业的资本性业务(其中包括对所有者分派的现金股利和其他经济资源)以及影响企业变现能力或偿债能力的其他因素等信息，这些信息有助于会计信息使用者评价和判断企业的偿债能力、获利能力和现金流量。

课堂思考

1. 为什么债权人和投资者颇为关注企业财务状况、经营成果和现金流量等信息？请举例说明。

2. 经营业绩良好，账面利润丰厚，是否会出现资金周转不灵的状况，或偿债能力出现问题，预示财务危机来临？

(二)反映企业管理层受托责任履行情况

投资者和债权人投入的经济资源由企业管理层保管和使用，作为经济资源的所有者，他们与管理层形成一种经济受托关系。为了保护自己的利益，投资者和债权人既要了解和评估企业管理层利用资源的效率及其受托责任，又要了解企业资源在期初和期末的形态、数量和状况是否完好，包括对管理层创造有利于净现金流入能力的评估。企业财务报告充分揭示管理层的受托责任及其完成情况信息，有利于债权人和投资者评价管理层的经营管理能力与经营业绩，以及做出合理的投资与信贷决策，也有利于制定激励政策或做出更换经理人的决定。

(三)有助于财务会计报告使用者做出经济决策

投资者和债权人在从事投资活动和信贷活动时，必须进行投资决策和信贷决策。在投资或提供信贷之前，现有投资者必须对是否增资，是否继续持有股份、放弃或转让股权等做出决策，潜在的投资者对备选的投资方案也需进行抉择，债权人也需要决定是否提供贷款或购买债券，对具体的贷款或债券形式需要进行决策，如贷款的利率、期限、要求提供的抵押物等。

知识链接

要做出以上这些决策，财务报告是必不可少的依据。财务报告的根本目的就是提供对投资和信贷决策有用的信息，有助于现有的、潜在的股东、债权人和其他信息使用者进行理性投资、贷款和其他合理的经济决策。

二、会计核算的对象

会计核算的对象是指会计核算和监督的经济内容，也就是企业与行政、事业单位能用货币表现的经济活动的过程和结果。

在社会再生产过程中，企业与行政、事业单位为了进行生产经营活动和完成国家赋予的任务，必须拥有和控制一定数量的财产物资，作为完成各项任务的物资基础。对企业来说，这些财产物资，可以由国家投资、法人单位投资、外商投资或个人投资，也可以向银行借款或发行债券取得，而行政、事业单位则主要通过国家预算拨款方式取得。这些财产物资的货币表现及货币本身，在会计上称为资金。资金随着企业和行政、事业单位各项经济活动的开展而不断发生变化，形成资金运动。因此可以说，会计核算的对象就是企业与行政、事业单位能用货币表现的经济活动的过程和结果。

知识链接

不同的企业经济活动及其资金运动不相同，会计核算对象也有差别。工业企业的经济活动及其资金运动具有普遍性和代表性，商品流通企业的经济活动及其资金运动也很普遍但相对比较简单，其余如农、林、牧、副、渔以及旅游、服务、建筑、运输、金融等企业的经济活动及其资金运动则各自具有一定的特殊性。

(一)工业企业的经济活动及其资金运动

工业企业通常是指以从事生产各种日用或非日用工业品为主营业务的企业，如食品企业、服装企业、电视机生产企业等。工业企业会计核算对象就是工业企业的资金运动，它包括资金进入企业、资金在企业内部周转和资金退出企业三大部分。

1. 资金进入企业

资金进入企业是指企业通过接受投资或借入资金，从投资者或债权人处取得资金的过程，这时的资金主要表现为货币形态，也可以表现为实物形态。

2. 资金在企业内部周转

资金在企业内部周转主要体现在生产经营活动的三个过程中，即采购过程、生产过程和销售过程。在采购过程中，企业用货币购入为生产产品而储备的材料，同时为保证生产经营活动正常进行，尚需购建必要的房屋及建筑物、机器设备等。这时企业的资金形态随之由货币资金转化为储备资金。在生产过程中，企业主要由管理人员和生产工人利用自身的管理、劳动和生产经营技能，借助于企业所能控制的房屋及建筑物、机器设备、工具、器具等劳动条件，对各种原材料等劳动资料进行加工，从而制造出各种产成品以备销售。这时企业的资金形态逐渐由储备资金和部分货币资金转化为生产资金。随着产品的完工入库，生产资金又转化为成品资金。在销售过程中，企业销售产品、收回货款，成品资金又转化为货币资金，但其数量通常会大于原先所投入的货币资金而实现增值。

工业企业资金是随着采购、生产和销售三个过程而进行的，从货币资金开始，依次转化为储备资金、生产资金、成品资金，最后回到货币资金形态，这一转化过程称为资金循环，资金周而复始地进行，即称为资金周转。

3. 资金退出企业

企业在资金周转过程中，有一部分资金将退出企业，资金退出是指企业通过生产经营产生营业收入和利润，按照国家的相关法律法规交纳税金，分配给投资者利润或股利以及归还银行借款和利息等的过程。

(二)商业流通企业的经济活动及其资金运动

商业流通企业通常是指以购买和销售商品为主营业务的企业，如百货公司、服装商厦、家电商场等。商业企业会计核算对象除了资金进入及退出与工业企业相似之外，资金在企业内部周转主要包括采购和销售两个阶段，其运动方式也比较简单。

在商品采购阶段，企业主要根据市场需求状况购买适销对路的商品，一方面应当向供货方支付货款，另一方面应当对所购的商品验收入库或上架待售。这时企业的资金形态由货币资金转化为商品资金。

在销售阶段，企业主要是根据销售合同、协议、订单或者直接向购货方或集体与个人消费者销售商品，一方面应当发出商品，另一方面应当收取货款。这时企业的资金形态由商品资金又转化为货币资金。但由于商品的售价往往高于其进价，因而销售商品时所收回的货币资金通常大于购买商品时所支付的货币资金，从而实现增值。

尽管各企业的经济活动及其资金运动有所不同，但是任何企业的经济活动及其资金运动都需要进行科学合理的管理，这就要求会计理论或相关的法律法规应当进一步分析和明确会计核算对象，使之能够得到具体化的表现，并有利于会计人员进行确认、计量与报告。

课堂思考

还有哪一类企业与商业企业具有相同的经济活动及其资金运动状态?

第四节 会计核算的方法

财务报告是在会计期间结束以后，对此期间的经营成果以及会计期间最后一天的财务状况全面、系统、概括地加以反映。企业在一个会计期间内发生的所有经济业务，都将对经营成果和财务状况产生影响，会计人员不可能根据每一笔经济业务直接填列财务报告，而需要在经济业务发生时，采用一定的会计核算方法及其程序，对经济业务的性质加以识别、判断和分类，做好会计记录；在会计期间结束时，再根据平时积累的会计数据编制财务报表并进行财产清查等。因此，会计核算方法贯穿于会计核算基本程序之中，具体包括设置账户、复式记账、填制和审核会计凭证、登记账簿、成本计算、财产清查以及编制财务报告等专门的方法。

一、设置账户

设置账户是对会计对象的具体内容进行分类核算和监督的一种方法，是进行会计核算的必要手段。设置会计账户必须先按照会计要素对会计对象的具体内容进行科学分类，然后对会计要素的内容进行具体划分并形成会计科目，再根据会计科目在账簿中开立账户，用于连续地记录各项经济业务所引起的各项资金的增减变动情况和结果。由于会计对象的内容复杂多样，通过设置账户进行归类记录，循序地将会计对象汇集起来，才能对其进行系统的核算和有效的监督。

二、复式记账

复式记账是对每一项经济业务都要以相等的金额同时记入两个或两个以上相互对应账户的一种方法。一个单位所发生的任何一项经济业务都不是孤立的，应用复式记账法可以通过账户的对应关系反映经济业务的来龙去脉，能够全面、系统地反映经济业务的前因后果，因此，复式记账是会计描述经济业务的一种专门手段。会计通过运用复式记账方法在描述资金变动来龙去脉和因果关系的同时，也建立了一种相关账户间的平衡关系，这种平衡关系是检查经济业务记录是否正确的重要依据。

三、填制和审核会计凭证

填制和审核会计凭证是为了保证经济业务的合法合理，登记入账的会计记录正确、完整而采用的一种方法。会计凭证是记录经济业务、明确经济责任的书面证明，是登记账簿的依据。经济业务发生时，首先由经办人员取得表明经济业务发生及其内容的原始凭证，然后将其交由会计人员或相关部门逐项审查认定经济业务发生或完成的情况，依据审核无误的原始凭证，由会计人员填制记账凭证。会计人员填制的记账凭证是登记账簿的唯一依据。

通过填制和审核会计凭证，使进入会计系统的信息有据可查，保证会计信息的真实可靠，同时也是实行会计控制的一个重要方面。

四、登记账簿

登记账簿是依据审核无误的会计凭证，在账簿中连续、完整、分门别类地记录和循序地汇集核算所发生的经济业务的一种方法。账簿由具有一定格式的账页组成，是用来连续、完整、分门别类地记录各项经济业务的簿籍，是储存会计数据资料的重要工具。

通过登记账簿，才能可靠、连续、完整、分门别类地记录经济业务的发生情况，并通过定期地结账与对账，为编制财务报告提供完整而又系统的会计数据，同时可以为事中、事后的会计控制提供基础资料。

五、成本计算

成本计算是按照一定对象归集和分配在生产经营过程中不同部门、不同阶段所发生的各种费用支出，以确定该对象的总成本和单位成本的方法。

通过成本计算，可以确定材料的采购成本、产品的生产成本和销售成本，可以反映监督生产经营过程中发生的各项费用是否节约和超支，目的在于掌握企业生产经营消耗水平，为企业计算盈亏和经营成果奠定基础。

六、财产清查

财产清查是通过盘点实物、核对账目来保持账实相符的一种方法。账簿资料系统地记录了企业的经济活动，但是，会计记录正确与否的检验手段就是账面反映数与相对应的盘点后实际数进行核对。为保证会计记录的准确性，保证账实相符，必须定期或不定期地对各项财产物资、往来款项进行清查、盘点和核对。

通过财产清查，还可以查明各项财产物资和货币资金的保管和使用情况，以及往来款项的结算情况，监管财产物资和资金的安全与合理使用。在清查中如果发现财产物资和货币资金实有数与账面结存数不一致，应及时查明原因，通过相关的审批程序与账面调整，使实有数与账面结存数相一致，保证会计核算资料的准确性和真实性。

七、编制财务报告

编制财务会计报告是定期总括反映会计主体财务状况、经营成果与现金流量情况的一种方法。财务报告是主要以账簿记录为依据，经过数据加工整理而产生的一套完整的书面文件。财务报告提供的资料是会计信息使用者赖以制定决策的主要依据。

从经济业务发生，到经办人员填制或取得原始凭证，经会计人员审核整理后，按照设置的账户，运用复式记账法，编制记账凭证，并据以登记账簿；对于生产经营过程中发生的各项费用进行成本计算，最终计算出企业的经营成果；对于账簿记录，要通过财产清查加以核实，在保证账实相符的基础上，定期编制财务报告。会计通过上述的核算基本程序与方法，相互联系，互相配合，循序渐进，按照确认、计量、记录、报告的程序形成会计信息系统。

第五节 会计职业与基本会计规范

一、会计职业

会计职业是指会计的专业工作领域。会计人员作为会计信息的提供者和企业管理人员队伍的成员，所从事的职业主要有两大类：一是企事业单位会计，二是公共会计。

(一)企事业单位会计

我国大多数会计人员在企事业单位(包括政府和非营利组织)从事会计工作。按照我国《会计法》的规定，各企事业单位应当根据会计业务的需要，设置会计机构。

(二)公共会计

公共会计是指为社会各企事业单位、法人机构和个人提供鉴证业务和咨询业务的会计工作，一般由注册会计师承担。注册会计师具有一定的会计、审计和其他专业水准和能力，经国家政府或特定的专业组织机构所组织的考试或考核合格，取得由政府或这些机构签发的执业证书，可以在社会上接受当事人的委托，从事有关鉴证和咨询业务。它是一种独立性强、专业性强的职业，与律师、医师和建筑工程师类似，以向当事人提供专业服务并收取相应的费用为主。

知识链接

作为一种职业和行业，注册会计师及会计师事务所从业必须具备法律依据。在我国，这个法律依据就是《注册会计师法》。该法对于注册会计师的职业资格、范围、责任、道德、继续教育以及会计师事务所的组织形式、运作、责任等做出了明确的规范。

二、会计规范

会计信息既是不同使用者共享的公共产品，同时又是备受社会各阶层广泛关注和政府高度管制的领域，因此，会计信息要有效地服务于社会，促进资本市场健康发展，必须要有一系列的法律、法规以规范会计行为。会计规范是指一系列用于规定并约束会计数据加工、处理与信息生成等行为的法律、标准制度和惯例的总称或准绳。在我国，会计规范主要包括《会计法》《企业财务会计报告条例》、企业会计准则体系以及上市公司信息披露文告。

（一）《会计法》

《会计法》全称为《中华人民共和国会计法》。新中国成立后，我国于1985年首次颁布施行，并在1993年12月修正、1999年10月修订、2017年11月修正，于2017年11月5日起实施。《会计法》是会计工作最重要的大法，是制定各项会计法规和会计准则的基本依据。修订后的《会计法》分为7章，共52条，主要就会计管理体制、会计核算、会计监督、会计机构和会计人员、单位负责人及其法律责任等方面做出了明确规定，同时还明确了《会计法》的立法宗旨和适用范围等。《会计法》是一项重要的经济立法，是会计信息真实、完整，杜绝虚假会计信息的可靠保证。

知识链接

《会计法》在其多项条款中重申并要求各单位所提供的财务会计信息必须真实、完整，强调不得提供虚假财务会计报告，或以虚假经济交易进行会计核算。对伪造、变造会计凭证、会计账簿或者编制虚假财务会计报告且构成犯罪的，应依法追究直接责任人的刑事责任并承担经济处罚。《会计法》特别指出，单位负责人与会计人员必须遵循企业会计核算的相关规定。这一规定要求企业在会计要素确认、计量、记录和报告方面的真实性，以及利润分配的真实性。不得随意改变、多计或少计、虚计或隐瞒、推迟或提前会计要素的确认，不得违反国家统一会计制度规定的其他行为。

（二）《企业财务会计报告条例》

《企业财务会计报告条例》根据《会计法》的要求，分别对企业财务会计报告的含义及一般规定、财务会计报告的构成、财务会计报告的编制、财务会计报告的对外提供和有关法律责任做出了说明，要求各相关企业在对外提供财务会计报告时参照执行。

（三）企业会计准则体系

企业会计准则体系是我国最主要的会计规范，它由《企业会计准则——基本准则》《企业会计准则——具体准则》《企业会计准则——应用指南》和《企业会计准则解释公告》构成。企业会计准则体系是会计从业人员必须遵照执行的会计规范，同时也是近二十多年来我国会计改革的重大成果，标志着我国与国际会计准则基本趋同的体系已经确立，在我国会计史上具有里程碑式的意义，是我国各种所有制形式、各种组织形式的企业进行规范会计核算的基础。

1.《企业会计准则——基本准则》

在我国企业会计准则中，《企业会计准则——基本准则》是“纲”，在整个会计准则体系中起统驭作用，其作用不仅体现在具体准则的制定上，而且对实际工作也具有指导作用。《企业会计准则——基本准则》共11章，除附则（第十一章）外，其框架如图1－1所示。

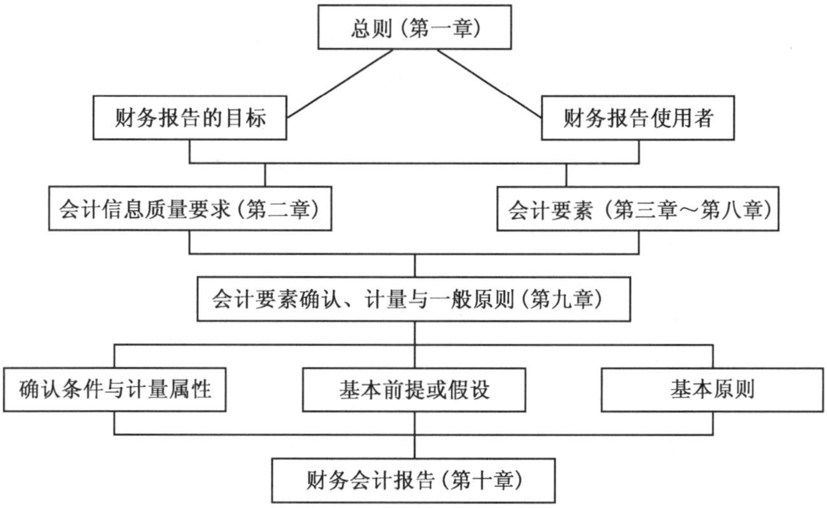

图 1—1 企业会计准则框架

从上述框架的描述中我们看到，财政部颁布的《企业会计准则——基本准则》，就财务报告目标、会计信息质量要求与会计要素、会计要素的确认和计量与一般原则等做了明确规定，规范了我国会计工作最基本的各个方面，它与国际会计准则理事会颁布的《编制财务报表框架》和美国财务会计准则委员会颁布的《财务会计概念公告》具有类似之处。我国企业会计准则体系的发布实施，对促进我国经济发展、提升我国在国际资本市场中的地位有着重要现实意义。有关企业会计基本准则的具体内容及其分析在以后的课程中都将具体阐述。

2.《企业会计准则——具体准则》

在会计准则体系中，具体企业会计准则是根据基本会计准则的要求，对企业各种经济业务会计处理方法和程序做出的具体规定。截至 2017 年 4 月，财政部已经颁布了 42 项具体的企业会计准则。

从 42 项具体会计准则颁布与规范的内容来看，具体会计准则试图从“总则”“会计确认与计量”“会计信息披露”三个方面进行规范，同时又非常简明扼要地将会计要素在持有期间存在的会计问题分解为初始计量、后续计量以及解除确认与计量三部分。我国具体会计准则的结构如图 1—2 所示。

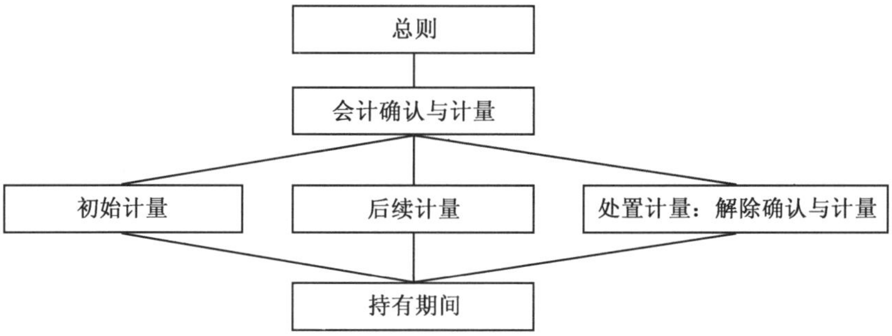

图 1—2 具体的企业会计准则

3.《企业会计准则——应用指南》与《企业会计准则——解释公告》

《企业会计准则——应用指南》，是具体会计准则的操作指引。它主要解决企业会计人员在运用具体会计准则时，对所涉及的会计科目、账务处理、会计报表及其格式处理做进一步的说明，它是会计准则体系的组成部分，与基本准则和具体准则具有同等的法律效力。

上述基本准则、具体准则、应用指南三个方面，依次自上而下形成企业会计准则的三个层次，构成我国的企业会计准则体系，并具有法律法规上的效力，在全国范围内（港、澳、台除外）强制执行。另外，针对企业会计准则体系实施过程中遇到的问题，财政部会计准则委员会成立了“企业会计准则实施问题专家工作组”，就会计实务中遇到的操作问题或紧急问题而对会计准则进行具体解释并颁布《企业会计准则解释公告》，便于及时指导上市公司、会计师事务所等有关方面正确地理解和执行新会计准则。

（四）上市公司信息披露文告

我国证券市场经过多年的发展，国务院和中国证监会颁布了一系列法规、制度，已基本形成了一套比较完善的上市公司信息披露体系。该体系的核心是全国人大常委会颁布实施的《证券法》和《公司法》、以国务院令的形式发布的《股票发行与交易管理暂行条例》、以证监会规章形式发布的《公开发行股票公司信息披露实施细则》《公开发行证券的公司信息披露内容与格式准则》《公开发行证券的公司信息披露编报规则》和《公开发行证券的公司信息披露规范问答》。这些法律与行政法规规定了上市公司及其有关主体信息披露的义务和法律责任，对会计实务产生了很大影响。

本章小结

就会计所具备的基本特性而言，会计是以货币为主要计量尺度，采用专门的方法，核算、反映和监督企业及行政、事业单位能用货币表现的经济活动的过程和结果，并在此基础上进行评价、预测、决策，以求得最佳经济效益的一种管理活动。

会计的职能是指会计在经济管理中所具有的作用。会计应该具有三个职能：核算职能、反映和监督职能，以及评价、预测、决策职能。

会计的产生和发展经历了三个阶段：15 世纪中叶之前，称为古代会计阶段；15 世纪中叶到 20 世纪五六十年代，称为近代会计阶段；20 世纪五六十年代以后，称为现代会计阶段。

财务会计报告的目标是向财务会计报告使用者提供企业财务状况、经营成果和现金流量等有关信息，反映企业管理层受托责任履行情况，有助于财务会计报告使用者做出经济决策。

会计核算方法贯穿于会计核算基本程序之中，具体包括设置账户、复式记账、填制与审核凭证、登记账簿、成本计算、财产清查与编制财务报告等专门的方法。

会计职业是指会计的专业工作领域。会计人员所从事的职业主要有两大类：一是企事业单位会计，二是公共会计。

会计规范是指一系列用于规定并约束会计数据加工、处理与信息生成等行为的法律、标准制度和惯例的总称或准绳。在我国，会计规范主要包括会计法、企业财务会计报告条例、企业会计准则体系以及上市公司信息披露文告。

测试题

本章测试题可扫描以下二维码进行练习：

第二章 会计核算的基础

学习目标

通过本章学习，应该理解会计核算的四个基本假设及其会计核算的两个基础，即权责发生制与现金制；理解会计信息质量要求的内容；理解会计要素确认与计量时选择合适计量属性的重要意义。

第一节　会计核算的基本假设

会计存在于社会经济、文化、政治等环境中，并受到这些环境的规范与限制。为了顺利地开展会计工作，会计工作者在会计实践中，对其所处的时间、空间环境、计量手段等根据客观情况和发展趋势做出了一些合理的推断或人为规定，由于这些推断或人为规定不需证明而被会计人员在会计核算中加以接受，所以将此称为会计核算的基本假设或基本前提。会计核算的基本假设是规范会计要素确认、计量和报告的前提条件，主要包括会计主体、持续经营、会计分期和货币计量四项。

一、会计主体假设

会计主体假设是指会计工作所服务的特定单位或组织。由于会计反映的经济活动是与某一特定单位的经管责任相联系的，因此，我国习惯上将会计主体称为核算单位或会计实体。会计主体规定了会计所反映的空间范围，这就要求会计的确认、计量与报告应限定在某一特定主体的范围内，会计所要提供的是这个主体的财务状况与经营成果的信息。如果会计主体的界限不清，就不可能将其经济业务所产生的影响交代清楚。

会计主体这一核算的基本前提并不仅仅适用于营利企业，它同样适用于非营利组织，如政府预算单位、学校、医院、慈善机构等。会计主体是一个经济主体概念，因此它并不是一个法律主体概念。国有企业、上市公司等法人组织必然是一个会计主体，但企业中的某一部分，如分厂、分公司（只要其业务可以与其他部门相区别）同样可以成为会计主体，由若干企业法人组成的经济主体（如企业集团）也同样可以是一个会计主体。

二、持续经营假设

持续经营假设是指在没有相反证据的情况下，会计主体在可以预见的将来，按它现在的形式和目的持续不断地经营下去。持续经营作为会计核算的基本前提，表示企业不会被迫清算，各种资产不需要削价变现。现存资产应该按照原来的购买意图正常地予以使用或消耗，并且采用实际成本进行计价。在资产的后续计量中按合理方式对成本进行系统分摊，而不能直接采用清算价格计价。负债、所有者权益、收入、费用等会计要素的确认与计量，也与这一假设密切相关。只有在企业持续经营的假设下，资产、负债按照流动与非流动分类，对固定资产计提折旧、对无形资产进行摊销才有实际意义。

现实生活中，我们常见到一些企业经营失败或者终止经营了，持续经营就不能成为会计核算的基本前提。在企业终止经营的情况下，资产、负债按照可变现净值计价或清算价值计价比按照历史成本计价更合理，这时如果资产和负债仍然按照流动和非流动分类，显然无重要意义；负债按法律规定的清偿先后顺序分类，也就更加合理一些，由此企业向会计报表使用者提供的信息也就更相关。

三、会计分期假设

会计分期，又称会计期间。会计分期假设是指企业的经济活动可以人为地划分为时间长度相等的期间，以便更为及时地向投资者提供相关和可靠的信息。企业自创立之日起，直到终止经营为止，其生产经营活动是连续不断的。企业发生的各种经济业务，使财务状况和经营成果不断变化，直到停业为止。企业管理人员、投资者、债权人和政府有关部门需要及时了解经营情况，评价企业业绩，会计分期是及时向企业内部和外部相关的信息使用者提供信息的要求。

在会计工作中，人为地在时间上将连续不断的企业生产经营活动划分为等长度的时段，形成会计期间，然后定期归纳、汇总、概括账上的资料，编制出财务报表，及时传递给各类会计信息使用者。在业务复杂的企业，会计期间划分越短，就越难以正确计算经营成果，从而影响信息的可靠性；但期间过长，又影响信息的及时性。投资者需要企业迅速处理数据，并及时提供给他们，但时间越短，越容易出错。这是会计信息相关性和可靠性相权衡的很好例子。

会计期间的长度可根据需要而定，一般分为年、季和月。会计年度可采用历年制，即与日历年度保持一致；也可采用非历年制，常见的有营业年度。按年度提供的财务报告，称为年度报告；按年度内的任一期限（如半年、季度和月度）提供的财务报告，称为中期报告。

知识链接

会计分期假设对于会计程序和方法的确定具有很大的影响。由于会计分期，产生了企业的收入和费用归属于哪个会计期间的问题，要求企业在每个会计期间所采用的会计方法必须一致，这样才能正确反映与分析比较企业在各个会计期间的财务状况、经营成果和现金流量。

四、货币计量假设

货币计量假设是指会计采用一定的货币单位来计量与报告会计主体的经济活动及其结果。货币是衡量一般商品价值的共同尺度，具有价值尺度、流通手段、储藏手段和支付手段等特点。其他计量单位，如重量、长度、容积、件等，都只能从一个侧面反映企业的生产经营情况；而以货币为计量单位，就可以使不同形态的财产物资项目相加减，使收入、费用相配比，比较全面地计量和报告企业财产物资的价值，可以更为有效地向信息使用者提供资本业务和商品劳务的交易情况。

货币计量还蕴含着币值不变这一假设。货币作为一种特殊商品，它本身的价值应当稳定不变，或者即使有所变动，其幅度也微不足道。币值不稳，以货币计量的会计信息，其可信赖的程度就大大降低。因此，一些国家曾经规定，在物价变动幅度达到一定水准时，提供经物价水准调整的补充信息，以反映币值变动所引起的影响。

课堂思考

即使币值是稳定的，但以货币计量是否也存在一些缺陷？

第二节　会计基础

会计基础是指会计应该以何种标准作为其核算的基础。在会计中可以以本期现款的收到和支出作为基础来确认本期的收入和费用，也可以以本期权利的获得和义务的发生为基础来确认本期的收入和费用，为此形成了现金制与权责发生制两种会计核算基础。

一、权责发生制

权责发生制又称应计制，它是指对于收入和费用应当以收入和费用的实际发生作为确认计量的标准，即根据经济权利和责任的发生与转移确定收入与费用的归属期。凡是当期已经实现的收入和已经发生或应当负担的费用，不论款项是否收付，都作为当期的收入和费用处理；凡是不属于当期的收入和费用，即使款项已经在当期收付，也不应作为当期的收入和费用处理。

二、现金制

与权责发生制相对应的是现金收付制，简称现金制。现金制是指企业某期收入和费用的确认，以款项的实际收付为标准。凡属本期收到的收入和支付的费用，不管其是否应归属本期，都作为本期的收入和费用处理；反之，凡本期未曾收到的收入和未曾支付的费用，即使应归属本期，也不作为本期的收入和费用处理。现金制是目前我国行政单位（例如法院、公安系统）采用的会计核算基础，事业单位（例如医院、学校）会计核算除了经营业务采用权责发生制外，其他业务也采用现金制。

就会计处理程序而言，现金制比权责发生制简便。但就所确认的收入、费用和利润，以及受影响的资产、负债、所有者权益项目来说，则权责发生制更为合理。以权责发生制作为记账基础，有助于准确地反映企业各期的经营损益。

课堂思考

某企业在 3 月销售商品，其售价为 5 000 元，成本为 3 000 元，款项于 3 月收到 30%，4 月收到 70%。

请思考：按照现金制和权责发生制，3 月和 4 月的销售毛利为多少？

第三节　会计信息质量要求

企业向使用者提供的会计信息怎样能达到财务报告的目标？我国《企业会计准则——基本准则》就满足会计信息使用者要求而言，规定了会计信息的质量要求必须是：可靠性、相关性、可理解性、可比性、实质重于形式、重要性、谨慎性、及时性等。

一、可靠性

我国《企业会计准则——基本准则》规定："企业应当以实际发生的交易或者事项为依据进行会计确认、计量和报告，如实反映符合确认和计量要求的各项会计要素及其他相关信息，保证会计信息真实可靠、内容完整。"会计信息的可靠性必须以真实性、可验证性、中立性为前提。

可靠性必须以真实性为前提。真实性要求会计衡量的结果与企业实际的财务状况和经营成果相一致。如果会计衡量不能真实反映所要衡量的交易或事项，则会计信息就不具有可靠性。

可靠性必须以可验证性为前提。可验证性是指彼此独立的会计人员，对发生的经济业务使用相同的会计计量方法，可以得出相同的结果。如果别的会计人员采用同一方法，却得到截然不同的结果，则说明会计信息不具有可验证性，便失去了可靠性。

可靠性必须以中立性为前提。中立性是指会计人员在制定或选择会计政策时，应考虑该会计政策所产生的信息是否能真实反映经济现实性，会计人员不能为了达成想要达到的结果，或有意图地促使某一事件的发生而将信息加以歪曲或选用不恰当的会计政策。这也就意味着会计信息的产生不应偏向任何一方利益相关集团，不应带有主观成分，也只有这样，才能产生实事求是的、真实的、无偏差或少偏差的信息。

知识链接

固定资产的原始价值可以可靠地确定，但是每年计提的折旧费远非完全可靠，因为折旧费的确定具有估计性质。由于带有判断与估计成分，不同会计人员的处理可能会有不同的结果，对会计信息可能会带来一定的影响。

二、相关性

我国《企业会计准则——基本准则》规定：“企业提供的会计信息应当与财务会计报告使用者的决策相关，有助于财务会计报告使用者对企业过去、现在或者未来的情况做出评价或者预测”“企业对于已经发生的交易或者事项，应当及时进行计量和报告”。会计信息的相关性包括具有预测价值、反馈价值和及时性等。

会计信息的相关性是指企业所提供的会计信息与使用者的决策有关，可以增进使用者的预测和决策能力，从而影响其投资或其他经济行为。使用者的决策包括投资决策、贷款决策、生产经营决策、筹资决策、股利分配决策等，凡是与这些决策相关的会计信息，均被视为有用的信息。相关程度越高，越是有用。

相关的会计信息应该具有预测价值。即相关的会计信息能有助于使用者通过对会计信息的分析，预测未来事项的可能结果，从而改变其决策。例如，投资者从当年年度报告中看到，企业的每股收益为 0.1 元，过去几年的平均每股收益为 0.3 元，在其他条件不变的情况下，他预测企业明年的每股收益将进一步下降，于是修正了原来继续持有该股票的决策，改为出售股票；反之亦然。这种信息改变了投资者的预期和行为，具有信息含量。

相关的会计信息应该具有反馈价值。即相关的会计信息能证实或更正过去决策时的使用者预期结果。例如，某投资者认为公司的股票价格与净资产利润率保持一定的关系。当公司的净资产利润率保持在 6%以上时，可以持有该股票。他预期该公司能够在今后继续保持这一盈利水平，因而持有该股票。当公开的年报显示该公司的净资产利润率在 7%时，就可证实原有的预期是正确的，从而坚定了继续持有的信心。

相关的会计信息应该具有及时性特征。即相关的会计信息必须在决策之前提供给使用者，才能充分发挥其价值；若信息不及时提供，决策者便会错失良机。同时企业提供的财务报告应尽可能地包括影响使用者决策的未来信息、隐含未来发展的现行信息，以便使用者及时采取措施，不至于在将来惊慌失措。披露资产负债表期后事项的信息，可以视为及时性的要求之一。

知识链接

会计信息的可靠性与相关性是最重要且最基本的质量要求。相关的信息之所以有用，首先在于它是可靠的，同时及时地提供相关的可靠信息。如果投资者所关心的盈利信息和其他相关信息不具备可靠性，甚至弄虚作假，那么这些相关的信息不仅毫无价值，而且因误导投资者而有害。

课堂思考

交易性金融资产期末为何采用公允价值计量？

三、可理解性

我国《企业会计准则——基本准则》规定："企业提供的会计信息应当清晰明了，便于财务会计报告使用者理解和利用。"

可理解性是联系会计信息与使用者的桥梁，有用的信息必须能被使用者所理解，否则再相关、可靠的信息也徒然无用，因而可理解性构成了会计信息的质量要求。然而，信息使用者的决策类型各有不同，所使用的决策方法也有差异，他们所拥有或能够取得的信息及其处理信息的能力千差万别。因此，对会计信息提供者来说，应该尽可能地使会计信息被人们理解。然而，对使用者来说，也应对企业经营活动有合理的理解力，并能用心研读会计信息，只有这样才能使财务报告提供的信息具有决策有用性。

四、可比性

我国《企业会计准则——基本准则》规定："企业提供的会计信息应当具有可比性""不同企业发生的相同或者相似的交易或者事项，应当采用规定的会计政策，确保会计信息口径一致、相互可比"。可比性包含一致性，它包括如下两层含义：

1. 同一企业在前后各期的会计信息应具有可比性

同一企业不同时期所提供的会计信息具有可比性，这就要求企业前后年度采用的会计程序和方法应该相同，这种可比性又称一致性，这有助于会计信息使用者分析企业各时期变动的趋势，预测企业未来获利能力和财务状况。但是，这也并不意味着企业只能永远选用一种会计方法，如果有足够的证据表明，其他会计方法要比原来的方法更能反映企业的经济现实，那么就应当采用更好的会计方法。对会计变更的性质、影响及其变更的原因，则必须在变更当期充分披露。

2. 不同企业在相同会计期间进行信息的比较应具有可比性

不同企业在相同会计期间进行会计信息比较可以反映其差异。这就要求这些企业采用的会计程序和方法应该相同，只有这样，提供的会计信息才具有可比性，否则使用者无法辨别究竟是经济活动造成的差异还是选用不同会计方法造成的差异。通过比较，还可以发现本企业经营管理水平的高低，以及在行业所处的水平。然而，由于企业情况千差万别，会计方法不可能绝对整齐划一，所以会计准则往往也允许企业根据实际情况选择不同的会计方法。

课堂思考

不同企业在相同会计期间进行会计信息的比较时，是否应该考虑行业因素？

五、经济实质重于法律形式

我国《企业会计准则——基本准则》规定："企业应当按照交易或者事项的经济实质进行会

计确认、计量和报告,不应以交易或者事项的法律形式为依据。”

企业发生的交易或事项在多数情况下,其经济实质和法律形式是一致的,但是在有些情况下会出现不一致。例如,企业间的票据结算业务,法律形式上应收或应付票据有附息与不附息之分,但从经济实质考虑,不论票据是否附息都包含利息,因为货币是有时间价值的。

知识链接

采用售后回购方式销售商品,销售方在销售商品时与购买方签订协议,约定在日后重新将该商品买回,法律形式上是商品销售,但经济实质是以资产作抵押品的融资交易,因此在销售商品时企业不应确认收入,而应视为负债。

六、重要性

我国《企业会计准则——基本准则》规定:“企业提供的会计信息应当反映与企业财务状况、经营成果和现金流量等有关的所有重要交易或者事项。”

在会计实务中,如果一项会计信息被遗漏或错误表达,可能使依赖该信息做出的判断受到影响或改变,该信息就具有重要性。一般来说,一个事项是否重要,主要依靠会计人员的职业判断能力。重要性可以用一定的数量或金额标准,同时结合项目的性质以及企业的规模等加以判断。例如,某公司年销售额 1 000 000 元,如果会计人员少计 78 000 元销售额,差错率为 7.8%;但是对另一家年销售额只有 100 000 元的公司来说,如果会计人员少计 78 000 元销售额,差错率要高达 78%。尽管两家公司会计差错额相同,因销售额不同,对财务报表的影响却大不一样。

七、谨慎性

我国《企业会计准则——基本准则》规定:“企业对交易或者事项进行会计确认、计量和报告应当保持谨慎,不应高估资产和收益、低估负债或者费用。”这一原则要求,当有可靠证据表明企业面临经营风险和财务风险时,在会计方法的选择上应尽可能选择最稳健的计量方法,对可能发生的费用或损失应计足,对于可能发生的收入或利得,除非有十足的把握,一般不予确认,哪怕披露也应慎重,以免引起使用者误解。

知识链接

按照企业会计准则,企业应在会计期末对金融资产、应收款项、存货、长期股权投资、固定资产、无形资产、在建工程等资产计提减值准备,这本身就是谨慎原则在会计计量中的体现。

八、及时性

我国《企业会计准则——基本准则》规定："企业对已经发生的交易或者事项，应当及时进行确认、计量和报告，不得提前或者延后。"这一要求的目的是使会计信息的使用者及时获得相关的信息并据以做出决策。

会计信息的及时性决定了会计信息的使用价值，并对经济决策起着决定性的作用。为了保证会计信息的及时性，企业要收集各种会计信息，即在经济业务发生以后，及时收集并整理各种原始单据；要及时处理会计信息，即在规定的时限内，及时编制财务报告；要及时将会计信息传递给会计信息的使用者。

第四节　会计计量属性

会计要素作为会计报表的基本构件，其确认和计量正确与否关系到会计信息的质量，也关系到财务报告目标的实现。所谓"确认"，是指把某一项目认定为资产、负债、所有者权益、收入、费用或利润等会计要素并加以记录的过程。凡符合确认标准的各种项目，都应该在财务报表中予以确认。

就会计要素计量的基本要求而言，《企业会计准则——基本准则》规定："企业将符合确认条件的会计要素登记入账并列报于会计报表及其附注时，应当按照规定的会计计量属性进行计量，确定其金额。" 在会计要素确认过程中涉及各种会计计量属性的选择，主要包括历史成本、重置成本、可变现净值、现值以及公允价值五项计量属性。

一、历史成本

以历史成本为计量基础，资产应当按照购置时支付的现金或者现金等价物的金额，或者按照购置资产时所付出的对价的公允价值计量。负债应当按照因承担现时义务而实际收到的款项或者资产的金额，或者承担现时义务的合同金额，或者按照日常活动中为偿还负债预期需要支付的现金或者现金等价物的金额计量。

二、重置成本

以重置成本为计量基础，资产应当按照现在购买相同或者相似资产所需支付的现金或者现金等价物的金额计量。负债应当按照现在偿付该项债务所需支付的现金或者现金等价物的金额计量。

三、可变现净值

以可变现净值为计量基础，资产应当按照其正常对外销售所能收到的现金或者现金等价物的金额扣减该资产至完工时估计将要发生的成本、估计的销售费用以及相关税费后的金额计量。

课堂思考

某企业年初存货价值是20 000元，期末如果将该资产出售，扣除相关税费之后净变现价值只有15 000元，则该企业持有的存货资产实际价值是20 000元还是15 000元？损失如何确认？

四、现值

以现值为计量基础，资产应当按照预计从其持续使用和最终处置中所产生的未来净现金流入量的折现金额计量。负债应当按照预计期限内需要偿还的未来现金流出量的折现金额计量。

知识链接

对于具有融资性质的固定资产的初始计量，按照《企业会计准则——固定资产》，其初始计量成本应当以购买价款的现值为基础确定，实际支付的价款与购买价款的现值之间的差额，在信用期间内以实际利率法摊销。

五、公允价值

在公允价值计量下，市场参与者在计量日发生的有序交易中，以出售一项资产所能收到或者转移一项负债所需支付的金额计量。

在上述五种计量属性中，历史成本是最普遍采用的计量属性，但是历史成本往往又与其他四种属性进行组合应用，例如，期末存货计价采用成本与可变现净值孰低法。五种计量属性的组合应用，将会在以后相关的会计课程中进行具体描述与分析。

本章小结

会计核算需要确定一定的假设条件以对会计核算所处的时间、空间环境等做出设定，会计核算的基本假设包括会计主体、持续经营、会计分期和货币计量。

会计核算需要确定其基础，一般企业都应该以权责发生制为基础进行会计核算；行政单位采用现金制为会计核算基础；事业单位会计核算基础是两种制度的混合。

会计信息质量要求必须是：可靠性、相关性、可理解性、可比性、实质重于形式、重要性、谨慎性、及时性等。

会计计量属性有历史成本、重置成本、可变现净值、现值以及公允价值五种，其中历史成本是最基本的计量属性。

测试题

本章测试题可扫描以下二维码进行练习：

第三章 会计要素与会计等式

学习目标

通过本章学习，理解会计要素的概念、内容，掌握会计等式以及经济业务发生对会计等式的影响。

第一节　会计要素

会计要素是会计核算对象的基本分类，是设定会计报表结构和内容的依据，也是进行确认和计量的依据。对会计要素加以严格定义，就能为会计核算奠定坚实的基础。会计要素包括资产、负债、所有者权益、收入、费用和利润等。

一、资产

资产是指企业过去的交易或事项形成、由企业拥有或控制、预期会给企业带来经济利益的资源。

一个企业从事生产经营活动，必须具备一定的物质资源，或者说物质条件。在市场经济条件下，这些必需的物质条件表现为货币资金、厂房场地、机器设备、原料、材料等，统称为资产，它们是企业从事生产经营活动的物质基础。除以上的货币资金以及具有物质形态的资产以外，资产还包括那些不具备物质形态但有助于生产经营活动的专利、商标等无形资产，也包括对其他单位的投资。

(一)资产的特征

1. 资产是过去的交易或事项形成的

这就是说，作为企业资产，必须是现实的而不是预期的资产，它是企业过去已经发生的交易或事项所产生的结果，包括购置、生产、建造等行为或其他交易或事项。预期在未来发生的交易或事项不形成资产，如计划购入的机器设备等。

2. 资产是由企业拥有或控制的

企业拥有资产，从而就能够从资源中获得经济利益；有些资产虽然不为企业所拥有，但在某些条件下，对一些由特殊方式形成的资源，企业虽然不享有所有权，但能够被企业所控制，而且同样能够从该资产中获取经济利益，也可以作为企业资产(如融资性租入固定资产)。而企业没有买下使用权的矿藏，不能作为企业的资产确认。

3. 资产能够给企业带来经济利益

如货币资金可以用于购买所需要的商品或用于利润分配，厂房机器、原材料等可以用于生产经营过程。制造商品或提供劳务，出售后回收货款，货款即为企业所获得的经济利益。

(二)资产的分类

资产按流动性进行分类，可以分为流动资产和非流动资产。

1. 流动资产

流动资产是指预计在一年(含一年)或一个经营周期内(两者孰长)变现、出售或者耗用，或者为交易目的而持有的资产，如货币资金、交易性金融资产、应收款项、存货等。有些企业经营活动比较特殊，其经营周期可能长于一年，比如造船、大型机械制造，从购料到销售商品直到收回货款往往超过一年，在这种情况下，就不能把一年内变现作为划分流动资产的标志，而是将经营周期作为划分流动资产的标志。

课堂思考

划分流动资产时为何要考虑企业的经营周期？不考虑可以吗？

2. 非流动资产

非流动资产是指除流动资产以外的其他资产，如长期投资、固定资产、无形资产和其他资产。

二、负债

负债是指过去的交易、事项形成的现时义务，履行该义务预期将会导致经济利益流出企业。如果把资产理解为企业的权利，那么负债就可以理解为企业所承担的义务。

(一)负债的特征

1. 负债是由于过去的交易或事项形成的偿还义务

潜在的义务，或预期在将来要发生的交易、事项可能产生债务不能确认为负债。如企业将在未来发生的承诺、签订的合同等交易或者事项，不能作为会计上的负债处理。

2. 负债是现时义务

负债是企业目前实实在在的偿还义务，要由企业在未来某个时日加以偿还。例如，银行借款就是因为企业接受了银行贷款而形成的负债，如果企业没有接受银行贷款，则不会发生银行借款这项负债。

3. 负债的清偿预期会导致经济利益流出企业

负债需要在未来某一特定时日用资产或劳务偿付，企业要付出一定的代价，从而导致经济利益流出企业。这种代价的形式多种多样，如用现金偿还或以实物资产形式偿还，以提供劳务形式偿还，以部分转移资产、部分提供劳务形式偿还，等等。

(二)负债的分类

按偿还期限的长短,一般将负债分为流动负债和非流动负债。

1. 流动负债

流动负债是指预期在一年(含一年)或一个经营周期内(两者孰长)到期清偿的债务,包括短期借款、应付票据、应付账款、预收账款、应付职工薪酬、应付股利、应交税费、其他应付款等。

2. 非流动负债

非流动负债是指偿还期在一年或者超过一年的经营周期以上的债务,一般包括长期借款、应付债券、长期应付款等。

三、所有者权益

所有者权益在股份制企业又称股东权益,是指企业资产扣除负债后,由所有者享有的剩余权益。所有者权益是所有者在企业资产中享有的经济利益,其金额为资产减去负债后的余额,或为净资产。

所有者权益的来源包括所有者投入的资本、直接计入所有者权益的利得和损失、留存收益等。具体包括实收资本(或股本,下同)、资本公积、其他权益工具、其他综合收益、盈余公积和未分配利润等项目,其中,前两项属于所有者的投入资本,最后两项属于企业的留存收益。

知识链接

利得是指由企业非日常活动所形成、会导致所有者权益增加、与所有者投入资本无关的经济利益的流入,如一般性捐赠收入、罚款收入等。

损失是指由企业非日常活动所形成、会导致所有者权益减少、与向所有者分配利润无关的经济利益的流出,如盘亏损失、非常损失、公益性捐赠支出等。

四、收入

收入是企业在日常活动中形成、会导致所有者权益增加、与所有者投入资本无关的经济利益的总流入。

(一)收入的特征

1. 由日常活动形成

日常活动应理解为企业为完成其经营目标所从事的经常性活动以及与之相关的活动。如工业企业销售产品,流通企业销售商品,服务企业提供劳务,出租、出售原材料,对外投资(收取利息、现金股利)等日常活动。

2. 收入会导致所有者权益的增加

与收入相关的经济利益的流入应当会导致所有者权益的增加,不会导致所有者权益增加的经济利益的流入不符合收入的定义,不应确认为收入。例如,企业向银行借入款项,尽管也导致了企业经济利益的流入,但该流入并不导致所有者权益的增加,反而使企业因此承担了一项现时义务，应当确认为一项负债而不是收入。

3. 收入与所有者投入资本无关

所有者投入资本主要是为谋求享有企业资产的剩余权益，由此形成的经济利益的总流入不构成收入，而应确认为企业所有者权益的组成部分。

4. 收入不包括为第三方或客户代收的款项

如增值税的销项税额和预收账款。

(二)收入的分类

企业的收入可以分为主营业务收入和其他业务收入。

1. 主营业务收入

主营业务收入是指企业为完成其经营目标而从事的日常经营活动所获取的收入，包括销售商品、提供劳务和让渡资产使用权等取得的收入。

2. 其他业务收入

其他业务收入是指企业从事主营业务以外的其他日常活动所取得的收入，如工商企业销售材料、提供非工业性劳务等取得的收入。

课堂思考

利得与收入有什么区别？

五、费用

费用是指企业在日常活动中发生、会导致所有者权益减少、与向所有者分配利润无关的经济利益的总流出。费用与收入相配比，即为企业经营活动中取得的盈利。

(一)费用的特征

1. 在日常活动中发生

制造业采购原材料、商品流通企业从事商品采购活动、金融企业从事存款业务等所发生的经济利益的流出，属于费用。有些交易或事项虽然也能使企业发生经济利益的流出，但因为不属于企业的日常经营活动，所以其经济利益的流出不属于费用而是损失，如企业固定资产的毁损报废净损失。

2. 会导致所有者权益减少

费用与收入相反，收入是资金流入企业形成的，会增加企业所有者权益；而费用则是企业资金的付出，会减少企业的所有者权益，其实质就是一种资产流出，最终导致减少企业资源。企业经营管理中的某些支出并不减少企业的所有者权益，也就不构成费用。例如，企业以银行存款偿还一项负债，只是一项资产和一项负债的等额减少，对所有者权益没有影响，因此，不构成企业的费用。

3. 与向所有者分配利润无关

费用的发生应当会导致经济利益的流出，从而导致资产的减少或者负债的增加(最终也会导致资产的减少)。而向所有者分配利润或股利虽然也减少了所有者权益,但不构成企业的费用。它属于企业利润分配的内容。

(二)费用的分类

按照费用与收入的关系,费用可以分为营业成本和期间费用。

1. 营业成本

营业成本是指企业为销售商品或者提供劳务而发生的各种耗费。营业成本按照其销售商品或者提供劳务在企业日常经营活动中的重要性又分为主营业务成本和其他业务成本。营业成本应当与销售商品或者提供劳务所取得的收入进行配比。

2. 期间费用

期间费用是指在某一会计期间内发生、不能直接或间接归入营业成本而直接计入当期损益的各项费用,包括销售费用、管理费用和财务费用。

课堂思考

损失与费用有什么区别?

六、利润

利润是企业在一定会计期间的经营成果,包括收入减去费用后的净额、直接计入当期利润的利得和损失等。利润有营业利润、利润总额和净利润。营业利润是指营业收入减去营业成本、税金及附加、期间费用、资产减值损失,加(减)公允价值变动净损益、投资净损益后的金额。利润总额是指营业利润加营业外收入,减去营业外支出后的金额。净利润是指利润总额减去所得税费用后的金额。即:

营业利润=营业收入－营业成本－税金及附加－销售费用－管理费用－研发费用－财务费用
＋投资收益(－投资损失)＋净敞口套期收益(－净敞口套期损失)
＋公允价值变动净收益(－公允价值变动净损失)－信用减值损失
－资产减值损失＋资产处置收益(－资产处置损失)

其中:

营业收入=主营业务收入＋其他业务收入

营业成本=主营业务成本＋其他业务成本

投资净损益=投资收益－投资损失

公允价值变动净损益=公允价值变动收益－公允价值变动损失

净利润=利润总额－所得税费用

知识链接

在以上各要素中，资产、负债及所有者权益能够反映企业在某一个时点的财务状况，这三个要素属于静态要素，在资产负债表中予以列示；收入、费用及利润能够反映企业在某一个期间的经营成果，这三个要素属于动态要素，在利润表中列示。

课堂思考

费用和成本有什么区别？

第二节　会计等式

一、资产、负债及所有者权益间的关系

制造企业要进行生产经营，必须拥有一定的资金，这些资金的来源包括所有者投入的资金和债权人投入的资金两部分。投入企业的资金要用于购买机器设备和原材料等，才能开展正常的经营活动。企业的这些资产一方面表现为特定的物质实体存在形式，如库存现金、银行存款、原材料、固定资产、库存商品等；另一方面又表现为相应的要求权，即这些资产是如何取得的，为谁所有。通常把对资产的要求权称为权益。

由此可见，资产与权益是同一资金的两个方面，资产说明企业拥有或控制的经济资源的运用情况，权益则说明企业拥有或控制的经济资源的来源情况，两者相互依存，有一定数额的资产，必然有相应数额的权益；反之亦然。由此可以推出：

资产＝权益

资产＝负债＋所有者权益　　　　(3.1)

该等式反映了资产的归属关系，是会计对象的公式化，是资金平衡的理论依据，也是设置账户、复式记账和编制资产负债表的理论依据。因此，会计上称之为基本会计等式，又可称为静态会计等式。

二、收入、费用与利润间的关系

企业经营的目的是为了获得盈利，在投入经营后的每一会计期间，企业一方面要获取收入，同时也必然要发生相应的费用，根据权责发生制和配比原则的要求，可以正确计算出当期实现的利润。这就形成了收入、费用和利润三者之间的关系：

收入－费用＝利润　　　　(3.2)

若利润为正，则企业盈利；若利润为负，则企业亏损。

这一等式反映了企业在某一会计期间的经营动态情况，故又称之为动态会计等式，它是设计和编制利润表的理论基础。

三、综合等式

在企业生产经营过程中，收入的发生会导致资产的增加或负债的减少，费用的发生会导致资产的流出或负债的增加，利润的变化则是企业资产流入和流出的结果。因此，利润的增加一方面使企业增加新的资产，另一方面这些新增加的资产又归企业的所有者所有，必然会增加企业的所有者权益；反之，则减少了所有者权益。因此，企业资产、负债、所有者权益、收入、费用和利润之间在数量上存在着一种内在的联系，表现为：

资产＝负债＋所有者权益＋(收入－费用)

也可以变形为：

资产＝负债＋所有者权益＋利润 (3.3)

四、会计等式的恒等性

由上述分析可以看出，等式(3.1)是反映资金运动的整体情况，也就是企业经营中的某一天，一般是期初(开始日)或期末(结算日)的情况。而等式(3.2)反映的是企业资金运动状况，资产经过营运获得收入，耗用的资产便转化为费用，收入减去费用后即为利润，该利润作为资产用到下一个会计期间经营，于是便产生等式(3.3)。当利润分配后，等式(3.3)便消失，又回到等式(3.1)。所以，不论六大要素如何相互变化，最终均要回到“资产＝负债＋所有者权益”。

五、经济业务的发生对会计等式的影响

当企业持续经营时，发生的经济业务会引起会计要素金额的增减变化，但这些变化大致可以划分为以下九种类型：

1. 资产项目内的一增一减

【例3－1】 婺江集团开出现金支票2万元，以备日常开支使用。该项经济业务对会计等式的影响为：

资产	=	负债	+	所有者权益
－银行存款 ＋库存现金				
－2万元 ＋2万元				

可以看出，资产项目内部有增有减，增减金额相等，总额不变，会计等式没有因这项业务而发生改变。

2. 负债项目内的一增一减

【例 3—2】 婺江集团因向南海公司购货而开出一张 3 个月期的不带息商业承兑汇票，面值 5 万元，但到期无法支付，则该笔货款应直接记入应付账款。该项经济业务对会计等式的影响为：

资产　=　负债　+　所有者权益

一应付票据＋应付账款

一5 万元　＋5 万元

可以看出，负债项目内部有增有减，增减金额相等，总额不变，会计等式没有因这项业务而发生改变。

3. 所有者权益项目内的一增一减

【例 3—3】 婺江集团 20××年实现净利润 100 万元，按 10%提取盈余公积。该项经济业务对会计等式的影响为：

资产　=　负债　+　所有者权益

一 利润分配 ＋盈余公积

一10 万元　＋10 万元

可以看出，所有者权益项目内部有增有减，增减金额相等，总额不变，会计等式没有因这项业务而发生改变。

4. 负债项目增加，所有者权益项目减少

【例 3—4】 婺江集团 20××年实现净利润 100 万元，董事会宣告分派现金股利 10 万元。该项经济业务对会计等式的影响为：

资产　=　负债　+　所有者权益

＋应付股利　一利润分配

＋10 万元　一10 万元

可以看出，在权益项目内部，负债项目增加，所有者权益项目减少，增减金额相等，总额不变，会计等式没有因这项业务而发生改变。

5. 负债项目减少，所有者权益项目增加

【例 3—5】 婺江集团应付给东方公司的应付账款 5 万元，经协商同意转作东方公司对婺江集团的投资款。该项经济业务对会计等式的影响为：

资产　=　负债　+　所有者权益

一应付账款　＋实收资本

一5 万元　＋5 万元

可以看出，在权益项目内部，负债项目减少，所有者权益项目增加，增减金额相等，总额不变，会计等式没有因这项业务而发生改变。

6. 资产项目增加，负债项目增加

【例 3—6】 婺江集团因经营资金周转需要，于 20××年 1 月从银行取得贷款 10 万元，现已办妥手续，该笔款项已划入本企业存款账户。这项经济业务对会计等式的影响为：

资产　=　负债　+　所有者权益

＋银行存款　＋短期借款

＋10 万元　＋10 万元

可以看出，资产与负债项目同时增加，且金额相等，则会计等式没有因这项业务而发生改变。

7. 资产项目增加，所有者权益项目增加

【例3—7】 婺江集团20××年1月收到投资者投入资本20万元，该笔款项已划入本企业存款账户。这项经济业务对会计等式的影响为：

资产	=	负债	+	所有者权益
+银行存款				+实收资本
+20万元				+20万元

可以看出，资产与所有者权益项目同时增加，且金额相等，则会计等式没有因这项业务而发生改变。

8. 资产项目减少，负债项目减少

【例3—8】 婺江集团开出一张转账支票10万元，用于偿还前欠南海公司购货款。这项经济业务对会计等式的影响为：

资产	=	负债	+	所有者权益
—银行存款		—应付账款		
—10万元		—10万元		

可以看出，资产与负债项目同时减少，且金额相等，则会计等式没有因这项业务而发生改变。

9. 资产项目减少，所有者权益项目减少

【例3—9】 20××年12月，投资者抽回婺江集团投资款10万元，该企业已经办妥银行转账手续。这项经济业务对会计等式的影响为：

资产	=	负债	+	所有者权益
—银行存款				—实收资本
—10万元				—10万元

可以看出，资产与所有者权益项目同时减少，且金额相等，则会计等式没有因这项业务而发生改变。

综上所述，经济业务的发生对会计等式的影响有九种类型：(1)资产项目内的一增一减；(2)负债项目内的一增一减；(3)所有者权益项目内的一增一减；(4)负债项目增加，所有者权益项目减少；(5)负债项目减少，所有者权益项目增加；(6)资产项目增加，负债项目增加；(7)资产项目增加，所有者权益项目增加；(8)资产项目减少，负债项目减少；(9)资产项目减少，所有者权益项目减少。总之，任何经济业务的发生都会影响会计等式，但并不会影响会计等式的平衡性。

课堂思考

1. 如果企业出售产品获得收入20万元，同时该产品的成本是16万元，则对上述会计等式会产生哪些影响和变化？

2. 除了上述业务之外，请思考还有哪些经济交易事项会对会计等式产生影响？

本章小结

会计要素是会计核算对象的基本分类，我国《企业会计准则》将会计要素划分为资产、负债、所有者权益、收入、费用和利润。

会计等式是由会计要素组成的，反映会计要素之间的平衡关系。会计等式具体包括以下三种形式：

(1)资产＝负债＋所有者权益

(2)收入－费用＝利润

(3)资产＝负债＋所有者权益＋利润

企业发生的经济业务会对会计等式产生影响，概括起来有以下四种基本类型：

(1)资产与权益同时等额增加，双方总额相等；

(2)资产与权益同时等额减少，双方总额相等；

(3)资产内部项目有增有减，增减金额相等，双方总额不变；

(4)权益内部项目有增有减，增减金额相等，双方总额不变。

任何经济业务的发生都会影响会计等式，但不会影响会计等式的平衡性。

测试题

本章测试题可扫描以下二维码进行练习：

第四章
账户与复式记账

学习目标

通过本章学习，掌握会计科目与账户的概念和分类、会计科目与账户之间的关系、账户的基本结构及余额的计算公式，熟悉常用的会计科目。利用复式记账原理学会借贷记账法的初步应用，掌握总分类账和明细分类账的平行登记。

第一节　会计科目和账户的设置

一、会计科目

（一）会计科目的概念

前文我们已经把会计核算的对象分类为六大会计要素，但这只是基本的分类，还不能详细地核算企业纷繁复杂的经济业务，因此，有必要对会计要素做进一步分类，并对这种分类赋予一个既简明扼要又通俗易懂的名称，这就是会计科目。所以，会计科目是对会计要素的具体内容进行分类核算的类目。

例如，同样是资产，保存在出纳员保险柜里的钱称为“库存现金”，存在银行里的钱称为“银行存款”，厂房、建筑物、机器设备等称为“固定资产”，为生产产品而储存的各种主要材料、辅助材料等称为“原材料”，等等。在实际工作中，会计科目也可简称为科目。

（二）会计科目的分类

1. 按经济内容分类

一般分为资产类、负债类、所有者权益类、成本类和损益类五类。此分类下的各类别内容与六项会计要素反映的内容基本一致，只是根据管理和核算需要进行了适当的调整，能从横向反映各科目之间的关系。

2. 按隶属关系分类

一般分为总账科目和明细科目，能从纵向反映各科目之间的关系。

（1）总账科目，又称一级科目，反映各项经济业务的总括情况，表 4－1 中的会计科目均为总账科目，是会计核算时常用的科目。

（2）明细科目，又称明细分类科目，是对总账科目做进一步划分，提供详细核算指标的科目。

在我国，总账科目由财政部统一制定，明细科目除会计制度规定设置的以外，企业可根据实际需要自行设置。

表 4—1　　会计科目表(常用科目简表)

编号	会计科目名称	编号	会计科目名称
	一、资产类		**二、负债类**
1001	库存现金	2001	短期借款
1002	银行存款	2101	交易性金融负债
1012	其他货币资金	2201	应付票据
1101	交易性金融资产	2202	应付账款
1121	应收票据	2203	预收账款
1122	应收账款	2205	合同负债
1123	预付账款	2211	应付职工薪酬
1131	应收股利	2221	应交税费
1132	应收利息	2231	应付利息
1221	其他应收款	2232	应付股利
1231	坏账准备	2241	其他应付款
1401	材料采购	2401	递延收益
1402	在途物资	2501	长期借款
1403	原材料	2502	应付债券
1404	材料成本差异	2701	长期应付款
1405	库存商品	2702	未确认融资费用
1406	发出商品	2711	专项应付款
1407	商品进销差价	2801	预计负债
1408	委托加工物资	2901	递延所得税负债
1411	周转材料		**三、所有者权益类**
1461	融资租赁资产	4001	实收资本
1471	存货跌价准备	4002	资本公积
1473	合同资产	4101	盈余公积
1474	合同资产减值准备	4103	本年利润
1475	合同履约成本	4104	利润分配
1476	合同履约成本减值准备	4201	库存股
1477	合同取得成本	4301	其他综合收益
1478	合同取得成本减值准备	4401	其他权益工具
1485	应收退货成本		**四、成本类**
1501	债权投资	5001	生产成本
1502	债权投资减值准备	5101	制造费用
1503	其他债权投资	5202	劳务成本
1511	长期股权投资	5301	研发支出
1512	长期股权投资减值准备		**五、损益类**
1521	投资性房地产	6001	主营业务收入
1531	长期应收款	6051	其他业务收入
1532	未实现融资收益	6101	公允价值变动损益
1601	固定资产	6111	投资收益
1602	累计折旧	6115	资产处置损益
1603	固定资产减值准备	6117	其他收益

编号	会计科目名称	编号	会计科目名称
1604	在建工程	6301	营业外收入
1605	工程物资	6401	主营业务成本
1606	固定资产清理	6402	其他业务成本
1701	无形资产	6403	税金及附加
1702	累计摊销	6601	销售费用
1703	无形资产减值准备	6602	管理费用
1711	商誉	6603	财务费用
1801	长期待摊费用	6701	资产减值损失
1811	递延所得税资产	6702	信用减值损失
1901	待处理财产损溢	6711	营业外支出
		6801	所得税费用
		6901	以前年度损益调整

二、账户

(一)账户的概念

会计科目的设置,对会计对象的具体内容进行了科学分类,为组织会计核算奠定了基础。但要想对由于经济业务发生而引起的会计要素的增减变动进行连续、系统、序时的记录,还需要设置账户。账户就是根据会计科目开设的,具有一定的结构,用来分类、连续、系统地记载各项经济业务的一种手段。

设置账户是会计核算的一种专门方法。

(二)账户的基本结构

企业的经济业务千变万化,但从数量上看,不外乎增加和减少两种情况。因此,账户的基本结构也相应地分为两个部分:一部分记录增加,另一部分记录减少。在实际工作中,账户的格式一般如表4—2所示。

表4—2 **账户名称(会计科目)**

年		凭证号数	摘要	借方	贷方	借或贷	余额
月	日						

至于账户的哪一方登记增加额,哪一方登记减少额,取决于所记录的经济业务和账户的性质。账户中登记本期增加的金额,称为本期增加发生额;登记本期减少的金额,称为本期减少发生额;增减相抵后的差额,称为余额,它在账户中反映由于增加或减少而引起的会计要素变动的结果。余额按照时间不同,分为期初余额和期末余额,它们之间的关系如下:

期末余额=期初余额+本期增加发生额-本期减少发生额

第二节　复式记账法和借贷记账法

一、复式记账法

经济业务的发生会引起某些会计要素发生增减变动，这种变动情况如何在账户中加以记录，就是记账方法。从会计发展的历史来看，人类曾使用过两大类记账方法：单式记账法和复式记账法。单式记账法是对发生的每一项经济业务，都只在一个账户中加以记录。例如，用银行存款购买原材料 2 000 元，只在银行存款账户中登记购买原材料而支付的 2 000 元。记账手续虽然简单，但是无法反映发生经济业务涉及的账户之间的关系，不能全面、系统地反映经济业务的来龙去脉。

复式记账法是根据会计平衡公式的基本原理，对发生的每一项经济业务，都以相等的金额在两个或两个以上相互联系的账户中进行登记的记账方法。

复式记账法作为一种科学的记账方法，不仅可以全面地、相互联系地反映各个会计要素的增减变动情况和结果，而且还可以利用资产总额与权益总额相等的关系，来检查账户记录的正确性，因此被世界各国公认为一种科学的记账方法并被广泛采用。

知识链接

在我国会计史上，曾经出现了收付记账法、增减记账法和借贷记账法三大复式记账法。目前，我国企业会计准则规定，企业会计核算必须采用借贷记账法。

二、借贷记账法

借贷记账法是以“借”和“贷”作为记账符号的一种复式记账法。

(一)借贷记账法的基本内容和账户的结构

1. 借贷记账法的概念

借贷记账法以“借”和“贷”作为记账符号，这里的“借”和“贷”已经失去了字面上的意义，仅仅是一对用以标明记账方向的记账符号。以“借”表示资产和成本、费用的增加，负债、所有者权益和收入、利润的减少；以“贷”表示负债、所有者权益和收入、利润的增加，资产和成本、费用的减少。

知识链接

借贷记账法是历史的产物，起源于 13～14 世纪的意大利。借贷记账法中的“借”“贷”两个字，最初含义是反映“债权”和“债务”的关系。随着商品经济的发展，借贷记账法也在不断发展和完善,“借”“贷”两个字逐渐失去其本来含义,变成了纯粹的记账符号。

在借贷记账法下,账户左右两边分别为借方和贷方。对任何账户而言,其借方总是在账户的左边,其贷方总是在账户的右边。账户的借方和贷方总是代表互为相反的两个记账方向。如果在账户的借方登记其增加额,则应当在该账户的贷方登记其减少额;反之,如果在账户的贷方登记其增加额,则应当在该账户的借方登记其减少额。通常以 T 形账户来表示借贷记账法下的账户基本结构,如图 4—1 所示。

借方	账户名称(会计科目)	贷方

图 4—1　账户基本结构

知识链接

会计科目与账户既有联系又有区别。会计科目是设置账户的依据,是账户的名称,账户是会计科目的具体运用,两者所反映的经济业务的内容是一致的;但会计科目仅仅是一个名称,只表明某类经济内容,而账户既有名称又有一定的格式和结构,可以记录和反映某类经济内容的增减变动情况及其结果。

2. 资产类账户的结构

资产类账户的结构一般为:借方登记资产的增加额,贷方登记资产的减少额。在正常情况下,资产类账户的期初余额与本期增加额之和总是大于本期减少额,因此资产类账户的期末余额一般在借方,其期末借方余额的计算公式为:

资产类账户的期末余额=期初余额+本期借方发生额−本期贷方发生额

如果用 T 形账户表示,资产类账户的结构如图 4—2 所示。

借方	资产类账户		贷方
期初余额	×××		
增加额	×××	减少额	×××
	×××		×××
	……		……
本期发生额	×××	本期发生额	×××
期末余额	×××		

图 4—2　资产类 T 形账户结构

3. 负债类账户的结构

根据会计等式可以知道,负债类账户的结构与资产类账户的结构相反。负债类账户的结构是:贷方登记负债的增加额,借方登记负债的减少额。负债类账户的期末余额一般在贷方,其期末贷方余额的计算公式为:

负债类账户的期末余额=期初余额+本期贷方发生额−本期借方发生额

如果用 T 形账户表示,负债类账户的结构如图 4—3 所示。

借方		负债类账户	贷方
		期初余额	×××
减少额	×××	增加额	×××
	×××		×××
	……		……
本期发生额	×××	本期发生额	×××
		期末余额	×××

图 4—3　负债类 T 形账户结构

4. 所有者权益类账户的结构

所有者权益和负债均是企业的权益，因此，所有者权益类账户的结构与负债类账户的结构是相同的，即贷方登记所有者权益的增加额，借方登记所有者权益的减少额。所有者权益类账户的期末余额一般在贷方，其期末贷方余额的计算公式为：

所有者权益类账户的期末余额＝期初余额＋本期贷方发生额－本期借方发生额

如果用 T 形账户表示，所有者权益类账户的结构如图 4—4 所示。

借方		所有者权益类账户	贷方
		期初余额	×××
减少额	×××	增加额	×××
	×××		×××
	……		……
本期发生额	×××	本期发生额	×××
		期末余额	×××

图 4—4　所有者权益类 T 形账户结构

知识链接

资产类、负债类和所有者权益类账户由于期末存在余额，所以它们又称为实账户或永久性账户。

5. 成本类账户的结构

在企业生产经营过程中发生的应当直接或间接地计入产品成本的材料费、人工费等各种耗费，在产品尚未制造完工之前可以将其视为资产。因此，“制造费用”“生产成本”等成本类账户的结构与资产类账户的结构基本相同，借方登记费用、成本的增加额，贷方登记费用、成本的减少额。但是，成本类账户的贷方发生额通常表示本期成本的结转，而且在期末结转之后，该类账户通常无余额。如果有期末借方余额，一般为在产品的成本。其期末借方余额的计算公式为：

成本类账户的期末余额＝期初余额＋本期借方发生额－本期贷方发生额

如果用 T 形账户表示，成本类账户的结构如图 4—5 所示。

借方		成本类账户	贷方
期初余额(如果有)	×××		
增加额	×××	减少额或冲销	×××
	×××		×××
	……		……
本期发生额	×××	本期发生额	×××
期末余额(如果有)	×××		

图 4—5　成本类 T 形账户结构

6. 损益类账户的结构

损益类账户包括收入类和费用类。因为两类账户具有不同的性质,其结构也有差别。

(1)收入类账户的结构。

由会计等式可以知道,收入的发生必然使所有者权益增加,因此,收入类账户的结构与所有者权益类账户的结构基本相同,即贷方登记收入的增加额,借方登记收入的减少额。

如果用 T 形账户表示,收入类账户的结构如图 4—6 所示。

借方	收入类账户		贷方
减少额或冲销额	××× ××× ……	增加额	××× ××× ……
本期发生额	×××	本期发生额	×××

图 4—6　收入类 T 形账户结构

(2)费用类账户的结构。

由会计等式可以知道,费用的发生必然使所有者权益减少,因此,费用类账户的结构与收入类账户的结构完全相反,即借方登记费用的增加额,借方登记费用的减少额。

如果用 T 形账户表示,费用类账户的结构如图 4—7 所示。

借方	费用类账户		贷方
增加额	××× ××× ……	减少额或冲销额	××× ××× ……
本期发生额	×××	本期发生额	×××

图 4—7　费用类 T 形账户结构

知识链接

设置损益类账户的目的是为了定期反映一个企业的经营成果,即利润。因此,收入类和费用类账户在期末结算出本期净利润或净亏损之后,余额即为零。所以,它们又称为虚账户或临时性账户。

在借贷记账法下,上述各类账户结构可以归纳为表 4—2。

表 4—2　借贷记账法下各类账户结构

账户类别	借方	贷方	余额及方向
资产类	增加	减少	一般有余额且在借方
负债类	减少	增加	一般有余额且在贷方
所有者权益类	减少	增加	一般有余额且在贷方
成本类	增加	减少及结转	若有余额应当在借方
收入类	减少及结转	增加	一般无余额
费用类	增加	减少及结转	一般无余额

(二)记账规则

按照复式记账原理,对发生的每一项经济业务,都以相等的金额同时在两个或两个以上相互联系的账户中进行登记，即在记入一个或几个账户借方的同时，记入另一个或几个账户的贷方，并且记入借方的金额与记入贷方的金额必须相等。因此，借贷记账法的记账规则可简单概括为“有借必有贷，借贷必相等”。

三、借贷记账法的应用

（一）账户的对应关系

采用借贷记账法记账，在有关账户之间形成应借、应贷的相互依存、相互对照关系。例如，在借贷记账法下，每项经济业务发生后所登记的账户，有时是一个账户的借方对另一个账户的贷方，有时是一个账户的借方（贷方）对几个账户的贷方（借方），这就使账户之间形成了一定的对应关系。具有这种对应关系的账户，称为对应账户。例如，通过借记“银行存款”账户、贷记“实收资本”账户，便可以了解这笔经济业务的内容是由企业的所有者向企业投入资金，并将投入的款项存入了企业的开户银行。在这里，“银行存款”账户和“实收资本”账户发生了对应关系，称为对应账户。

（二）确定会计分录

会计分录，就是按照借贷记账法的规则，确定某项经济业务应借、应贷账户的名称及其金额的一种记录。

编制会计分录一般需要经过以下三个步骤：

（1）确定经济业务涉及哪些账户，即确定账户名称及其性质；

（2）判断账户是增加还是减少，结合账户的性质确定账户的借贷方向；

（3）确定账户的金额。

会计分录按照所涉及账户的多少，分为简单会计分录和复合会计分录。简单会计分录是指只涉及一个账户借方和另一个账户贷方的会计分录，即一借一贷的会计分录；复合会计分录是指由两个以上（不含两个）对应账户所组成的会计分录，即一借多贷、一贷多借或多借多贷的会计分录。

（三）借贷记账法应用举例

下面以某制造企业为例，说明借贷记账法的应用。

【例4—1】 某企业20××年1月接受其业主投入设备一台，价值100 000元。

分析：这一经济业务使资产增加、所有者权益增加。应该编制会计分录如下：

借：固定资产　　100 000

　　贷：实收资本　　100 000

【例4—2】 某企业20××年2月从银行提取现金8 000元，以备发放工资。

分析：这一经济业务使一项资产增加，另一项资产减少。应该编制会计分录如下：

借：库存现金　　8 000

　　贷：银行存款　　8 000

【例4—3】 某企业20××年3月以银行存款6 000元偿还前欠货款。

分析：这一经济业务使负债减少、资产减少。应该编制会计分录如下：

借：应付账款　　6 000

　　贷：银行存款　　6 000

【例 4—4】 某企业 20××年 4 月以银行存款 50 000 元偿还长期借款。

分析：这一经济业务使负债减少、资产减少。应该编制会计分录如下：

借：长期借款　　50 000

　　贷：银行存款　　50 000

【例 4—5】 某企业 20××年 5 月购买原材料价值 18 000 元，以银行存款支付 8 000 元，其余款项暂欠，原材料已验收入库（假设暂不考虑增值税）。

分析：这一经济业务使一项资产增加的同时，又使另一项资产减少、负债增加。应该编制会计分录如下：

借：原材料　　18 000

　　贷：银行存款　　8 000

　　　　应付账款　　10 000

【例 4—6】 某企业 20××年 6 月销售商品总价为 50 000 元，其中，收到货款 30 000 元并存入银行，余款 20 000 元尚未收到（假设暂不考虑增值税）。

分析：这一经济业务使两项资产增加的同时，又使营业收入增加。应该编制会计分录如下：

借：银行存款　　30 000

　　应收账款　　20 000

　　贷：主营业务收入　　50 000

【例 4—7】 上述企业 20××年 6 月销售商品的成本为 40 000 元。

分析：这一经济业务使一项资产减少、费用增加。应该编制会计分录如下：

借：主营业务成本　　40 000

　　贷：库存商品　　40 000

课堂思考

请将第三章第二节中的“五、经济业务的发生对会计等式的影响”中的业务案例用会计分录表示。

第三节　总分类账户与明细分类账户的平行登记

如前所述，会计科目按照隶属关系分为总账科目和明细科目，相对应地，账户也可以分为总分类账户和明细分类账户，简称总账账户和明细账户。总分类账户是根据总账科目开设的，提供资产、权益、收入和费用的总括资料；明细分类账户是按照明细科目开设的，提供资产、权益、收入和费用的详细资料。

一、总分类账户与明细分类账户的关系

总分类账户与明细分类账户是对同一经济业务内容进行分层次核算而设置的账户，二者之间存在相互联系、相互制约的关系。总分类账户是对所属明细分类账户的总括，对其所属明细分类账户起着统驭和控制的作用；明细分类账户是对其总分类账户的细分，对总分类账户起着补充和说明的作用。

二、总分类账户与明细分类账户的平行登记

平行登记是指对所发生的每项经济业务，都要以会计凭证为依据，一方面记入有关总分类账户，另一方面记入有关总分类账户所属明细分类账户的方法。总分类账户与明细分类账户平行登记的要点如下：

(1)依据相同：所发生的每项经济业务，都要以相同的会计凭证为依据。

(2)方向相同：将经济业务记入总分类账户和明细分类账户时，记账方向必须相同，即总账记入借方，明细账也记入借方；总账记入贷方，明细账也记入贷方。

(3)期间相同：记入总分类账户和明细分类账户必须在同一个会计期间(如同一个月、同一个季度、同一个年度)全部登记。

(4)金额相等：记入总分类账户的金额，应与记入其所属明细分类账户的金额合计相等。即：

总账账户借方(贷方)发生额＝所属各明细账户借方(贷方)发生额之和

总账账户借方(贷方)余额＝所属各明细账户借方(贷方)余额之和

三、平行登记举例

【例4—8】 20××年1月1日，某企业的“原材料”和“应付账款”总分类账户及其所属的明细分类账户的余额如下：

(1)“原材料”总账账户为借方余额35 000元，其所属明细账户结存情况为：“甲材料”明细账户，结存2 000千克，单位成本为10元，金额计20 000元；“乙材料”明细账户，结存50吨，单位成本为300元，金额计15 000元。

(2)“应付账款”总账账户为贷方余额10 000元，其所属明细账户余额为：“A工厂”明细账户，贷方余额6 000元；“B工厂”明细账户，贷方余额4 000元。

20××年1月，该企业发生的有关交易或事项及其会计处理如下(暂不考虑增值税)：

(1)1月9日，向A工厂购入甲材料500千克，单价10元，计5 000元；向B工厂购入乙材料100吨，单价300元，计30 000元。甲、乙材料已验收入库，货款均尚未支付。

对发生的该交易或事项，企业应编制会计分录如下：

借：原材料——甲材料　　　　5 000

　　　　　——乙材料　　　　30 000

贷:应付账款——A 工厂 5 000

——B 工厂 30 000

(2)1 月 12 日,向 A 工厂购入甲材料 400 千克,单价 10 元,计 4 000 元;乙材料 50 吨,单价 300 元,计 15 000 元。材料均已验收入库,货款尚未支付。

对发生的该交易或事项,企业应编制会计分录如下:

借:原材料——甲材料 4 000

——乙材料 15 000

贷:应付账款——A 工厂 19 000

(3)1 月 20 日,以银行存款偿付前欠 A 工厂的货款 20 000 元,B 工厂的货款 30 000 元。

对发生的该交易或事项,企业应编制会计分录如下:

借:应付账款——A 工厂 20 000

——B 工厂 30 000

贷:银行存款 50 000

(4)1 月 26 日,生产车间为生产产品从仓库领用甲材料 1 000 千克,金额为 10 000 元;领用乙材料 100 吨,金额为 30 000 元。

对发生的该交易或事项,企业应编制会计分录如下:

借:生产成本 40 000

贷:原材料——甲材料 10 000

——乙材料 30 000

根据以上会计分录登记 T 形账户,如下所示。

原材料

期初余额:	35 000	本期减少额:	(4)40 000
本期增加额:	(1)35 000		
	(2)19 000		
本期发生额合计:	54 000	本期发生额合计:	40 000
期末余额:	49 000		

原材料——甲材料

期初余额:	20 000	本期减少额:	(4)10 000
本期增加额:	(1) 5 000		
	(2) 4 000		
本期发生额合计:	9 000	本期发生额合计:	10 000
期末余额:	19 000		

原材料——乙材料

期初余额：	15 000	本期减少额：	(4)30 000
本期增加额：	(1)30 000		
	(2)15 000		
本期发生额合计：	45 000	本期发生额合计：	30 000
期末余额：	30 000		

应付账款

本期减少额：	(3)50 000	期初余额：	10 000
		本期增加额：	(1) 35 000
			(2)19 000
本期发生额合计：	50 000	本期发生额合计：	54 000
		期末余额：	14 000

应付账款——A 工厂

本期减少额：	(3)20 000	期初余额：	6 000
		本期增加额：	(1) 5 000
			(2)19 000
本期发生额合计：	20 000	本期发生额合计：	24 000
		期末余额：	10 000

应付账款——B 工厂

本期减少额：	(3)30 000	期初余额：	4 000
		本期增加额：	(1)30 000
本期发生额合计：	30 000	本期发生额合计：	30 000
		期末余额：	4 000

从上述举例中我们可以看到，通过平行登记，“原材料”和“应付账款”总分类账户的期初、期末余额和本期借方、贷方发生额，均分别与其明细分类账户的期初、期末余额和本期借方、贷方发生额的合计数相等。以原材料核算为例，即：

总分类账户			明细分类账户(甲材料)		明细分类账户(乙材料)
期初余额：	35 000	=	20 000	+	15 000
本期借方发生额	54 000	=	9 000	+	45 000
本期贷方发生额	40 000	=	10 000	+	30 000
期末余额：	49 000	=	30 000	+	19 000

本章小结

会计科目是对会计要素的具体内容进行分类核算的类目。账户就是根据会计科目开设的，具有一定的结构，用来分类、连续、系统地记载各项经济业务的一种手段。两者既有联系又有区别。账户具有一定的格式和结构。通过账户记录的金额，可提供期初余额、本期增加发生额、本期减少发生额和期末余额四项指标，它们之间的关系是：期末余额＝期初余额＋本期增加发生额－本期减少发生额。设置账户是会计核算的一种专门方法。

复式记账法是根据会计平衡公式的基本原理，对发生的每一项经济业务，都以相等的金额在两个或两个以上相互联系的账户中进行登记的记账方法。它是一种科学的记账方法。

目前，我国企业会计准则规定，企业会计核算必须采用借贷记账法。

会计分录，就是按照借贷记账法的规则，确定某项经济业务应借、应贷账户的名称及其金额的一种记录。每笔会计分录都必须包括三个要素：会计科目、记账方向和应记金额。

总分类账户是根据总账科目开设的，提供资产、权益、收入和费用的总括资料；明细分类账户是按照明细科目开设的，提供资产、权益、收入和费用的详细资料。总分类账户与明细分类账户平行登记的要点为：依据相同、方向相同、期间相同、金额相等。

测试题

本章测试题可扫描以下二维码进行练习：

第五章
借贷记账法在制造业的运用

学习目标

通过本章学习，了解制造业企业资金的周转过程，正确编制制造业企业主要经济业务的基本会计分录，能界定利润总额的组成内容并掌握计算方法，理解成本与费用的关系，学会主要费用的分配方法，初步掌握产品制造成本的计算方法。

第一节　资金进入企业的核算

任何一个企业要开始运营，都必须具有一定的资金投入，用于购建财产物资、支付前期费用等，形成一定的生产或经营能力。

一、制造业企业资金的循环和周转

制造业企业从各种渠道筹集到的资金，首先主要表现为货币资金。

在供应过程中，企业用货币资金建造厂房、购买机器设备和原料物资，为进行生产准备必要的生产资料，这时资金就由货币资金形态转化为固定资金和储备资金形态。

生产过程既是产品的生产过程，也是各种物化劳动和活劳动的耗费过程。在这个过程中，企业要发生各种耗费、工资支付、固定资产损耗、水电动力费用的支付等业务。这些费用都需要按照产品的种类进行归集和分配，以便正确计算产品的生产成本。这时，资金就由固定资金和储备资金形态转化为生产资金形态。

随着产品完工入库，资金又从生产资金形态转化为成品资金形态。

在销售过程中，企业将生产出来的产品销售出去，要收取货款，这时资金又从成品资金形态转化为最初的货币资金形态，但它是增值了的货币资金。同时，企业又要支付包装、运输、广告等销售费用，还要按照税法的规定缴纳各种税金。

企业除了进行产品生产以外，还会发生其他一些经营业务，如对外进行短期和长期投资等，也会相应取得收入并支付费用。

将企业在一定期间所取得的全部收入与支付的全部费用相抵后的差额，即为企业的财务成果（利润或亏损）。对于实现的利润，应按规定的分配程序进行分配；对于发生的亏损，则要进行弥补。在企业缴纳所得税后，一部分作为留存收益，继续参与资金的循环与周转；另一部分则按投资比例分配给企业的投资者，资金退出企业。

制造业企业资金的运动过程可用图 5—1 表示。

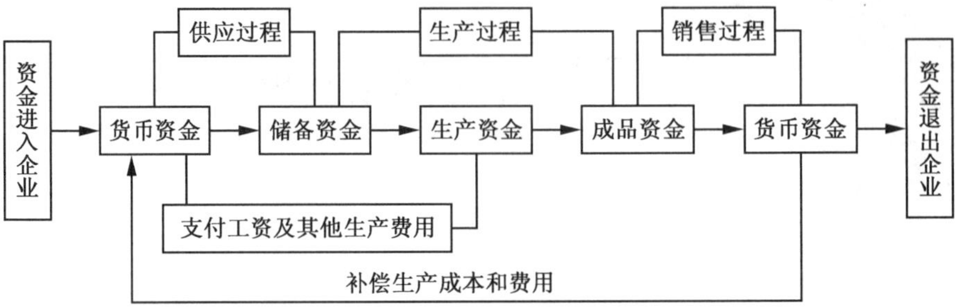

图 5—1　制造业企业资金周转过程

课堂思考

除了制造业企业外，商业企业或其他服务性企业的资金周转过程应该是怎样的？请画出这类企业的资金周转图。

二、资金进入企业的核算

企业资金的来源渠道主要有两类：一是投资者的投入，二是向债权人借入的资金。前者形成所有者权益，后者形成负债。

(一)投入资本的核算

《中华人民共和国公司法》规定，设立企业必须有法定资本，它是保证企业正常经营的必要条件。投入资本是由投资者认缴的、经工商行政管理部门核准的投资总额。企业的投入资本按照投资主体不同，可分为国家投入资本、法人投入资本、个人投入资本和外商投入资本四种；按照投入资本的不同物质形态，可分为货币投资、实物投资、证券投资和无形资产投资。

为了核算投入资本，应设置“实收资本”账户，它属于所有者权益类，用于核算企业实际收到投资者投入的资本。本账户的贷方登记企业收到投资者投入企业资本的实际数额，借方登记按规定程序减少注册资本的数额，期末贷方余额反映企业实有的资本或股本数额。本账户应按投资者设置明细账，进行明细分类核算。

【例 5—1】 ABC 公司收到新华公司开出的转账支票一张，向本企业投入资本 200 000 元，支票已送银行进账。应编制会计分录如下：

借：银行存款　　200 000

　　贷：实收资本——新华公司　　200 000

【例 5—2】 ABC 公司收到某 IT 企业投资的一项专利权，经评估确认价值为 150 000 元。应编制会计分录如下：

借：无形资产——专利权　　150 000

　　贷：实收资本——某 IT 企业　　150 000

【例 5—3】 ABC 公司收到某投资人投入的旧设备一台，账面原值 90 000 元，已提折旧 10 000 元，双方协商确认的价值为 82 000 元。应编制会计分录如下：

借：固定资产　　82 000

　　贷：实收资本——某投资人　　82 000

(二)借入资金的核算

1. 短期借款的核算

企业在生产经营过程中，向银行或其他金融机构借入、偿还期限在一年以下(含一年)的各种借款，称为短期借款。"短期借款"账户的贷方登记企业借入的短期借款数额；借方登记企业归还的短期借款数额；期末余额在贷方，表示期末尚未归还的短期借款。本账户可按借款种类、贷款人和币种设置明细账，进行明细分类核算。

【例 5—4】 ABC 公司于 20××年 7 月 1 日向银行借入短期借款 20 万元，期限半年，年利率为 6%。应编制会计分录如下：

借：银行存款　　200 000

　　贷：短期借款　　200 000

假设该企业每月向银行支付利息，则：

借：财务费用　　1 000

　　贷：银行存款　　1 000

12 月底归还借款时：

借：短期借款　　200 000

　　贷：银行存款　　200 000

课堂思考

如果短期借款利息是按月预提，分季支付，借款本金到期后一次归还，如何进行账务处理？

2. 长期借款的核算

企业向银行或其他金融机构借入、期限在一年以上(不含一年)的各项借款，在"长期借款"账户核算。本账户的贷方登记企业借入的本金和发生的利息金额；借方登记偿还借款的本息金额；期末余额在贷方，反映企业尚未偿还的长期借款本息。本账户可按借款人设置明细账，进行明细分类核算。

【例 5—5】 ABC 公司于 20××年 8 月 1 日向银行借入 3 年期、年利率为 8%、到期一次还本付息的款项 500 000 元，并存入银行。

借：银行存款　　500 000

　　贷：长期借款　　500 000

长期借款的利息处理比较复杂，将在《中级财务会计》中介绍。

第二节　采购过程业务的核算

一、采购过程业务核算的主要内容

采购过程的主要经济活动有：从购买单位取得所需的各种材料并验收入库；与材料供应商发生材料的买价和增值税的款项结算业务；发生并支付各种采购费用（包括运输费、装卸费、包装费、保险费和入库前的挑选整理费用等）；计算并结转材料的采购成本。

二、采购过程业务核算应设置的主要账户

为了反映和监督原材料的采购业务，加强采购业务的管理，确定材料采购成本，需要设置以下账户：

1."在途物资"账户

该账户是资产类账户，用于核算企业外购材料的买价和采购费用，计算确定材料实际采购成本。该账户的借方登记购入原材料的买价和采购费用；贷方登记已验收入库按实际采购成本转入"原材料"账户借方的数额；期末如有余额在借方，反映期末尚未到达或尚未验收入库的在途材料的实际成本。该账户可按供应单位和材料品种进行明细核算。

知识链接

我国《企业会计制度》规定：企业材料的日常核算，可以采用计划成本，也可以采用实际成本。原材料按实际成本计价方法进行日常收发核算的特点是：从材料的收发凭证到明细分类账和总分类账，全部按实际成本计价。未验收入库的材料要通过"在途物资"账户核算。原材料按计划成本计价方法进行日常收发核算的特点是：从材料的收发凭证到明细分类账和总分类账，全部按计划成本计价。需开设"材料采购"账户、"原材料"账户和"材料成本差异"账户。原材料按计划成本计价方法将在《中级财务会计》中介绍。

2."原材料"账户

该账户属于资产类账户，用于核算企业库存材料的收入、发出和结存情况。其借方登记已验收入库材料的实际采购成本；贷方登记发出材料的实际成本；期末余额在借方，表示库存材料的实际成本。该账户可按照材料的保管地点和材料的类别、品种、规格等进行明细核算。

3."应付账款"账户

该账户属于负债类账户，用于核算企业因购买材料、物资和接受劳务等经营活动而应支付给供应单位款项的账户。其贷方登记应付而未付的数额；借方登记实际归还的数额；期末余额一般在贷方，表示期末尚未归还给供应单位款项的数额。该账户可按债权人进行明细分类核算。

4."应交税费"账户

该账户属于负债类账户，用于核算企业应缴和实缴税金的增减变动情况，主要包括增值税、消费税、所得税、资源税、土地增值税、城市维护建设税、房产税、土地使用税、车船税、教育费附加等税费，以及在上缴国家之前由企业代扣代缴的个人所得税等。其借方登记实际缴纳的税费；贷方登记应缴纳的各种税费；期末余额在贷方，表示企业未缴纳的税费；期末余额在借方，表示多交或尚未抵扣的税费。该账户可按应交的税费项目进行明细核算。"应交税费——应交增值税"账户是用来反映和监督企业应交和实交增值税结算情况的账户，企业购买材料物资时缴纳的增值税进项税额记入该账户的借方，企业销售产品时向购买单位收取的增值税销项税额记入该账户的贷方。

知识链接

为了核算企业应交增值税的发生、抵扣、交纳、退税及转出等情况，应在"应交税费"科目下设置"应交增值税"明细科目进行核算，并在"应交增值税"明细账内，分别设置"进项税额""已交税金""销项税额""出口退税""进项税额转出"等专栏。增值税纳税人分为一般纳税人和小规模纳税人。一般纳税人应纳增值税额，根据当期销项税额减去当期进项税额计算确定。小规模纳税人应纳增值税额＝销售额×规定的税率。

三、采购过程业务核算举例

【例5－6】　ABC公司从光华公司购入甲材料200千克，单价200元，买价总计40 000元，增值税进项税额为5 200元。材料已经收到并验收入库，价税款已通过银行支付，另以现金支付运杂费200元(假设不考虑增值税)。应编制会计分录如下：

借：原材料——甲材料	40 200	
应交税费——应交增值税(进项税额)	5 200	
贷：银行存款		45 200
库存现金		200

【例5－7】　ABC公司向新华公司购入乙材料100千克，单价180元，运杂费600元(假设不考虑增值税)，增值税进项税额2 340元。材料尚未运达企业，款项均未支付。应编制会计分录如下：

借：在途物资——乙材料	18 600	
应交税费——应交增值税(进项税额)	2 340	
贷：应付账款——新华公司		20 940

【例5－8】　上述乙材料到达企业，并办理验收入库手续。应编制会计分录如下：

借：原材料——乙材料	18 600	
贷：在途物资——乙材料		18 600

【例 5—9】 ABC 公司以银行存款偿付前欠新华公司购货款 45 060 元。应编制会计分录如下：

借：应付账款——新华公司　　45 060
　　贷：银行存款　　45 060

四、材料物资采购成本的计算

材料物资采购成本由买价和采购费用两部分组成。采购费用包括运杂费、运输途中的合理损耗、入库前的整理挑选费用和国外进口物资应负担的进口关税。

在计算采购成本时，材料物资的买价和某种材料物资单独发生的采购费用，应直接计入该种材料物资的采购成本；几种材料物资共同发生的采购费用，应当采用适当的分配标准分别计入各种材料物资的采购成本。分配标准一般可以采用材料物资的重量或买价等。

$$\text{采购费用分配率}=\frac{\text{实际发生的采购费用}}{\text{材料的买价或重量}}$$

某种材料应分担的采购费用＝该材料的重量或买价×采购费用分配率

某种材料的采购成本＝该种材料的买价＋采购费用

【例 5—10】 ABC 公司向新华公司购入甲材料 200 千克，单价 180 元，增值税进项税额 4 680 元；乙材料 400 千克，单价 100 元，增值税进项税额 5 200 元；两种材料运杂费共 900 元(假设不考虑增值税)(按材料重量比例分配)。材料尚未运达企业，款项又用银行存款支付。

$$\text{采购费用分配率}=\frac{900}{200+400}=1.5$$

甲材料应分担的运杂费＝200×1.5＝300(元)

乙材料应分担的运杂费＝400×1.5＝600(元)

借：在途物资——甲材料　　36 300
　　　　　　——乙材料　　40 600
　　应交税费——应交增值税(进项税额)　　9 880
　　贷：银行存款　　86 780

【例 5—11】 上述两种材料验收入库。应编制会计分录如下：

借：原材料——甲材料　　36 300
　　　　　——乙材料　　40 600
　　贷：在途物资——甲材料　　36 300
　　　　　　　　——乙材料　　40 600

知识链接

在实际业务发生时还有其他一些费用，如采购人员的差旅费、专设采购机构的经费等。为了简化会计的核算，这些费用就不计入物资采购成本，而是直接列作管理费用支出。

第三节　生产过程业务的核算

一、生产过程业务核算的主要内容

生产过程既是产品的加工制造过程，也是生产耗费的过程，是制造业最具特色的阶段。在这一过程中，工人利用机器设备等劳动工具对各种材料进行加工，生产出符合社会需要的产品，必然会发生材料、人工和机器设备等固定资产的磨损耗费等。企业在一定时期内为生产产品而发生的各种耗费，称为生产费用。生产费用可分为直接材料、直接人工、制造费用和期间费用。直接材料、直接人工和制造费用构成产品的生产成本，期间费用以发生费用的期间为对象，应计入当期损益，从当期实现的收入中得到补偿。因此，生产过程业务核算的主要内容是：核算企业材料的领用情况，核算企业职工工资和福利费的计提，核算固定资产折旧的计提和发生的其他费用，结转制造费用，计算并结转完工产品的生产成本。

二、生产过程业务核算应设置的主要账户

为了记录和反映生产过程中发生的各项费用，计算产品的制造成本，应设置以下主要账户：

1.“生产成本”账户

该账户属于成本类账户，用于核算企业为生产产品而发生的各项生产费用。借方登记产品生产过程中发生的全部生产费用；贷方登记已完工并验收入库产品的实际生产成本；期末余额在借方，表示尚未完工的在产品的实际成本。本账户可按照基本生产成本和辅助生产成本设置明细账，进行明细分类核算。

2.“制造费用”账户

该账户属于成本类账户，用于核算企业为生产产品和提供劳务的各项间接费用。借方登记发生的制造费用，贷方登记期末分配转入生产成本的制造费用，期末一般无余额。本账户应按不同的车间、部门设置明细账，进行明细分类核算。

3.“应付职工薪酬”账户

该账户属于负债类账户，用于核算企业应付给职工的各种薪酬的提取、结算、使用等情况。贷方登记已分配计入有关成本费用项目的职工薪酬的数额，借方登记企业实际发放职工薪酬的数额，贷方余额表示应付而未付的职工薪酬。本账户应按工资总额的组成内容设置明细账，进行明细分类核算。

4.“累计折旧”账户

该账户属于资产类账户，用于核算固定资产因损耗而减少的价值。贷方登记计提的固定资产的折旧额；借方登记因出售、报废和毁损的固定资产而相应减少的折旧额；期末贷方余额，

表示现有固定资产的累计折旧额。

5.“库存商品”账户

该账户属于资产类账户，用于核算企业生产完工并验收入库、可供销售的产成品的收入、发出和结存情况。借方登记已完工验收入库的各种产品的实际生产成本；贷方登记发出各产品的实际生产成本；期末借方余额，表示期末库存产品的实际生产成本。本账户可按库存商品的种类、品种和规格设置明细账，进行明细分类核算。

三、生产过程业务核算举例

ABC公司20××年12月在生产过程中发生下列经济业务：

【例5—12】 月末，根据本月领料单编制汇总表，如表5—1所示：

表5—1 **材料耗用汇总表**

项　目	A材料		B材料		C材料		合计
	数量（千克）	金额（元）	数量（千克）	金额（元）	数量（千克）	金额（元）	
制造产品耗用	13 000	52 000	5 000	50 000	450	3 150	105 150
其中：甲产品	8 000	32 000	3 000	30 000	300	2 100	64 100
乙产品	5 000	20 000	2 000	20 000	150	1 050	41 050
车间一般耗用					300	2 100	2 100
管理部门耗用					100	700	700
合　计	13 000	52 000	5 000	50 000	850	5 950	107 950

借：生产成本——甲产品　　64 100
　　　　　——乙产品　　41 050
　　制造费用　　2 100
　　管理费用　　700
　　贷：原材料——A材料　　52 000
　　　　　　——B材料　　50 000
　　　　　　——C材料　　5 950

【例5—13】 月末，结算本月应付职工的工资72 000元，其中，甲产品生产工人工资35 000元，乙产品生产工人工资20 000元，车间管理人员工资4 000元，厂部行政管理人员工资13 000元。应编制会计分录如下：

借：生产成本——甲产品　　35 000
　　　　　——乙产品　　20 000
　　制造费用　　4 000
　　管理费用　　13 000
　　贷：应付职工薪酬——工资　　72 000

【例 5—14】 从银行提取现金 72 000 元准备发工资。应编制会计分录如下：

借：库存现金	72 000	
贷：银行存款		72 000

【例 5—15】 以现金发放职工工资 72 000 元。应编制会计分录如下：

借：应付职工薪酬——工资	72 000	
贷：库存现金		72 000

【例 5—16】 按工资总额的 14%计提职工福利费。应编制会计分录如下：

借：生产成本——甲产品	4 900	
——乙产品	2 800	
制造费用	560	
管理费用	1 820	
贷：应付职工薪酬——职工福利		10 080

【例 5—17】 月末，提取固定资产折旧 15 000 元，其中生产车间固定资产折旧 12 000 元，管理部门固定资产折旧 3 000 元。应编制会计分录如下：

借：制造费用	12 000	
管理费用	3 000	
贷：累计折旧		15 000

【例 5—18】 以银行存款支付车间办公费、水电费 8 840 元。应编制会计分录如下：

借：制造费用	8 840	
贷：银行存款		8 840

四、产品生产成本的计算

产品生产成本计算就是将生产过程中发生的应计入产品成本的费用，按照产品品种或类别进行归集和分配，计算出各种产品的总成本和单位成本。

制造业产品成本一般分为以下几个项目：

(1)直接材料，指直接用于产品生产并构成产品实体的原料、主要材料、辅助材料、外购半成品等。

(2)直接人工，指从事产品制造的生产工人工资以及其他各种形式的职工薪酬。

(3)制造费用，指基本生产车间为组织和管理生产活动而发生的各项间接费用。如生产车间管理人员的工资等职工薪酬、折旧费、办公费、水电费、机器物料消耗、劳动保护费、季节性和修理期间的停工损失等。

(一)制造费用的归集和分配

制造费用属于间接费用，需要按一定的标准在各种产品之间进行分配，分配的标准通常采用生产工人工资比例和生产工时比例。

$$\text{制造费用分配率}=\frac{\text{制造费用总额}}{\text{生产工人工资总额(或生产工时总额)}}$$

某种产品应负担的制造费用＝该种产品生产工人工资(或生产工时)×制造费用分配率

【例 5—19】 将本月发生的制造费用按生产工人的工资比例分配到甲、乙两种产品。应编制会计分录如下：

$$\text{制造费用分配率}=\frac{27\ 500}{35\ 000+20\ 000}=0.5$$

甲产品应负担的制造费用＝35 000×0.5＝17 500(元)

乙产品应负担的制造费用＝20 000×0.5＝10 000(元)

借:生产成本——甲产品　　17 500

　　　　　——乙产品　　10 000

　贷:制造费用　　27 500

(二)完工产品成本的计算和结转

产品完工后,应进行完工产品成本的计算。产品生产费用通过上述的费用归集和分配后,都已归集到了“生产成本”账户的借方,最后就可以将归集到某种产品的各项费用在本月完工产品和月末在产品之间进行分配,确定完工产品的成本。在月末没有在产品的情况下,生产成本明细账内归集的费用总额就是完工产品的总成本。如果月末既有完工产品,又有在产品,生产成本明细账内归集的费用总额就要采用适当的方法在完工产品和在产品之间进行分配,然后才能计算出完工产品的总成本和单位成本。

如果月初、月末均无在产品,则:

本月完工产品成本＝本月发生的生产费用

如果月初、月末均有在产品,则:

本月完工产品成本＝月初在产品成本＋本月发生费用－月末在产品成本

产品单位成本＝完工产品总成本÷本月完工入库产品数量

【例5－20】 月末上述甲产品500件全部完工,乙产品400件全部完工。应编制会计分录如下:

借:库存商品——甲产品　　121 500

　　　　　——乙产品　　73 850

　贷:生产成本——甲产品　　121 500

　　　　　　——乙产品　　73 850

两种产品生产成本明细如表5－2、表5－3、表5－4所示。

表5－2　　生产成本明细账

产品品种或类别:甲产品　　单位:元

年		凭证号码	摘　要	借方(成本项目)				贷方	借或贷	余额
月	日			直接材料	直接人工	制造费用	合计			
			生产领料	64 100			64 100		借	64 100
			生产工人工资		35 000		35 000		借	99 100
			生产工人福利费		4 900		4 900		借	104 000
略	略	略	分配转入制造费用			17 500	17 500		借	121 500
			结转完工产品成本					121 500	平	0
			本期发生额及余额	64 100	39 900	17 500	121 500	121 500	平	0

表 5—3　　　　　　　　　　**生产成本明细账**

产品品种或类别：乙产品　　　　　　　　　　单位：元

年		凭证号码	摘　要	借方(成本项目)				贷方	借或贷	余额
月	日			直接材料	直接人工	制造费用	合计			
			生产领料	41 050			41 050		借	41 050
			生产工人工资		20 000		20 000		借	61 050
			生产工人福利费		2 800		2 800		借	63 850
略	略	略	分配转入制造费用			10 000	10 000		借	73 850
			结转完工产品成本					73 850	平	0
			本期发生额及余额	41 050	22 800	10 000	73 850	73 850	平	0

表 5—4　　　　　　　　　　**产品成本计算表**

20××年 12 月　　　　　　　　　　单位：元

成本项目	产品名称：甲产品 产　量：　500 件		产品名称：乙产品 产　量：　400 件	
	总成本	单位成本	总成本	单位成本
直接材料	64 100	128.2	41 050	102.63
直接人工	39 900	79.8	22 800	57
制造费用	17 500	35	10 000	25
合　计	121 500	243	73 850	184.63

第四节　销售过程业务的核算

一、销售过程业务核算的主要内容

销售过程是企业生产经营的最后阶段，是企业产品进入流通领域、实现产品价值的过程。制造业企业在销售过程中，通过销售产品，按照销售价格收取价款，形成产品销售收入，同时，应按国家税法规定计算并缴纳各种流转税；相关的产品销售成本要在收入中得到补偿；此外，企业还会取得材料销售、包装物出租等其他业务收入，同时也应结转与其相关的成本。为了销售产品，还会发生一定的销售费用，如产品运输费、包装费、广告费、保险费等。

二、销售过程业务核算应设置的主要账户

为了正确反映营业收入、营业成本、税金及附加、销售费用和往来结算情况，应设置以下主要账户：

1.“主营业务收入”账户

该账户属于损益类账户，用于核算企业从事销售商品、提供劳务等主营业务所取得的收

入。贷方登记企业本期实现的销售收入;借方登记发生的销售退回或销售折扣与折让等冲减的销售收入及月末转入“本年利润”账户的数额;结转后,本账户应无余额。本账户可按主营业务的种类设置明细账,进行明细分类核算。

2.“其他业务收入”账户

该账户属于损益类账户,用于核算企业从事除主营业务以外的其他业务活动所取得的收入,如材料销售、出租固定资产、出租包装物等收入。贷方登记企业确认的其他业务收入;借方登记期末转入“本年利润”账户的数额;结转后,本账户应无余额。本账户可按其他业务的种类设置明细账,进行明细分类核算。

3.“主营业务成本”账户

该账户属于损益类账户,用于核算企业确认销售商品、提供劳务等主营业务收入时应结转的成本。借方登记应结转的本期销售各种商品和提供劳务等主营业务的成本;贷方登记发生的销售退回应冲减的成本及月末转入“本年利润”账户的数额;结转后,本账户应无余额。本账户可按主营业务的种类设置明细账,进行明细分类核算。

4.“其他业务成本”账户

该账户属于损益类账户,用于核算企业确认的除主营业务活动以外的其他经营活动所发生的成本,包括销售材料的成本、出租固定资产的折旧额、出租包装物成本或摊销额。借方登记企业确认的其他业务成本;贷方登记期末转入“本年利润”账户的数额;结转后,本账户应无余额。本账户可按其他业务的种类设置明细账,进行明细分类核算。

5.“税金及附加”账户

该账户属于损益类账户,用于核算企业经营活动发生的消费税、城市维护建设税、资源税和教育费附加及房产税、土地使用税、车船税、印花税等相关税费。该账户的借方登记企业按照规定计算确定的与经营活动相关的税费;贷方登记月末转入“本年利润”账户的数额;结转后,本账户应无余额。

6.“销售费用”账户

该账户属于损益类账户,用于核算企业销售商品和材料、提供劳务的过程中发生的各种费用。包括保险费、包装费、展览费和广告费、运输费、装卸费等以及为销售本企业商品而专设的销售机构(含销售网点、售后服务网点等)的职工薪酬、业务费、折旧费等经营费用。借方登记企业销售商品过程中发生的各种费用;贷方登记转入“本年利润”账户的数额;结转后,本账户应无余额。本账户可按费用项目设置明细账,进行明细分类核算。

7.“应收账款”账户

该账户属于资产类账户,用于核算企业因销售商品、提供劳务等,应向购货单位或接受劳务单位收取的款项。借方登记发生的应收账款;贷方登记收回的应收账款;期末余额一般在借方,表示尚未收回的应收账款。本账户可按债务人设置明细账,进行明细分类核算。

三、销售过程业务核算举例

ABC公司20××年12月在销售过程中发生下列经济业务:

【例5—21】　向星源公司销售甲产品100件，每件售价300元，增值税税率13%。货款已收到，存入银行。应编制会计分录如下：

借：银行存款　　33 900

　　贷：主营业务收入　　30 000

　　　　应交税费——应交增值税(销项税额)　　3 900

【例5—22】　向红光工厂销售乙产品200件，每件售价230元，增值税税率13%。另以银行存款代垫运杂费400元，款项尚未收到。应编制会计分录如下：

借：应收账款——红光工厂　　52 380

　　贷：主营业务收入　　46 000

　　　　应交税费——应交增值税(销项税额)　　5 980

　　　　银行存款　　400

【例5—23】　以银行存款支付广告费3 000元。应编制会计分录如下：

借：销售费用　　3 000

　　贷：银行存款　　3 000

【例5—24】　向汇华公司销售A材料100千克，单价20元，增值税税率13%。款项已收存银行。应编制会计分录如下：

借：银行存款　　2 260

　　贷：其他业务收入　　2 000

　　　　应交税费——应交增值税(销项税额)　　260

【例5—25】　按规定计算本月应缴纳城市维护建设税2 100元，教育费附加900元。应编制会计分录如下：

借：税金及附加　　3 000

　　贷：应交税费——应交城市维护建设税　　2 100

　　　　　　　　——应交教育费附加　　900

课堂思考

“税金及附加”账户核算增值税的计算和缴纳吗？

【例5—26】　计算并结转本月已销售甲产品的生产成本24 000元，乙产品34 000元。应编制会计分录如下：

借：主营业务成本——甲产品　　24 000

　　　　　　　　——乙产品　　34 000

　　贷：库存商品——甲产品　　24 000

　　　　　　　　——乙产品　　34 000

【例5—27】　结转销售A材料的成本1 200元。应编制会计分录如下：

借：其他业务成本　　1 200

　　贷：原材料——A材料　　1 200

第五节　其他主要经济业务的核算

一、期间费用的核算

期间费用是指在某一会计期间内发生、不能直接或间接归入营业成本而直接计入当期损益的各项费用，包括销售费用、管理费用和财务费用。

1.“销售费用”账户

在销售过程的核算中已介绍，略。

2.“管理费用”账户

该账户属于损益类账户，用于核算企业为组织和管理企业生产经营活动而发生的管理费用，包括企业在筹建期间发生的开办费以及董事会和行政管理部门在企业经营管理中发生的或者应由企业统一负担的公司经费、工会经费、董事会费、聘请中介机构费、咨询费、诉讼费、业务招待费等。借方登记本期发生的各项管理费用；贷方登记期末转入“本年利润”账户借方的数额；结转后，该账户应无余额。本账户可按费用项目设置明细账，进行明细分类核算。

3.“财务费用”账户

该账户属于损益类账户，用于核算企业为筹集生产经营活动所需资金等而发生的筹资费用。借方登记本期发生的各项财务费用；贷方登记期末转入“本年利润”账户的数额；结转后，该账户应无余额。本账户可按费用项目设置明细账，进行明细分类核算。

【例5—28】 以银行存款1 200元购买办公用品。应编制会计分录如下：

借：管理费用　　1 200

　　贷：银行存款　　1 200

【例5—29】 预提本月负担的银行借款利息600元。应编制会计分录如下：

借：财务费用　　600

　　贷：应付利息　　600

【例5—30】 职工王华预借差旅费800元，以现金支付。应编制会计分录如下：

借：其他应收款——王华　　800

　　贷：库存现金　　800

【例5—31】 王华出差回来报销差旅费750元，交回现金50元。应编制会计分录如下：

借：管理费用　　750

　　库存现金　　50

　　贷：其他应收款——王华　　800

二、营业外收支的核算

营业外收支是指企业在经营业务以外所发生的其他各项收入与支出，包括营业外收入和营业外支出两部分。

1.“营业外收入”账户

该账户属于损益类账户，用于核算企业发生的与日常活动无直接关系的各项利得。贷方登记本期取得的各项营业外收入，包括非流动资产毁损报废收益、与企业日常活动无关的政府补助、捐赠利得、盘盈利得等；借方登记期末转入“本年利润”账户的数额；结转后，该账户应无余额。本账户可按营业外收入项目设置明细账，进行明细分类核算。

2.“营业外支出”账户

该账户属于损益类账户，用于核算企业发生的与日常活动无直接关系的各项损失。借方登记本期发生的各项营业外支出，包括非流动资产毁损报废损失、捐赠支出、非常损失、盘亏损失、罚款支出等；贷方登记期末转入“本年利润”账户的数额；结转后，该账户应无余额。本账户可按营业外支出项目设置明细账，进行明细分类核算。

课堂思考

营业外收入属于会计要素中的“收入”吗？

【例 5－32】 企业以银行存款向希望工程捐款 50 000 元。应编制会计分录如下：

借：营业外支出　　50 000
　　贷：银行存款　　50 000

【例 5－33】 企业在销售过程中，因未履行合同而向应购货单位支付赔偿金 3 000 元，以银行存款付讫。应编制会计分录如下：

借：营业外支出　　3 000
　　贷：银行存款　　3 000

【例 5－34】 企业收到罚款收入 15 000 元存入银行。应编制会计分录如下：

借：银行存款　　15 000
　　贷：营业外收入　　15 000

第六节　利润形成和利润分配的核算

一、利润形成的核算

（一）利润的主要内容

利润是企业在一定会计期间生产经营活动的最终成果，是收入扣减费用后的净额。如果收入大于费用，净剩余为正，形成利润；反之，则为亏损。利润按其构成层次可分为营业利润、利润总额和净利润。

营业利润＝营业收入－营业成本－税金及附加－销售费用－管理费用－研发费用－财务费用
＋投资收益（－投资损失）＋净敞口套期收益（－净敞口套期损失）
＋公允价值变动净收益（－公允价值变动净损失）－信用减值损失
－资产减值损失＋资产处置收益（－资产处置损失）

利润总额＝营业利润＋营业外收入－营业外支出

净利润＝利润总额－所得税费用

(二)利润形成核算的账户设置

1.“本年利润”账户

该账户属于所有者权益类账户,即用于核算企业当期实现的净利润(或发生的净亏损)的账户。贷方登记期末由各收入账户转入的本期实现的各种收入和利得,借方登记由各费用账户转入的本期发生的各种费用和损失。如果余额在贷方,表示本期实现的净利润;反之,表示本期发生的净亏损。在年度中间,该账户的余额不予以结转;年度终了,应将本账户余额转入“利润分配”账户;结转后该账户应无余额。

2.“所得税费用”账户

该账户属于损益类账户,用于核算企业确认的应从当期利润总额中扣除的所得税费用。借方登记按规定计算的本期应交所得税;贷方登记期末转入“本年利润”账户借方的数额;结转后,该账户应无余额。

(三)利润形成业务核算举例

【例 5—35】 ABC 公司有关损益类账户的发生额见表 5—5。

表 5—5　　损益类账户的发生额

账户名称	本期借方发生额(元)	本期贷方发生额(元)
主营业务收入		6 000 000
其他业务收入		700 000
投资收益		600 000
营业外收入		50 000
主营业务成本	4 000 000	
税金及附加	80 000	
其他业务成本	400 000	
销售费用	500 000	
管理费用	770 000	
财务费用	200 000	
营业外支出	250 000	
合　计	6 200 000	7 350 000

(1)结转各项收入、利得类账户。

借:主营业务收入　　6 000 000
　　其他业务收入　　700 000
　　投资收益　　600 000
　　营业外收入　　50 000
　　贷:本年利润　　7 350 000

(2)结转各项费用、损失类账户。

借:本年利润　　6 200 000
　　贷:主营业务成本　　4 000 000
　　　　其他业务成本　　400 000

税金及附加	80 000
销售费用	500 000
管理费用	770 000
财务费用	200 000
营业外支出	250 000

通过上述损益的结转，可知本期企业利润总额＝7 350 000－6 200 000＝1 150 000(元)，即税前会计利润为 1 150 000 元。

【例 5－36】 接上例，计算并结转当期所得税费用。

借：所得税费用	287 500	
贷：应交税费——应交所得税		287 500
借：本年利润	287 500	
贷：所得税费用		287 500

通过上述结转，本年实现的净利润＝1 150 000－287 500＝862 500(元)。

二、利润分配的核算

(一)利润分配的程序

企业实现的净利润应按规定的程序进行分配。企业如果发生亏损，可以用以后年度实现的利润弥补，也可以用以前年度提取的盈余公积弥补。利润分配的程序是：

(1)如有以前年度尚未弥补的亏损，则应先弥补亏损；

(2)按净利润的一定比例提取盈余公积；

(3)最后再向投资者分配利润。

(二)利润分配核算的账户设置

1.“利润分配”账户

该账户属于所有者权益类账户，用于核算企业利润的分配(或亏损的弥补)和历年分配(或弥补)。年度终了，企业应将全年实现的净利润或发生的净亏损，自“本年利润”账户转入“利润分配——未分配利润”账户，并将“利润分配”账户所属其他明细账户的余额，转入“未分配利润”明细账户。结转后，“利润分配——未分配利润”账户如有贷方余额，表示累积未分配的利润数额；如为借方余额，则表示累积未弥补亏损。该账户应设置“提取法定盈余公积”“应付股利”“未分配利润”等明细账，进行明细分类核算。

知识链接

按照《中华人民共和国所得税法》的规定，纳税人发生的年度亏损可以用下一纳税年度的所得弥补；下一纳税年度所得不足以弥补的，可以逐年延续弥补，但延续弥补期最长不得超过 5 年。即发生的亏损在 5 年内，可以用税前利润弥补。

2.“盈余公积”账户

该账户属于所有者权益账户，用于核算企业从净利润中提取的盈余公积。贷方登记企业按规定从净利润中提取的盈余公积；借方登记盈余公积的使用数；期末贷方余额，表示盈余公积的结余数。

(三)利润分配核算业务举例

【例 5—37】 ABC 公司本年实现的净利润是 2 000 000 元，年末将其转入利润分配账户。应编制会计分录如下：

借：本年利润　　2 000 000
　　贷：利润分配——未分配利润　　2 000 000

【例 5—38】 按净利润的 10%提取法定盈余公积。应编制会计分录如下：

借：利润分配——提取法定盈余公积　　200 000
　　贷：盈余公积——法定盈余公积　　200 000

【例 5—39】 ABC 公司根据利润分配方案，决定向投资者分配利润 500 000 元。应编制会计分录如下：

借：利润分配——应付股利　　500 000
　　贷：应付股利　　500 000

【例 5—40】 年末，结转利润分配各明细账户。应编制会计分录如下：

借：利润分配——未分配利润　　700 000
　　贷：利润分配——提取法定盈余公积　　200 000
　　　　　　　　——应付股利　　500 000

第七节　资金退出企业的核算

制造企业的资金在经过采购、生产和销售三个环节之后，部分资金将退出企业，不再参加企业的生产周转，如税费的缴纳、股利或利润的分配与支付，以及按期归还借款等。

一、税费的上交

制造企业从事商品生产经营活动，必须依法向国家缴纳有关税费，主要包括增值税、消费税、所得税、房产税、土地使用税、车船税、城市维护建设税、教育费附加等。以货币资金(银行存款)缴纳了有关税费后，这一部分资金退出企业生产经营的资金周转。

【例 5—41】 ABC 公司以银行存款向税务部门缴纳有关税费计 1 620 000 元。其中，增值税 665 300 元，消费税 334 700 元，所得税 520 000 元，城市维护建设税 70 000 元，教育费附加 30 000 元。

借：应交税费——应交增值税（已交税金）　665 300
　　　　　——应交消费税　334 700
　　　　　——应交所得税　520 000
　　　　　——应交城市维护建设税　70 000
　　　　　——应交教育费附加　30 000
　　贷：银行存款　1 620 000

二、股利（或利润）的分配与支付

为了增强公司股东的投资信心，满足股东分享公司收益的愿望，公司在实现净利润等条件下，拿出一定的资金向股东分派红利是必要的。当然，公司在什么时候、分派多少现金股利，应由公司权力机构决定。在从公司权力机构做出现金股利分配决定到实际向公司股东支付现金股利前，资金并没有离开企业，实际支付后，资金退出企业。

【例 5－42】 ABC 公司以银行存款向公司股东支付现金股利 4 000 000 元。应编制会计分录如下：

借：应付股利　4 000 000
　　贷：银行存款　4 000 000

三、借款的偿还

企业为满足生产经营需要而向银行等金融机构借入的短（长）期借款，应按期支付利息，到期偿还借款本金或到期一次还本付息。当企业向银行等金融机构还本付息时，这一部分资金也退出企业生产经营的资金周转。

【例 5－43】 ABC 公司 6 个月前向工商银行借入的一笔短期借款到期，按约定用银行存款一次还本付息。该笔借款本金 100 000 元，年利率 6%。因利息数额不大，借款到期前没有按月预提利息，利息在实际支付时，直接计入当期损益。应编制会计分录如下：

应支付的利息＝100 000×6%÷12×6＝3 000（元）

借：短期借款　100 000
　　财务费用　3 000
　　贷：银行存款　103 000

第八节　过账与试算平衡

一、登记账户

企业各项经济业务编制会计分录以后，应记入有关账户，这个记账步骤通常称为“过账”，或称为账簿登记（有关账簿登记将在第七章学习）。

【例 5—44】 某企业 20××年 1 月初有关账户余额如表 5—6 所示。

表 5—6　　账户余额

账户名称	借方余额(元)	贷方余额(元)
库存现金	800	
银行存款	100 000	
原材料	6 200	
固定资产	120 000	
应付账款		7 000
长期借款		60 000
实收资本		160 000
合　计	227 000	227 000

该企业 20××年 1 月发生的部分经济业务见第四章【例 4—1】～【例 4—5】。

过账、结账如下所示：

库存现金

期初余额：	800	本期减少额：	
本期增加额：	(2) 8 000		
本期发生额合计：	8 000	本期发生额合计：	
期末余额：	8 800		

银行存款

期初余额：	100 000	本期减少额：	(2) 8 000
本期增加额：			(3) 6 000
			(4)50 000
			(5) 8 000
本期发生额合计：		本期发生额合计：	72 000
期末余额：	28 000		

原材料

期初余额：	6 200	本期减少额：	
本期增加额：	(5)18 000		
本期发生额合计：	18 000	本期发生额合计：	
期末余额：	24 200		

固定资产

期初余额：	120 000	本期减少额：	
本期增加额：	(1)100 000		
本期发生额合计：	100 000	本期发生额合计：	
期末余额：	220 000		

应付账款

		期初余额：	7 000
本期减少额：	(3)6 000	本期增加额：	(5)10 000
本期发生额合计：	6 000	本期发生额合计：	10 000
		期末余额：	11 000

长期借款

		期初余额：	60 000
本期减少额：	(4)50 000	本期增加额：	
本期发生额合计：	50 000	本期发生额合计：	
		期末余额：	10 000

实收资本

		期初余额：	160 000
		本期增加额：	100 000
本期发生额：		本期发生额合计：	100 000
		期末余额：	260 000

二、试算平衡

试算平衡是指在某一时日(如会计期末)，为了保证本期会计处理的正确性，依据会计等式或复式记账原理，对本期各账户的全部记录进行汇总、测算，以检验其正确性的一种专门方法。通过试算平衡，可以检查会计记录的正确性，并可查明出现不正确会计记录的原因，进行调整，从而为会计报表的编制提供准确的资料。

在借贷记账法下，根据借贷复式记账的基本原理，试算平衡的方法主要有两种：本期发生额平衡法和余额平衡法。

(一)本期发生额平衡法

本期发生额平衡法，是指将全部账户的本期借方发生额和本期贷方发生额分别加总后，利用“有借必有贷，借贷必相等”的记账规则来检验本期发生额账户处理正确性的一种试算平衡方法，其试算平衡公式如下：

全部账户本期借方发生额合计＝全部账户本期贷方发生额合计

(二)余额平衡法

在借贷记账法下,资产类账户的期末余额在借方,负债和所有者权益类账户的期末余额在贷方,由于存在"资产=负债+所有者权益"的平衡关系,所以全部账户的借方期末余额合计数应当等于全部账户的贷方期末余额合计数。余额平衡法主要是通过各种账户余额来检查、推断账户处理正确性的。其试算平衡公式如下:

全部账户的借方期初(末)余额=全部账户的贷方期初(末)余额

1. 试算平衡表的编制

试算平衡表可以分为两种:一种是将本期发生额和期末余额分别编制列表,另一种是将本期发生额和期末余额合并在一张表上进行试算平衡。

【例 5—45】 资料如【例 5—44】,编制试算平衡表,如表 5—7 所示。

表 5—7　　总分类账户本期发生额试算平衡表

20××年 1 月　　单位:元

总账科目	期初余额		本期发生额		期末余额	
	借方	贷方	借方	贷方	借方	贷方
库存现金	800		8 000		8 800	
银行存款	100 000			72 000	28 000	
原材料	6 200		18 000		24 200	
固定资产	120 000		100 000		220 000	
应付账款		7 000	6 000	10 000		11 000
长期借款		60 000	50 000			10 000
实收资本		160 000		100 000		260 000
合　计	227 000	227 000	182 000	182 000	281 000	281 000

课堂思考

如果试算不平衡,说明账户的记录肯定有错。如果试算平衡,说明账户的记录一定是正确吗?

2. 利用试算平衡表查找差错

如果试算平衡表中的借方余额合计数和贷方余额合计数不相等,说明肯定存在错误,应当予以查明纠正。一般地,首先应检查试算平衡表本身有无差错,即借方余额和贷方余额的合计数有无漏加或错加。如果试算平衡表本身没有加算错误,就必须用下列方法进行检查,直至找出错误为止:

(1)检查全部账户是否都已列入了试算平衡表,并检查各个账户的发生额和期末余额是否都已正确地抄入试算表。

(2)复核各个账户的发生额和期末余额是否计算正确。

(3)追查由会计分录登记分类账的过程,核对后应在已核对数旁作核对记号。追查登记账户的过程时,不仅要注意金额是否无误,而且要核对过账时借方和贷方有无错置。

(4)核实会计分录编制是否正确,有无记账方向差错、违反"有借必有贷,借贷必相等"记账规则的差错等。

第九节　期末账项调整

期末账项调整，是在会计期末结账前，为了真实地反映企业的经营成果和财务状况，按照权责发生制要求，对有关会计事项予以调整的会计行为。期末账项调整主要分为以下几类：

一、预收收入的调整

预收收入是指本期已收款入账，因尚未向付款单位提供商品或劳务或财产物资使用权而不属于本期收入的款项，是一种负债性质的预收收入。在计算本期收入时，应该将这部分预收收入进行账项调整，记入"预收账款"科目，待确认为本期收入后，再从"预收账款"科目转入有关收入科目。

【例5—46】　ABC公司在20××年1月1日租出一间房屋，租期为1年，收到1年的租金24 000元。

收到1年的租金时，应编制会计分录如下：

借：银行存款　　　　24 000

　　贷：预收账款　　　　24 000

1月末应当将其中的2 000元转作本期的收入，剩余的22 000元将在以后11个月内转作当期收入，企业应编制会计分录如下：

借：预收账款　　　　2 000

　　贷：其他业务收入　　　　2 000

二、应计收入的调整

应计收入是指企业在本期已向其他单位或个人提供商品或劳务或财产物资使用权而尚未收到款项的收入，如应收的租金收入、应收的银行存款利息收入。

【例5—47】　ABC公司在本年度的1月份，将闲置的仓库租给华方公司，租期为1年，租金收入为14 400元，租金在1月底尚未收到。1月底确认属于本期的收入1 200元时，企业应编制会计分录如下：

借：其他应收款　　　　1 200

　　贷：其他业务收入——租金收入　　　　1 200

三、预付费用的摊销

本期已支付但本期尚未受益的费用，或应由本期和以后各期分别摊销的费用，就是企业的预付费用。摊销期限在1年以内的预付费用，可以通过“预付账款”账户核算；摊销期限在1年以上的预付费用，则通过“长期待摊费用”账户核算。

【例5—48】 ABC公司20××年初经营租入一台机器设备，对该设备进行技术改良共支出18 000元，租期为3年。

预付费用时，企业应编制会计分录如下：

借：长期待摊费用	18 000	
贷：银行存款		18 000

1月末应负担其中的500元时，应编制会计分录如下：

借：制造费用	500	
贷：长期待摊费用		500

四、应计费用的记录

企业在本期已耗用，或本期已受益但尚未支付的支出，按权责发生制的规定，凡属于本期的费用，无论其款项是否支付，都应作为本期费用处理。期末应当将那些属于本期费用而尚未支付的费用调整入账。

【例5—49】 20××年1月3日，ABC公司与某传媒服务公司签订一项服务合同，由传媒公司为其进行广告宣传，为期2年，ABC公司到期一次性支付全部广告费36 000元。

(1)20××年12月31日，确认本年度应负担的广告费，应编制会计分录如下：

借：销售费用	18 000	
贷：其他应付款——某传媒公司		18 000

(2)服务期满，实际支付全部广告费时，应编制会计分录如下：

借：销售费用	18 000	
其他应付款——某传媒公司	18 000	
贷：银行存款		36 000

五、其他账项的调整

企业应按税法规定，向国家缴纳各种税款。有的税款是发生时直接支付的，如印花税，在支付时，借记“税金及附加”账户，贷记“银行存款”或“库存现金”账户，这种税不需要进行账项调整。有的税是分期计算且于下月初交纳的，这就形成了负债性质的应付款项。为了正确计算本期的损益，需要把凡属于本期支出而尚未支付的税金，通过期末账项调整全部登记入账。

本章小结

采购过程业务核算的主要内容是：从购买单位取得所需的各种材料并验收入库；与材料供应商发生材料的买价和增值税的款项结算业务；发生并支付各种采购费用（包括运输费、装卸费、包装费、保险费和入库前的挑选整理费用等）；计算并结转材料的采购成本。

生产过程业务核算的主要内容是：核算企业材料的领用情况；核算企业职工工资和福利费的计提；核算固定资产折旧的计提和发生的其他费用；结转制造费用；计算并结转完工产品的生产成本。

销售过程业务核算的主要内容是：核算销售产品取得的销售收入；按国家税法规定计算交纳各种流转税；核算企业取得材料销售、包装物出租等其他业务收入；核算销售过程中的如产品运输费、包装费、广告费、保险费等各项销售费用结转与各种收入相关的成本。

其他主要经济业务的核算包括：期间费用的核算和营业外收支的核算。

利润是企业在一定会计期间生产经营活动的最终成果，是收入扣减费用后的净额。利润按其构成层次可分为营业利润、利润总额和净利润。企业实现的净利润应按规定的程序进行分配。利润分配的程序是：如有以前年度尚未弥补的亏损，则应先弥补亏损；按净利润的一定比例提取盈余公积；最后再向投资者分配利润。

制造业企业在生产经营过程中，除了发生资金进入企业，并经过供应、生产、销售等过程的经营活动外，还会发生资金退出企业的业务，如上交各种税款、向投资者分配利润、偿还借款等。

试算平衡就是指在某一时日（如会计期末），为了保证本期会计处理的正确性，依据会计等式或复式记账原理，对本期各账户的全部记录进行汇总、测算，以检验其正确性的一种专门方法。借贷记账法下，试算平衡的方法主要有两种：本期发生额平衡法和余额平衡法。

期末账项调整是指在会计期末结账前，为了真实地反映企业的经营成果和财务状况，按照权责发生制要求，对有关会计事项予以调整的会计行为，包括预收收入、应计收入的调整，以及预付费用的摊销和应计费用的记录。

测试题

本章测试题可扫描以下二维码进行练习：

第六章
会计凭证

学习目标

通过本章学习，理解会计凭证的概念和意义，明确会计凭证的种类，掌握会计凭证的填制和审核方法，了解会计凭证的传递和保管。

第一节　会计凭证的概念、意义和种类

一、会计凭证的概念

会计凭证是记录经济业务、明确经济责任、作为记账凭据的书面证明。在会计核算工作中，所有的会计记录都要有真凭实据。

会计核算是一项连续不断、周而复始的工作。“凭证→账簿→报表”三大环节构筑了一个完整的会计循环过程。显然，填制和取得会计凭证是会计工作的起点和基础。

填制和审核会计凭证是会计核算的专门方法之一。

二、会计凭证的意义

任何会计主体在经济业务发生时，都要填制或取得一定的会计凭证，详细记录该项经济业务的内容，并由有关经办人员在会计凭证上签名或盖章，以明确经济责任。只有经过有关人员审核无误的会计凭证，才可以作为记账的依据。因此，填制和审核会计凭证，对于如实反映经济业务的内容，保证账簿记录的真实性和可靠性，有效监督和控制经济业务的合法性和合理性，为会计信息的使用者提供真实可靠、相关有用的会计信息，具有重要意义。会计凭证的作用具体有以下几个方面：

(1)反映各项经济业务的完成情况，提供记账依据。会计凭证是经济业务的载体。企业单位应将发生的每一笔经济业务的内容、时间、对象、经办人等情况，详细记录在会计凭证上，以便如实反映经济业务的全貌。通过填制、审核会计凭证，并按一定方法对会计凭证进行整理、分类、汇总，能为登记账簿提供真实、可靠的依据。

(2)监督经济业务的合理性、合法性。由于会计凭证记录和反映了经济业务的过程和结果，通过对会计凭证的审核，可以检查经济业务是否执行了计划和预算，是否符合国家的有关方针、政策、制度和法律、法规，防止不合理、不合法的经济业务的发生，保证企业的经济活动按

国家有关规定规范地运作。同时，通过对会计凭证的审核和检查，以便及时发现存在的问题，及时采取措施加以纠正。

(3)便于分清经济责任，加强经济责任制。在填制会计凭证时，有关经办人员、审核人员等都要在会计凭证上签字或盖章，以示负责。这就从客观上促使每个岗位人员认真负责地做好本职工作，即使发生问题，也有据可查，分清责任，以加强岗位责任制。

三、会计凭证的种类

会计凭证按照其填制程序和用途，可以分为原始凭证和记账凭证两大类。

第二节　原始凭证

一、原始凭证的概念

原始凭证又称为单据，是在经济业务发生时取得或填制、用于证明经济业务的发生和完成情况，并作为记账原始依据的会计凭证。

《中华人民共和国会计法》中明确规定，办理下列经济业务事项，必须填制或者取得原始凭证并及时送交会计机构，会计机构的会计人员必须按照国家统一会计制度的规定对原始凭证进行审核，并根据经过审核的原始凭证填制记账凭证：

(1)款项和有价证券的收付；

(2)财物的收发、增减和使用；

(3)债权债务的发生和结算；

(4)资本、基金的增减；

(5)收入、支出、费用、成本的计算；

(6)财务成果的计算和处理；

(7)需要办理会计手续、进行会计核算的其他事项。

二、原始凭证的分类

(一)按来源划分

原始凭证按照其来源，可以分为外来原始凭证和自制原始凭证两类。

1. 外来原始凭证

外来原始凭证是在外单位发生经济业务时，从外单位取得的原始凭证，如购货时由销货方出具的发票、付款时由收款方开具的收据等。外来原始凭证的一般格式如表6—1所示。

表 6—1 **浙江省增值税专用发票**

开票日期：20××年 9 月 23 日 No. 37626382156

购货单位	名称： 纳税人识别号： 地址、电话： 开户行及账号：			密码区	>9877857129865/121 4834252＊12905>6>/6 3＊2331637<＊+->905＊	
货物及应税劳务名称	计量单位	数量	单价	金额	税率(%)	税　额
合　　计						
价税合计(大写)						￥
销货单位	名称： 纳税人识别号： 地址、电话： 开户行及账号：			备注		

第二联：发票联 购货方记账

收款人：　　　开票人：　　　销货单位(章)：

2. 自制原始凭证

自制原始凭证是由本单位的业务经办人员，在本单位内部发生经济业务时所填制的原始凭证，如产品完工入库时填制的入库单、用料部门向仓库领用材料时填制的领料单，以及借款单、差旅费报销单等。其一般格式如表 6—2、表 6—3 所示。

表 6—2

(企业名称)

借款单

年　月　日

借款部门：		
借款事由：		
借款金额：人民币(大写)		￥：
借款人(签名)		
本部门负责人意见：	会计主管人员审批意见：	付款记录：

表 6—3 **领料单** NO. 00010321

领料部门：　　　年　月　日　　　发料仓库：

材料类别	名称及规格	计量单位	数　量		单位成本	金　额	用　途
			请领	实领			
合　计							

仓库主管：　　　发料人：　　　领料部门负责人：　　　领料人：

(二)按填制的手续和方法划分

原始凭证按照其填制的手续和方法，可以分为一次凭证和累计凭证。

1. 一次凭证

一次凭证是指填制手续一次完成、只反映一笔经济业务或若干笔同类经济业务的原始凭证。如上述所提到的借款单、领料单、收据、增值税专用发票等，均是一次凭证。

2. 累计凭证

累计凭证是指在一定时期内，连续在一张凭证上记载若干项同类经济业务，定期将其累计数作为记账依据的凭证。如限额领料单，其格式如表 6—4 所示。

表 6—4　　**限额领料单**

领料部门：　　　　　　　　　　　　　　　　　　　　　　　　　凭证编号：×××

用　　途：　　　　　　　　　　年　月　　　　　　　　　　　发料仓库：×××

材料类别	材料编号	材料名称及规格	计量单位	领用限额	实际领用	单　价	金　额	备　注

供应部门负责人：　　　　　　　　　　　　生产计划部门负责人：

日期	数量		领料人签章	发料人签章	扣除代用数量	退　料			限额结余
	请领	实发				数　量	收料人	发料人	
合计									

累计凭证的特点是，一张会计凭证在一定时期内随着经济业务的发生而进行分次、重复填制。

此外，为了简化核算工作，还可以将数量众多而又属同类性质经济业务的原始凭证，按一定方法进行汇总，编制原始凭证汇总表。

原始凭证汇总表是指在会计核算工作中，为了简化记账凭证的编制工作，将一定时间内若干份记录同类经济业务的原始凭证汇总编制一张汇总凭证，用于集中反映某些经济业务总括发生情况的会计凭证，如收料凭证汇总表、发料凭证汇总表等。其一般格式如表 6—5 所示。

表 6—5　　**发料凭证汇总表**

年　　月　　日

会计科目	领用部门	原材料	燃　　料	合　计
基本生产成本	一车间			
	二车间			
	小计			
辅助生产成本	供电车间			
	机修车间			
	小计			
制造费用	一车间			
	二车间			
	小计			

会计主管　　　　　记账　　　　　复核　　　　　制表

三、原始凭证的基本内容

虽然原始凭证的名称、格式和内容多种多样，其填制和审核的具体内容也会因此而多种多样，但是，所有的原始凭证都是经济业务的原始证据，必须载明有关经济业务的发生或完成情况，必须明确经办单位和人员的经济责任。因此，各种原始凭证都应具备一些共同的基本内容，这些基本内容通常称为凭证要素，主要有：

(1)原始凭证的名称。任何原始凭证都应有名称，如增值税专用发票、领料单、工商银行现金支票等。

(2)填制凭证的日期。原始凭证上应写明经济业务发生或完成的日期。日期不仅能反映经济业务发生的时间，还能起到监督、控制的作用。例如，支票是有期限的，填制日期就能起到控制作用。

(3)凭证的编号。原始凭证应按照一定的标准或顺序连续编号，以备查考。

(4)填制和接受凭证的单位名称。编制原始凭证，必须要有填制单位和接受单位的名称。

(5)经济业务的基本内容。包括经济业务涉及的商品物资的品种、数量、单位、单价和金额等。

(6)填制单位和经办人员的签章。为了明确经济责任，原始凭证要由编制单位加盖公章，并由经办人员签名或盖章。

课堂思考

购销合同、请购单、超市购物的电脑小票是否属于原始凭证，为什么？

四、原始凭证的填制

原始凭证是具有法律效力的证明文件，是记账的原始依据。为了保证会计核算资料的真实性、准确性和及时性，原始凭证的填制应遵循一定的要求。

(一)原始凭证的填制要求

1. 真实可靠

原始凭证必须如实地记录经济业务的发生和完成情况，包括凭证的填制日期和经济业务的内容、数量、金额以及有关人员的签名盖章等都必须真实可靠，不得弄虚作假。只有做到内容真实、数据准确，才能保证会计信息的客观性和可靠性。

2. 内容完整

原始凭证的各项内容，必须根据实际情况填写齐全，不得遗漏或随意省略。内容不齐备的不能作为经济业务的合法证明，也不能作为有效的会计凭证。

3. 填制及时

原始凭证应在经济业务发生或完成时及时填制，并按照规定的程序和手续传递到有关业务部门和会计部门，以便及时进行后续的会计审核和记账工作。

4. 填写清楚

原始凭证上的文字要工整、清晰、易于辨认，不得使用未经国务院公布的简化字。阿拉伯数字要逐个填写，不能连笔书写。小写合计金额前应书写币种符号(如人民币符号“¥”，美元符号“$”)，币种符号和数字之间不得留有空白。

汉字大写金额数字，应符合规定要求，一律使用正楷或行书书写，如壹、贰、叁、肆、伍、陆、柒、捌、玖、拾、佰、仟、万、亿、元、角、分、零、整等。大小写金额要一致，金额栏空白行要划斜线注销。阿拉伯金额数字中间有“0”时，汉字大写金额要写“零”字；阿拉伯数字金额中间连续有几个“0”时，汉字大写金额中可以只写一个“零”字；阿拉伯金额数字元位是“0”，或者数字中间连续有几个“0”、元位也是“0”但角位不是“0”时，汉字大写金额可以只写一个“零”字，也可以不写“零”字。例如，“￥210 065.30”对应的大写金额为“人民币贰拾壹万零陆拾伍元叁角整”。

(二)原始凭证填制举例

【例6—1】 2021年7月16日，金华大众公司出纳员开出现金支票向银行提取现金5 000元备用，由出纳员填写的现金支票如表6—6所示。

表6—6 **现金支票**

中国工商银行现金支票存根 支票号码 IY007582001 科目 对方科目 出票日期 2021年7月16日	中国工商银行**现金支票**(浙) IY007582001 出票日期(大写)贰零贰壹年零柒月壹拾陆日 付款行名称 工行北苑支行 收款人金华大众公司 出票人账号 332678012656
收款人：金华大众公司 金额： 5 000 用途：备用金	人民币(大写)伍仟元整
单位主管：黄政 会计：陈美 复 核：蒋芳 记账：蒋芳	用途 备用金 上列款项请从 我账户内支付 出票人签章 大众公司财务专用章　黄政 科目(借) 对方科目(贷) 付讫日期 年 月 日 出纳 复核 记账

亿	千	百	十	万	千	百	十	元	角	分
				￥	5	0	0	0	0	0

【例6—2】 20××年9月23日，金华大众公司向五星公司销售甲产品500件，每件售价100元，销售价款50 000元，增值税6 500元，价税合计56 500元。填写增值税专用发票一张，如表6—7所示。

表6—7 **浙江省增值税专用发票**

开票日期：20××年9月23日　　No. 0026372001

购货单位	名称：五星公司 纳税人识别号：330721166365921 地址、电话：浙江金华环城路116号 开户行及账号：工商银行江南支行016732187699				密码区	>267857+3765/761 476523*7659>6>/+7 9*544329<*+−>765*	
货物及应税劳务名称		计量单位	数量	单价	金 额	税率(%)	税 额
甲产品		件	500	100	50 000	13	6 500
合 计					￥50 000		￥6 500
价税合计(大写)		人民币伍万陆仟伍佰元整					￥56 500
销货单位	名称：金华大众公司 纳税人识别号：330722766523497 地址、电话：浙江金华五一路36号 开户行及账号：工商银行北苑支行332678012656				备注		

第二联：发票联 购货方记账

收款人：　　开票人：沈鸣华　　销货单位(章)：

五、原始凭证的审核

为了正确地反映和监督各项经济业务，保证核算资料的真实、正确和合法，会计部门和经办业务的有关部门必须对原始凭证进行严格认真的审核。各种原始凭证，除由经办业务的有关部门审核以外，最后要交由会计部门进行审核。及时审核原始凭证，是对经济业务进行的事前监督。审核的主要内容有：

（一）真实性审核

原始凭证作为会计信息的基本信息源，其真实性对会计信息的质量具有决定性的影响。对原始凭证真实性的审核主要包括凭证日期是否真实、业务内容是否真实、数据是否真实等。对外来原始凭证，必须有填制单位公章和填制人员的签章；对自制原始凭证，必须有经办部门和经办人员的签名或盖章。此外，对通用原始凭证，还应审核凭证本身的真实性，以防假冒。

（二）合法性审核

合法性审核主要是审核原始凭证上记载的经济业务是否符合国家的政策法令、制度办法等规定要求，是否履行了规定的凭证传递和审核程序，是否有贪污腐败等行为。

（三）合理性审核

合理性审核主要是审核原始凭证所记载的经济业务是否符合企业生产经营活动的需要，是否符合有关的计划和预算等。

（四）完整性审核

完整性审核主要是审核原始凭证格式是否符合规定要求，各项要素是否齐全，内容是否完整，有关人员签章是否齐全，凭证联次是否正确等。

（五）正确性审核

正确性审核主要是审核原始凭证各项数字金额的计算及填写是否正确，大小写金额是否一致，数字和文字的书写是否清楚，有无刮、擦、挖、补、涂改、伪造等现象。

原始凭证的审核是一项严肃而细致的工作，会计人员必须坚持原则，履行会计人员的职责。对真实、合法、合理但内容不完整、手续不完备、填写有错误的原始凭证，应当退还给有关经办人员，并令其补办手续或进行更正。对于不真实、不合法的原始凭证，会计机构、会计人员有权不予接受，并向单位负责人报告。

第三节　记账凭证

一、记账凭证的概念和种类

记账凭证是根据审核无误的原始凭证和汇总原始凭证填制的，用来确定经济业务应借、应贷的会计科目和金额，作为登记账簿直接依据的会计凭证。

记账凭证按照其用途，可以分为专用记账凭证和通用记账凭证。

(一)专用记账凭证

专用记账凭证是专门用于记录某一经济业务发生情况的记账凭证，如专门用于记录现金、银行存款收款业务的记账凭证，称为收款凭证；专门用于记录现金、银行存款付款业务的记账凭证，称为付款凭证；专门用于记录转账业务的记账凭证，称为转账凭证。收款凭证、付款凭证以及转账凭证的格式分别如表 6—8、表 6—9、表 6—10 所示。

表 6—8　　收 款 凭 证

应借科目：　　　　年　月　日　　　　编号

摘要	应贷科目		金额							记账“√”
	一级科目	二级或明细科目	万	千	百	十	元	角	分	
合计										

附件　张

会计主管　　记账　　出纳　　复核　　制单

表 6—9　　付 款 凭 证

应贷科目：　　　　年　月　日　　　　编号

摘要	应借科目		金额							记账“√”
	一级科目	二级或明细科目	万	千	百	十	元	角	分	
合计										

附件　张

会计主管　　记账　　出纳　　复核　　制单

表 6—10　　转 账 凭 证

年　月　日　　　　编号

摘要	一级科目	二级或明细科目	借方金额							贷方金额							记账“√”
			万	千	百	十	元	角	分	万	千	百	十	元	角	分	
合计																	

附件　张

会计主管　　记账　　出纳　　复核　　制单

(二)通用记账凭证

通用记账凭证是不分收款、付款业务和转账业务，统一使用同一种格式的记账凭证。其格式可参照转账凭证。

二、记账凭证的内容

按照会计核算的要求，通过记账凭证来确定所发生的每项经济业务应登记的账户的名称、应借应贷的金额等，因此，记账凭证也是用来确定会计分录的一种核算形式，虽然种类繁多，格式不一，但记账凭证都必须具备一些相同的基本内容：

(1)记账凭证的名称。如采用专用格式，则分别为“收款凭证”“付款凭证”“转账凭证”；采用通用格式，就称为“记账凭证”。

(2)填制日期和凭证编号。日期为填制凭证的当日，以年、月、日表示；凭证应按月连续编号。

(3)经济业务的内容摘要。简明扼要地说明它所处理的经济业务的内容。

(4)经济业务事项所涉及的会计科目(包括一级科目、二级或明细科目)、记账方向和金额。

(5)记账备注。用作记账备忘或过账对照。

(6)所附原始凭证张数。为了表明记账凭证所记载的会计分录有确实凭据，应将原始凭证附在记账凭证后面；同时，在记账凭证上注明所附原始凭证张数。

(7)会计主管、审核、制单、记账人员的签章以及出纳人员在收付款凭证上的签章。收款、付款凭证还应当由出纳人员签名或盖章。这样可以明确各人的责任，同时通过多人检查，有利于防止记账过程出现差错，保证记账凭证所提供的信息真实、可靠。

三、记账凭证的填制要求

在填制记账凭证时，应注意以下要求：

1. 根据审核无误的原始凭证填制记账凭证

对经济业务发生后取得或填制的原始凭证进行认真严格的检查、审核，经确认其内容真实、准确无误后，方可依据此凭证填制相应的记账凭证。

记账凭证可以根据每一张原始凭证填制，也可以根据若干张同类原始凭证汇总填制，还可以根据原始凭证汇总表编制，但不得将不同内容和类别的原始凭证汇总编制在一张记账凭证上。

2. 正确确定采用何种记账凭证

会计人员在接到经过复核的原始凭证后，应根据经济业务的性质，首先确定使用哪种记账凭证，如收款凭证、付款凭证、转账凭证；收支业务不多的单位，可以使用通用的记账凭证来记录该项经济业务。

知识链接

为了避免重复记账，涉及库存现金和银行存款之间相互划转的业务，只填制付款凭证。此外，在同一笔经济业务中既涉及库存现金(或银行存款)的收付业务，又涉及转账业务时，应同时编制收款(或付款)凭证和转账凭证。例如，职工出差回来报销差旅费，退还预借的差旅费，应在编制收款凭证的同时，编制转账凭证。

3. 正确填写记账凭证的日期

记账凭证的填制日期，一般是会计人员填制记账凭证的当天日期，也可以根据管理需要，填写经济业务发生的日期或月末日期。例如，报销差旅费的记账凭证填写报销当日的日期；现金收付款记账凭证填写办理收付现金的日期；银行收款业务的记账凭证一般按会计部门收到银行进账单或银行回执的戳记日期填写，若实际收到进账单的日期与银行戳记相隔较远，或次月收到上月的银行收付款凭证，则按会计部门实际办理转账业务的日期填写；银行付款业务的记账凭证一般以会计部门开出银行付款单据的日期或承付的日期填写；月末转账业务，应按月末的日期填写。

4. 记账凭证必须连续编号

记账凭证必须按月连续编号，一张记账凭证编一个号，不得跳号、重号，以便于记账、查账，防止散落、丢失。填写记账凭证编号的方法有多种，主要介绍以下三种：

(1)通用记账凭证，可按经济业务发生时间的先后顺序统一编号，即采用顺序编号法，从本月的第一笔经济业务发生后填制的记账凭证第 1 号开始，至本月最后一张记账凭证第×号为止。

(2)专用记账凭证，通常采用分类编号法，即按收款凭证、付款凭证和转账凭证分收、付、转三类编号，如“收字第×号”“付字第×号”“转字第×号”。

(3)专用记账凭证，还可以分别按现金收入、现金付出、银行存款收入、银行存款付出、转账业务五类进行编号，如“现收字第×号”“现付字第×号”“银收字第×号”“银付字第×号”“转字第×号”。

知识链接

如果一项经济业务需要填制两张或两张以上记账凭证，可以采用“分数编号法”，即在原顺序编号后面，以分数形式表示该笔经济业务所填制的记账凭证的张数及该张的顺序号。如第 6 笔经济业务发生后，根据原始凭证需要填制三张记账凭证，按顺序，该笔经济业务的记账编号为 6，所需填制的三张记账凭证的编号如下：第一张为第 $6\frac{1}{3}$，第二张为第 $6\frac{2}{3}$，第三张为第 $6\frac{3}{3}$。

5. 填写记账凭证的内容摘要

记账凭证“摘要”栏的填写虽然没有统一规定，不能一概而论，但它是用来简要填写经济业务内容的，填写时应注意与经济业务的内容和所附的原始凭证的内容相符，并应该简明扼要、表述准确。

6. 正确使用会计科目，编制会计分录

正确填写所涉及的会计科目(包括一级科目、明细科目)，会计科目应写全称，账户的对应关系要填写清楚，不能把不同内容、不同类型的经济业务合并，填制在一张记账凭证上。

7. 准确填写金额

记账凭证的金额必须与原始凭证的金额相符。在填写金额数字时，阿拉伯数字书写要规范，填写至“分”位。如果“角”位、“分”位没有数字，要写“00”字样；如果“角”位有数字，“分”位没有数字，则在“分”位上写“0”。

每一项经济业务填入金额数字后，应在记账凭证的“合计”栏上填写合计金额，并在“合计”栏金额前标明人民币符号“¥”，合计金额要计算准确并保持借方与贷方之间的平衡。

8. 注销记账凭证中的空行

记账凭证填写后如有空行，应当自金额栏最后一笔金额数字下的空行处至合计数上的空行处划斜线或“S”形线注销。

9. 注明记账凭证的附件

记账凭证的背面，必须附有整理好的原始凭证，并在记账凭证上注明附件的张数。期末结账和更正错账的记账凭证可以不附原始凭证。

10. 记账凭证的复核和签章

记账凭证填制完毕后，填制人员应签章，以明确经济责任。填制人员签章后，按照规定手续交由审核人员审核，再交由记账人员记账。其中，收款凭证、付款凭证须经审核签章后，才能交由出纳人员办理收款、付款业务。对于已办妥收款、付款业务的收款、付款凭证及其所附的原始凭证，必须当即加盖“收讫”“付讫”戳记，以防重复收付，并由出纳人员在收款、付款凭证上签名或盖章。

四、记账凭证的具体填制

记账凭证是根据审核无误的原始凭证填制的，其填制方法举例如下：

【例 6—3】 20××年 2 月 18 日，大众公司收到开开公司追加投资 50 000 元，根据原始凭证编制收款凭证，如表 6—11 所示。

表 6—11 **收款凭证**

应借科目：银行存款　　20××年 2 月 18 日　　银收字第 01 号

摘要	应贷科目		金额								记账“√”	
	一级科目	二级或明细科目	十	万	千	百	十	元	角	分		附件1张
收到追加投资	实收资本	开开公司		5	0	0	0	0	0	0		
合计			¥	5	0	0	0	0	0	0		

会计主管：黄政　　记账：陈美　　出纳：蒋芳　　复核：黄政　　制单：陈美

【例 6—4】 20××年 2 月 20 日，大众公司以现金购买会计账簿等办公用品 240 元，根据原始凭证编制付款凭证，如表 6—12 所示。

表 6—12 **付款凭证**

应贷科目：库存现金　　20××年 2 月 20 日　　现付字第 01 号

摘要	应借科目		金额							记账“√”	
	一级科目	二级或明细科目	万	千	百	十	元	角	分		附件1张
购买办公用品	管理费用	办公费			2	4	0	0	0		
合计				¥	2	4	0	0	0		

会计主管：黄政　　记账：陈美　　出纳：蒋芳　　复核：黄政　　制单：陈美

【例 6—5】 20××年 2 月 22 日，大众公司生产甲产品领用 A 材料 9 000 元，根据原始凭证编制转账凭证，如表 6—13 所示。

表 6—13

转账凭证

20××年 2 月 22 日　　　　转字第 21 号

摘　要	一级科目	二级或明细科目	借方金额							贷方金额							记账“√”
			万	千	百	十	元	角	分	万	千	百	十	元	角	分	
生产领料	生产成本	甲产品		9	0	0	0	0	0								
	原材料	A 材料									9	0	0	0	0	0	
合　计			¥	9	0	0	0	0	0	¥	9	0	0	0	0	0	

附件 1 张

会计主管：黄政　　记账：陈美　　出纳：蒋芳　　复核：黄政　　制单：陈美

课堂思考

上述三例用于编制记账凭证的原始凭证是什么？

五、记账凭证的审核

为了正确登记账簿和监督经济业务，除编制记账凭证的人员应当认真负责、正确填制、加强自审以外，同时还应建立专人审核制度。只有经过审核无误的记账凭证，才能据以登记账簿。对记账凭证的审核，除了需要对原始凭证进行复审外，还应注意审核以下几点：

1. 内容是否真实

记账凭证是否附有原始凭证，原始凭证是否齐全、内容是否合法，记账凭证所记录的经济业务与所附原始凭证所反映的经济业务是否相符。

2. 项目是否齐全

记账凭证各项目的填写是否齐全，如日期、凭证编号、摘要、会计科目、金额、所附原始凭证张数及有关人员签章等。

3. 科目是否正确

记账凭证的应借、应贷会计科目是否正确，账户对应关系是否清晰，所使用的会计科目及其核算内容是否符合国家统一的会计制度规定等。

4. 金额是否准确

记账凭证与原始凭证的有关金额是否一致，计算是否准确，记账凭证汇总表的金额与记账凭证的金额是否相符等。

5. 书写是否正确

文字、数字是否工整、清晰，是否按规定进行更正等。

在审核过程中，如果记账前发现记账凭证填制有错误，或者不符合要求，则需要由填制人员重新填制。若已记账，应查明原因，按规定的方法及时更正。

第四节 会计凭证的传递和保管

一、会计凭证的传递

会计凭证的传递是指会计凭证的“取得—审核—记账—装订—存档”一系列环节的流转过程。其间包括传递程序、传递时间和传递中的衔接手续。

(1)传递程序：各单位应根据各自的业务特点、机构设置、人员分工情况，设计凭证的联数和流转路线，合理组织传递程序。

(2)传递时间：明确规定凭证在各个环节上的停留时间，一般要求凭证的传递和处理在报告期内完成，不能跨期。

(3)传递手续：凭证传递中的收发、交接等手续必须完备严密，环环衔接。

二、会计凭证的保管

会计凭证是重要的经济档案，为了防止散失，保证会计凭证的安全和完整，必须采取适当的方法妥善保管。会计凭证的保管，是指会计凭证在记账后的整理、装订和归档存查。

(1)各种会计凭证定期装订(包括所附原始凭证和原始凭证汇总表)成册后要加盖封面、封底，注明单位名称、凭证种类及起讫日期。对于数量多、性质相同且需要随时查阅的原始凭证，可以单独装订，注明日期、种类，并在所属记账凭证上注明“附件另订”字样。

(2)其他经济凭证如各种经济合同、涉外文件等也应编造目录，单独登记保管。

(3)会计凭证装订成册后，由专人负责保管，年终登记存档，按年度分目顺序排列。

(4)会计凭证的保管期限、查询、调用、复制及销毁手续应按《会计档案管理办法》进行管理。

知识链接

《会计档案管理办法》规定，原始凭证、记账凭证和汇总记账凭证的保管期限为30年，从会计年度终了后的第一天算起。期满后，由本单位档案部门提出，会同财会部门共同鉴定，经严格审查后，编制会计档案销毁清册。机关、团体和事业单位，报经本单位领导批准后销毁;国有企业经企业领导审查,报经上级主管部门批准后销毁。任何单位不得自行销毁会计凭证。

对于已归档凭证的查阅、调用或复制,均应得到批准和履行一定手续。调阅已归档的凭证,需经本单位领导批准,且要填写会计档案调阅表,详细填写被调阅凭证名称、调阅日期、调阅人姓名和工作单位、理由等,调阅人一般不得将被调阅凭证携带外出。原始凭证不得外借,其他单位或个人因特殊原因需要使用原始凭证时,经本单位会计机构负责人、会计主管人员批准后,方可在会计人员的监督下复制。向外单位提供的原始凭证复制件,应当在专设的登记簿上登记,并由提供人员和收取人员共同签名或盖章。

本章小结

会计凭证是记录经济业务、明确经济责任、作为记账凭据的书面证明。会计凭证按照其填制程序和用途,可以分为原始凭证和记账凭证两大类。填制和审核会计凭证是会计核算的专门方法之一。

原始凭证是在经济业务发生时取得或填制的、用于证明经济业务的发生和完成情况并作为记账原始依据的会计凭证。原始凭证按照其来源,可以分为外来原始凭证和自制原始凭证两类;按照其填制的手续和方法,可以分为一次凭证和累计凭证。

原始凭证的内容、格式尽管不尽相同,但都必须具备以下基本要素:原始凭证的名称、填制凭证的日期、凭证的编号、填制和接受凭证的单位名称、经济业务的基本内容、填制单位和经办人员的签章。

在填制原始凭证时要求做到:真实可靠、内容完整、填制及时、填写清楚。

原始凭证审核的主要内容有:真实性审核、合法性审核、合理性审核、完整性审核、正确性审核。

记账凭证是根据审核无误的原始凭证和汇总原始凭证填制的,用来确定经济业务应借、应贷的会计科目和金额,作为登记账簿直接依据的会计凭证。

记账凭证可以按不同的标准分类,最常用的是按照其用途,可以分为专用记账凭证和通用记账凭证。

记账凭证虽然种类繁多,格式不一,但记账凭证都必须具备一些相同的基本内容:记账凭证的名称;填制日期和凭证编号;经济业务的内容摘要;经济业务事项所涉及的会计科目(包括一级科目、二级或明细科目)、记账方向和金额;记账备注;所附原始凭证张数;会计主管、审核、制单、记账人员的签章以及出纳人员在收付款凭证上的签章。

填制记账凭证时,必须以审核无误的原始凭证为依据,做到连续编号,正确填写记账凭证的日期、内容摘要、金额,正确使用会计科目,注销记账凭证中的空行,注明记账凭证的附件,有关人员签章。记账凭证必须经过审核。

会计凭证的传递是指会计凭证的"取得—审核—记账—装订—存档"一系列环节的流转过程。

会计凭证是重要的经济档案,为了防止散失,保证会计凭证的安全和完整,必须采取适当的方法妥善保管。

测试题

本章测试题可扫描以下二维码进行练习：

第七章 会计账簿

学习目标

通过本章学习，了解账簿的意义和种类，并能按照账簿启用规则建立各种账簿体系，掌握日记账、总账、明细账的登记方法以及对账、结账的方法和错账更正的方法。

第一节　会计账簿概述

一、会计账簿的概念

会计账簿是以会计凭证为依据，由具有专门格式而又相互联系的账页组成，用于连续、系统、全面地记录和反映各项经济业务的簿籍。设置和登记账簿是会计核算的方法之一。

任何一个单位发生经济业务后，必然要取得原始凭证，并根据原始凭证填制记账凭证。会计凭证虽能详细具体地记载经济业务内容，但每张凭证只能反映个别经济业务的增减变动情况，零星分散，不能全面、连续、系统地反映和监督一个单位某一类和全部经济业务的增减变动情况，而且不便于查阅。因此，各单位必须在会计凭证的基础上设置和登记有关账簿，使分散在会计凭证上的资料能按照账户归类汇总，形成系统化的会计资料，为编制会计报表提供必要的数据资料，同时也便于日后对会计资料的保管和查阅。

二、会计账簿的种类

会计核算中使用的账簿，其种类和结构是多种多样的，记录和反映的内容也不完全一样。为了便于人们了解、掌握和运用各种账簿，就需要对账簿进行分类。账簿可以按照不同的标准进行分类。

（一）按用途分类

可以分为序时账簿、分类账簿和备查账簿三种。

1. 序时账簿

序时账簿，又称日记账，是按照经济业务发生或完成的时间顺序，逐日、逐笔进行登记的账簿。序时账簿有两种：一种用于登记全部经济业务，即对发生的所有经济业务都要在该账簿中确定应借、应贷账户名称及金额，并予以全面、连续地登记；另一种用于登记某一类经济业务，也称特种日记账，如现金日记账和银行存款日记账。

2. 分类账簿

分类账簿是按照总分类账户和明细分类账户对全部经济业务进行分类登记的账簿。

总分类账簿简称总账，是根据一级账户设置的、总括反映全部经济业务增减变化及其结果的账簿。明细分类账簿简称明细账，是根据二级或明细账户详细记录某一种经济业务增减变化及其结果的账簿。

3. 备查账簿

备查账簿也称辅助登记簿，是对某些在日记账和分类账等主要账簿中未能记载的事项或记载不全的经济业务，进行补充登记的账簿，如租入固定资产登记簿、受托加工材料登记簿等。备查账簿没有固定的格式，可由企业根据管理的需要自行设计。

(二)按外表形式分类

可以分为订本式账簿、活页式账簿和卡片式账簿三种。

1. 订本式账簿

订本式账簿，是在未启用之前就把编有序号的若干账页固定装订成册的账簿。它的主要优点是可以避免账页散失和防止抽换。但同一本账簿在同一时间内只能由一人登记，不便于分工记账；同时，不能根据需要灵活增减账页，必须为每一账户预留空白账页，预留过多会造成浪费，预留过少会影响账户记录的连续性。

根据订本式账簿的优缺点，在实际工作中，总账、现金日记账和银行存款日记账适合采用订本式账簿。

2. 活页式账簿

活页式账簿，就是在启用和使用的过程中，把一定数量的账页置于活页账夹内，可以根据实际需要增添账页，不会造成浪费，使用比较灵活，便于分工记账。但是，这种账簿的账页容易散失和被抽换。因此，在采用这种账簿时，空白账页在使用时必须连续编号，有关人员在账页上盖章，并应定期装订成册，以防止弊端的产生。活页式账簿一般适用于明细分类账。

3. 卡片式账簿

卡片式账簿，是由某些专门格式的、分散的卡片作为账页组成的账簿。卡片通常放置于卡片箱中，数量可根据经济业务的需要增减，如固定资产登记卡、低值易耗品登记卡等。使用时应将卡片连续编号，使用完毕不再登记时，应将卡片穿孔固定保管。采用这种账簿，灵活方便，可以使记录的内容详细具体，可以跨年度使用而无须更换账页，也便于分类汇总和根据管理的需要转移卡片。但这种账簿的账页容易散失和被抽换。因此，使用时应在卡片上连续编号，以保证安全。卡片式账簿一般适用于账页需要随着物资使用或存放地点的转移而重新排列的明细账，如固定资产明细分类账(见表 7—1)。

表 7—1 **固定资产卡片(正面)**

类别:

名称:

形式			停用记录						
制造国家			原因	日期	原因	日期	原因	日期	备注
制造厂商									
制造日期									
制造号码									
使用年限									
购置日期									
原值									
其中:安装费						大修记录			
净残值率						日期	凭证号	摘要	金额
折旧	年	月							
折旧额									

(三)按账页格式分类

可以分为三栏式账簿、多栏式账簿、数量金额式账簿。

1. 三栏式账簿

三栏式账簿是指由设置“借方”“贷方”和“余额”三个金额栏的账页组成的账簿。总账、日记账的格式大多是三栏式(见表 7—2、表 7—3)。

表 7—2 **现金日记账**

年		凭证号	摘要	对方科目	借方										贷方										余额									
月	日				千	百	十	万	千	百	十	元	角	分	千	百	十	万	千	百	十	元	角	分	千	百	十	万	千	百	十	元	角	分

表 7—3

总　账

会计科目：　　　　　　　　　　　　　　　　　　　　　　　　第　页

年		凭证		摘要	对方科目	借方										贷方										借或贷	余额									
月	日	字	号			千	百	十	万	千	百	十	元	角	分	千	百	十	万	千	百	十	元	角	分		千	百	十	万	千	百	十	元	角	分

2. 多栏式账簿

多栏式账簿是指由三个以上金额栏的账页组成的账簿。一些成本、费用类的账簿多采用此种格式(见表 7—4)。

表 7—4

生产成本明细账

上月投产：　件

本月投产：　件　　　　　　　　　　　　　　　　　　　　本月入库：　件

产品品种或类别：　　　　　　　　　　　　　　　　　　　　单位:元

年		凭证号码	摘　要	借方(成本项目)				贷方	借或贷	余额
月	日			直接材料	直接人工	制造费用	合计			
			期初余额							
			领用材料							
			分配工资							
			计提福利费							
			分配转入制造费用							
			生产费用合计							
			结转完工产品成本							
			本期发生额及余额							

3. 数量金额式账簿

数量金额式账簿是指由在“收入”“发出”“结余”三栏内设置“数量”“单价”“金额”等小栏目的账页组成的账簿。存货明细账的格式大多是数量金额式(见表 7—5)。

表 7—5　　　　**原材料明细账**

材料名称：　　　　编　　号：　　　　最低储量：

规　　格：　　　　计量单位：　　　　最高储量：

年		凭证字号	摘　要	收　入			发　出			结　余		
月	日			数量	单价	金额	数量	单价	金额	数量	单价	金额

第二节　会计账簿的使用规则

登记账簿是会计核算的内容之一，为保证会计核算资料的及时提供和内在质量，企业、行政事业单位在使用账簿时必须遵循有关原则，认真地做好账簿登记工作。

一、会计账簿启用规则

在启用会计账簿时，应在账簿封面上写明账簿名称和单位名称，在账簿扉页上填写“账簿使用登记表”或“账簿启用一览表”，载明单位名称、账簿名称、账簿编号、账簿册数、账簿页数、启用日期，会计主管人员和记账人员签名或盖章；更换记账人员时，应由会计主管人员监交，在交接记录内写明交接日期和交接人员姓名，并由交接人员和会计主管人员签名或盖章，明确记账责任（见表 7—6）。

表 7—6　　　　**账簿启用及经管人员一览表**

<table>
<tr><td colspan="11">账簿启用及交接记录表</td></tr>
<tr><td>单位名称</td><td colspan="9"></td><td>单位盖章</td></tr>
<tr><td>账簿名称</td><td colspan="9"></td><td rowspan="7"></td></tr>
<tr><td>账簿编号</td><td colspan="9">共　　册　第　　册</td></tr>
<tr><td>启用日期</td><td colspan="9">年　　月　　日　至　　　年　　月　　日</td></tr>
<tr><td>账簿页数</td><td colspan="9">本账簿共计　　　页</td></tr>
<tr><td rowspan="3">经管人员</td><td colspan="5">主　　管</td><td colspan="4">记　　账</td></tr>
<tr><td colspan="3">姓　名</td><td colspan="2">盖　章</td><td colspan="2">姓　名</td><td colspan="2">盖　章</td></tr>
<tr><td colspan="3"></td><td colspan="2"></td><td colspan="2"></td><td colspan="2"></td></tr>
<tr><td rowspan="5">交接记录</td><td colspan="3">日　期</td><td colspan="2">监　交</td><td colspan="2">移　交</td><td colspan="2">接　管</td><td>贴印花处</td></tr>
<tr><td>年</td><td>月</td><td>日</td><td>姓名</td><td>盖章</td><td>姓名</td><td>盖章</td><td>姓名</td><td>盖章</td><td rowspan="5"></td></tr>
<tr><td></td><td></td><td></td><td></td><td></td><td></td><td></td><td></td><td></td></tr>
<tr><td></td><td></td><td></td><td></td><td></td><td></td><td></td><td></td><td></td></tr>
<tr><td></td><td></td><td></td><td></td><td></td><td></td><td></td><td></td><td></td></tr>
<tr><td colspan="2">备　注</td><td colspan="8">年度账</td></tr>
</table>

知识链接

印花税，是以经济活动中签立的各种合同、产权转移书据、营业账簿、权利许可证照等应税凭证文件为对象所征的税。印花税由纳税人按规定应税的比例和定额自行购买并粘贴印花税票，即完成纳税义务。

启用订本式账簿，从第一页到最后一页应按顺序编写页数，不得跳页、缺号。使用活页式账页，应按账户顺序编号，并定期装订成册。装订后再按实际使用的账页顺序编写页码，另加目录，记明每个账户的名称和页次。

二、会计账簿登记规则

为了保证账簿记录的正确性，必须根据审核无误的会计凭证登记会计账簿，并符合以下要求：

(1)登记账簿时，应当将会计凭证日期、编号、摘要、金额和其他有关资料逐项记入账内，做到数字准确、摘要清楚、登记及时、字迹工整。

(2)登记完毕后，要在记账凭证上签名或者盖章，并注明已经登账的符号或划“√”，表示已经记账，以避免重记或漏记。

(3)账簿中书写的文字和数字上面要留有适当空格，不要写满格，一般应占格距的$\frac{1}{2}$。

(4)登记账簿要用蓝黑墨水或者碳素墨水书写，不得使用圆珠笔(银行的复写账簿除外)或者铅笔书写。

(5)下列情况可以用红色墨水：

①按照红字冲账的记账凭证，冲销错误记录；

②在不设借贷栏的多栏式账页中，登记减少数；

③在三栏式账户的“余额”栏前，如未明确余额方向的，在“余额”栏内登记负数余额；

④ 采用红线划线注销或划线结账；

⑤根据国家统一会计制度的规定可以用红字登记的其他会计记录。

(6)各种账簿按页次顺序连续登记，不得跳行、隔页。如果发生跳行、隔页，应将空行、空页划线注销，注明“此行空白”“此页空白”字样，并由记账人员签名或盖章。

(7)凡需要结出余额的账户，结出余额后，应当在“借或贷”栏内写明“借”或“贷”等字样。没有余额的账户，应当在“借或贷”栏内写“平”字，并在余额栏内用“0”表示。

(8)每一账页登记完毕结转下页时，应当结出本页合计数及余额，写在本页最后一行和下页第一行有关栏内，并在“摘要”栏内分别注明“过次页”和“承前页”字样；也可以将本页合计数及余额只写在下页第一行有关栏内，并在摘要栏内注明“承前页”字样。

对需要结计本月发生额的账户，结计“过次页”的本页合计数应当为自月初起至本页末止的发生额合计数；对需要结计本年累计发生额的账户，结计“过次页”的本页合计数应当为自年初起至本页末止的累计数；对既不需要结计本月发生额也不需要结计本年累计发生额的账户，可以将每页末的余额结转次页。

(9)实行会计电算化的单位，总账和明细账应当定期打印。发生收款和付款业务的，在输入收款凭证和付款凭证的当天必须打印出现金日记账、银行存款日记账，并与库存现金核对无误。

(10)账簿记录发生错误的，不准涂改、挖补、刮擦或者用药水消除字迹，必须按照规定的方法进行更正。

第三节　会计账簿的设置与登记

企业、行政事业单位应根据自身经济活动的特点和国家有关会计制度的规定以及会计核算的要求设置相应的账簿，及时登记发生的各种经济业务。账簿的设置应该科学、合理、系统、严密，便于会计人员使用。设置账簿包括确定账簿的种类、数量、名称、账页格式、反映的内容等诸方面。

一、日记账的设置和登记

(一)现金日记账的设置和登记

现金日记账是由出纳人员按照经济业务发生的时间先后顺序，根据有关现金收款凭证和现金付款凭证或提取现金的银行存款付款凭证，逐日、逐笔进行登记的账簿。

现金日记账通常使用订本式账簿，账页格式有三栏式和多栏式两种。

三栏式现金日记账，账页设“借方”(或“收入”)、“贷方”(或“支出”)和“余额”(或“结余”)三个基本栏目，格式如本章第一节中的表7—2所示。

每日，出纳人员依据审核无误的有关原始凭证逐笔登记现金日记账，并结出余额，每日终了应将余额数与库存现金进行核对，以检查账实是否相符，做到日清日结。“年、月、日”“凭证编号”“摘要”各栏根据记账凭证及所附原始凭证填写；“对方科目”栏根据现金收款、付款凭证中的贷方科目或借方科目填写；“借方”栏根据现金收款凭证或银行存款付款凭证中的合计金额填写；“贷方”栏根据现金付款凭证中的合计金额填写；收、支填写后，应及时结出余额。

多栏式现金日记账是在三栏式现金日记账的基础上发展起来的。这种日记账的借方(收入)和贷方(支出)金额栏都按对方科目设专栏，即按收入的来源和支出的用途设专栏，这种格式在月末结账时，可以结出各收入来源专栏和支出用途专栏的合计数，便于对现金收支的合理性、合法性进行审核分析，便于检查财务收支计划的执行情况。多栏式现金日记账的格式如表7—7所示。

表7—7　　多栏式现金日记账

年		凭证字号	摘要	收入			支出			余额
月	日			贷方科目		合计	贷方科目		合计	

为了保证现金日记账的安全和完整，无论是采用三栏式现金日记账还是多栏式现金日记账，都必须使用订本式账簿。

（二）银行存款日记账的设置和登记

银行存款日记账是出纳人员按照经济业务发生的时间先后顺序，根据有关银行存款的收款凭证、付款凭证或把库存现金存入银行的现金付款凭证，逐日、逐笔登记的账簿。

银行存款日记账的格式与现金日记账相同，可以采用三栏式，也可以采用多栏式；多栏式可以将收入和支出的核算在一本账上进行，也可以分设“银行存款收入日记账”和“银行存款支出日记账”。银行存款日记账的登记方法与现金日记账相同，在此不再重复。

二、分类账的设置和登记

（一）总分类账的设置和登记

总分类账简称总账，是按照总分类账户分类登记以提供总括会计信息的账簿。通过总账可以集中、全面地反映经济活动的总体状况，可以为编制会计报表提供所需要的资料。因此，每一企业都应设置总分类账。

总分类账最常用的格式为三栏式，设置“借方”“贷方”和“余额”三个基本金额栏，格式如本章第一节中的表 7—3 所示。

总分类账的记账依据和登记方法取决于企业采用的账务处理程序，既可以根据记账凭证逐笔登记，也可以根据经过汇总的科目汇总表或汇总记账凭证等登记。总分类账中各栏所登记的内容应与记账凭证或记账凭证汇总表内各项目记载的内容吻合，并及时结算出余额。

（二）明细分类账的设置和登记

明细分类账简称明细账，是根据二级账户或明细账户开设账页，分类、连续地登记经济业务以提供明细分类核算资料的账簿。明细分类账是总分类账的明细记录，对总账中记载的总括资料起补充、辅助作用。

明细分类账应根据审核无误的记账凭证和所附的原始凭证逐日、逐笔进行登记，也可以根据经济业务的实际情况和经营管理的需要，进行汇总登记。

明细分类账的格式有三栏式、多栏式、数量金额式等多种。

1. 三栏式明细分类账

三栏式明细分类账设有“借方”“贷方”和“余额”三个栏目，用于分类核算各项经济业务，提供详细的核算资料，其格式与总分类账的三栏式相同。

三栏式明细分类账适用于只进行金额核算的账户，如应收账款、应付账款等往来结算账户。

2. 多栏式明细分类账

多栏式明细分类账将属于同一个总账科目的各个明细科目合并在一张账页上进行登记，即在这种格式账页的借方或贷方金额栏内按照明细项目设若干专栏。这种格式适用于成本费用类科目的明细核算，如生产成本、制造费用、管理费用等，其格式如本章第一节中的表 7—4 所示。

3. 数量金额式明细分类账

数量金额式明细分类账也采用“借方”“贷方”和“余额”三栏式的基本结构，但在每栏下面，又分别设置“数量”“单价”和“金额”三个小栏目。这种明细分类账适用于如“原材料”“库存商品”等既需要进行金额核算，又需要进行具体的实物数量核算分析的经济业务，其格式如本章第一节中的表 7—5 所示。

三、备查账簿的设置和登记

备查账簿又称辅助账簿，通过这种账簿可以为企业、行政事业单位的经济活动、经营管理提供必要的补充资料。它一般没有固定的格式，各单位可以根据需要设计相应的项目内容，如“租入固定资产登记簿”等。

第四节　对账和错账的更正方法

为了保证账簿所提供的会计资料正确、真实、可靠，会计人员在登记账簿时，一定要有高度的责任心。记完账后，还应定期做好对账工作，做到账证相符、账账相符、账实相符。若发现有错误，应按规定的更正方法进行更正。

一、对账

对账就是按照一定的方法和手续核对账目，主要是对账簿记录进行核对、检查。账簿记录是否真实、准确，直接影响到对经济活动效果的分析和财务会计报告的质量。在实际工作中，由于各种主、客观原因，可能会造成账簿记录的错记、漏记，因此，必须建立健全对账制度，定期组织好各项核对工作。

对账主要包括以下几个方面的内容：

1. 账证核对

账证核对就是核对账簿的记录与原始凭证、记账凭证记录的时间、凭证字号、内容、金额是否一致，记账方向是否相符。账簿记录与会计凭证反映的经济业务内容必须一致，数额计算结果必须相等，保证做到账证相符。

2. 账账核对

账账核对是核对不同账簿之间的记录是否相符。主要包括：

(1)将全部总分类账簿的本期借方发生额合计数与本期贷方发生额合计数进行核对，将全部总分类账簿的期末借方余额合计数与期末贷方余额合计数进行核对。这种核对可以通过定期编制总分类账户试算平衡表来进行。

(2)将总分类账簿与其所属的明细分类账簿进行核对，检查总账和明细账双方记载的经济业务内容及记账方向是否一致，总账金额与其所属明细账金额之和是否一致。这种核对可以通过定期编制明细分类账本期发生额与余额对照表等形式进行。

(3)将“现金日记账”“银行存款日记账”的期末余额与“库存现金”“银行存款”总账的期末余额核对，检查总账与日记账记录是否相符。

(4)将财会部门财产物资明细分类账的期末余额与相应的财产物资保管部门或使用部门的明细分类账或卡片中记载的期末结存数额核对，检查其是否相符。

3. 账实核对

账实核对就是核对会计账簿与各项财产物资实有数是否相符。主要包括：

(1)将“现金日记账”账面余额与库存现金实际结余数额核对。

(2)将“银行存款日记账”账面余额与银行转来的对账单上的余额核对。

(3)将各种财产物资明细分类账的账面余额与该项财产物资的实际结存数额核对。

(4)将各种应收、应付款项的明细分类账的账面余额与债权、债务的单位或个人进行核对。

账实核对的工作通过财产清查来实现，将在第八章介绍。

二、错账更正方法

在实际工作中，当账簿登记发生错误时，不准涂改，不准挖、补、刮、擦，以及用药水消除字迹。要用正确的方法进行更正，下面有三种更正错账的方法：

1. 划线更正法

在结账前发现账簿记录有文字或数字错误，而记账凭证没有错误，可以采用划线更正法。具体做法是：在错误的文字或数字上画一条红线，在红线的上方填写正确的文字或数字，并由记账人员在更正处盖章，以明确责任。需要注意的是，更正时不得只划销错误数字，而应将全部数字划销，并保持原有数字清晰可辨。

2. 红字冲销法

红字冲销法适用于下列两种情况：

(1)记账后发现记账凭证中的应借、应贷会计科目有错误，从而引起账簿登记有错误。更正的方法是：先用红字填写一张与原记账凭证完全相同的记账凭证，以示注销原记录，然后用蓝字填写一张正确的记账凭证，在摘要栏内注明“更正×月×日×号凭证”，并据以记账。

【例 7—1】 某企业以银行存款 3 500 元支付广告费，编制记账凭证时误记入“管理费用”账户，并已登记入账。

借：管理费用　　3 500
　　贷：银行存款　　3 500

发现这一错误时，用红字冲销法更正，具体做法如下：

先用红字金额冲销原错误记账凭证：

借：管理费用　　3 500(红字)
　　贷：银行存款　　3 500(红字)

再用蓝字编制一张正确的记账凭证：

借：销售费用　　3 500
　　贷：银行存款　　3 500

(2)记账后发现记账凭证和账簿记录中应借、应贷会计科目无误，只是所记金额大于应记金额。更正的方法是：按多记的金额用红字编制一张与原记账凭证应借、应贷科目完全相同的记账凭证，以冲销多记的金额，在“摘要”栏内注明“冲销×月×日×号凭证多记金额”，并据以记账。

【例 7—2】 企业购入材料一批，计 38 000 元，货款已经支付。填制记账凭证时，误将金额记为 88 000 元，并已登记入账。

借：原材料　　88 000

　　贷：银行存款　　88 000

发现上述错误时，可将多记的 50 000 元用红字冲销即可：

借：原材料　　50 000(红字)

　　贷：银行存款　　50 000(红字)

3. 补充登记法

记账后发现记账凭证和账簿记录中应借、应贷会计科目正确无误，只是所记金额小于实际金额时，可采用补充登记法进行更正。更正时，可将少记数额填制一张记账凭证补充登记入账，并在“摘要”栏注明“补充×年×月×日×号凭证少记金额”。

【例 7—3】 收到某公司归还欠款 32 000 元存入银行，填制记账凭证时误将金额写成 23 000 元，并已登记入账。

借：银行存款　　23 000

　　贷：应收账款——某公司　　23 000

发现上述错误时，可将少记的 9 000 元编制一张蓝字的记账凭证：

借：银行存款　　9 000

　　贷：应收账款——某公司　　9 000

课堂思考

更正错账的记账凭证后面附有原始凭证吗？为什么？

第五节　结　账

结账，是指在把一定时期内所发生的经济业务全部登记入账的基础上，将各种账簿的记录核算完毕，结出各种账簿本期发生额合计和期末余额的一项会计核算工作。

一、结账的方法

(1)对于不需要按月结计本期发生额的账户，如各项应收、应付款明细账和各项财产物资明细账等，每次记账以后，都要随时结出余额，每月最后一笔余额即为月末余额。月末结账时，只需要在最后一笔经济业务记录之下画一条通栏红线。

(2)对于库存现金、银行存款日记账和需要按月结计发生额的收入、费用等明细账，每月结账时，要在最后一笔经济业务记录下面画一条通栏红线，结出本月发生额和余额，在摘要栏内注明“本月合计”，在下面画一条通栏红线。

(3)对于需要结计本年累计发生额的某些明细账户，每月结账时，应在“本月合计”行下结出自年初起至本月末止的累计发生额，登记在月份发生额下面，在“摘要”栏内注明“本年累计”，并在下面画一条通栏红线。12月末的“本年累计”就是全年累计发生额，在全年累计发生额下划两条通栏红线。

(4)对于总账账户，平时只需结出月末余额。年终结账时，为了总括地反映全年各项资金运动情况的全貌，核对账目，要将所有总账账户结出全年发生额和年末余额，在“摘要”栏内注明“本年合计”，并在合计数下划两条通栏红线。

二、更换账簿

年度结账以后，要将本年度账簿中的余额结转到下一会计年度对应的新账簿中，然后将本年度的全部账簿整理归档。

年末有余额的账户，要将其余额结转至下年，在“摘要”栏注明“结转下年”；在下一会计年度新建有关会计账户的第一行余额栏内填写上年结转的余额，并在摘要栏内注明“上年结转”。

知识链接

年度终了，应将账簿装订整齐，特别是活页式账簿，要编好科目目录、页码，用线装订后加具封面，在封面上写明账簿种类、单位、时间等。会计账簿的更换通常在新会计年度建账时进行。总账、日记账和多数明细账应每年更换一次。变动较小的明细账可以连续使用，不必每年更换。备查账簿也可以连续使用。年度终了，各种账户在结转下年、建立新账后，一般要把旧账送交总账会计集中统一管理，会计账簿暂由本单位财务部门保管一年，期满后由财务部门编造清册移交本单位档案部门管理。

本章小结

账簿是以会计凭证为依据，由具有专门格式而又相互联系的账页组成，用以连续、系统、全面地记录和反映各项经济业务的簿籍。设置和登记账簿是会计核算的方法之一。

账簿可以按照不同的标准进行分类，按用途可以分为序时账簿、分类账簿和备查账簿；按外表形式可以分为订本式账簿、活页式账簿和卡片式账簿；按账页格式可以分为三栏式账簿、多栏式账簿、数量金额式账簿。

账簿登记必须以经过审核的会计凭证为依据，并遵守启用规则和登记规则，任何单位都应当根据本单位经济业务的特点和经营管理的需要，设置一定种类和数量的账簿，如现金日记账、银行存款日记账、总分类账和明细分类账等。

对账就是按照一定的方法和手续核对账目，主要是对账簿记录进行核对、检查，包括账证核对、账账核对和账实核对。

在实际工作中，当账簿登记发生错误时，要用正确的更正方法进行更正。错账更正的方法有：划线更正法、红字冲销法和补充登记法。

结账，就是指在把一定时期内所发生的经济业务全部登记入账的基础上，将各种账簿的记录核算完毕，结出各种账簿本期发生额合计和期末余额的一项会计核算工作。

年度结账以后，要将本年度账簿中的余额结转到下一会计年度对应的新账簿中，然后将本年度的全部账簿整理归档。

测试题

本章测试题可扫描以下二维码进行练习：

第八章 财产清查

学习目标

通过本章学习，要求掌握财产清查的程序、方法，银行存款余额调节表的编制以及财产清查结果的处理。

第一节 财产清查的种类和一般程序

一、财产清查的概念及意义

(一)财产清查的概念

财产清查也称为财产检查，是指通过对实物、库存现金的实地盘点和对银行存款、往来款项的核对，查明各项财产物资、货币资金、往来款项的实有数和账面数是否相符的一种会计核算的专门方法。

对于各种财产物资，都必须通过账簿记录来反映其增减变动和结存情况，为了保证账簿记录的正确和完整，应当定期或不定期地进行账证核对和账账核对，以检查账簿记录是否根据会计凭证进行了正确的登记；在此基础上，还要定期或不定期地进行账实核对，了解各项财产物资的账面数额与实际数额是否一致。如果账实不符，应查明原因，调整账面数额，使账面数额与实际结存数额一致。

(二)财产清查的原因和意义

1. 造成账实不符的原因

(1)在收发物资中，由于计量、检验不准确而造成品种、数量或质量上的差错；

(2)会计人员在登记账簿时，发生漏记、重记、错记或计算上的错误；

(3)财产物资在运输、保管、收发的过程中，在数量上发生自然增减变化；

(4)在财产增减变动中，由于手续不齐或计算、登记上发生错误；

(5)由于管理不善或工作人员失职，造成财产损失、变质或短缺等；

(6)贪污盗窃、营私舞弊造成的损失；

(7)自然灾害造成的非常损失；

(8)未达账项引起的账账、账实不符等。

2. 财产清查的意义

上述种种原因都会影响账实的一致性。因此，运用财产清查的手段，对各种财产物资进行定期或不定期的核对和盘点，具有十分重要的意义。具体表现在：

(1)确保会计资料核算的真实可靠。通过财产清查，可以确定各项财产物资的实际结存数，将账面结存数和实际结存数进行核对，可以揭示各项财产物资的溢缺情况，从而及时地调整账面结存数，保证账簿记录真实、可靠。

(2)保护财产的安全和完整。通过财产清查，可以查明企业单位财产、商品、物资是否完整，有无缺损、霉变现象，以便堵塞漏洞，改进和健全各种责任制，切实保证财产的安全和完整。

(3)挖掘财产物资潜力，促进财产物资的合理利用。通过财产清查，可以及时查明各种财产物资的储备和利用情况。如发现企业存在财产物资储备不足的情况，应设法及时补充；如发现企业有呆滞积压的财产物资，也应及时加以处理，并分析原因，采取措施，改善经营管理。这样，可以使财产物资得到充分合理的利用，加速资金周转，提高企业的经济效益。

(4)保证财经纪律和结算纪律的执行。通过对财产、物资、货币资金及往来款项的清查，可以查明有关业务人员是否遵守财经纪律和结算纪律，有无贪污盗窃、挪用公款的情况；查明资金使用是否合理，是否符合党和国家的方针政策和法规，从而使工作人员更加自觉地遵纪守法，自觉维护和遵守财经纪律。

二、财产清查的种类

财产清查，按照清查的对象和范围，可以分为全面清查和局部清查；按照清查的时间，可以分为定期清查和不定期清查。

(一)全面清查和局部清查

全面清查是指对所有的财产和资金进行全面盘点与核对。其清查对象主要包括：原材料、在产品、自制半成品、库存商品、现金、短期存(借)款、有价证券及外币、在途物资、委托加工物资、往来款项、固定资产等。全面清查范围广，工作量大，一般在年终决算或企业撤销、合并或改变隶属关系时进行。

局部清查也称重点清查，是指根据需要只对财产中某些重点部分进行的清查。如流动资金中变化较频繁的原材料、库存商品等，除年度全面清查外，还应根据需要随时轮流盘点或重点抽查。各种贵重物资要每月至少清查一次，库存现金要天天核对，银行存(借)款要按银行对账单逐笔核对。

(二)定期清查和不定期清查

定期清查是指在规定的时间内所进行的财产清查。一般是在年、季、月终了后进行。

不定期清查也称临时清查，是指根据实际需要临时进行的财产清查。一般是在更换财产物资保管人员或企业撤销、合并或发生财产损失等情况下所进行的清查。

定期清查和不定期清查的范围应视具体情况而定，可全面清查，也可局部清查。

三、财产清查的程序

财产清查的程序是指清查工作步骤的先后顺序。财产清查是一项复杂细致的工作，它涉及面广、政策性强、工作量大。为了顺利完成清查任务，保证清查质量，必须有计划、有组织地按一定程序进行。不同目的的财产清查，应按不同的程序进行。财产清查程序可分为准备、实施和分析处理三个阶段。

（一）准备阶段

在清查前，必须首先做好以下几项准备工作：

1. 组织准备

成立清查小组，制订清查计划，确定清查对象、范围，明确清查目的和要求，学习和掌握清查的方法和技术等。

2. 业务准备

（1）财务部门要将总账、明细账等有关资料登记齐全，核对正确，结出余额。保管部门对所保管的各种财产物资以及账簿、账卡挂上标签，标明品种、规格、数量，以备查对。

（2）银行存款和银行借款应从银行取得对账单，以便查对。

（3）对需要使用的度量衡器具，要提前校验正确，保证计量准确。对应用的所有表册，都要准备妥当。

（4）准备好有关清查的各种表册，如“盘存单”“账存实存对比表”等，以便登记。

（二）实施阶段

各项准备工作就绪以后，清查人员应针对各类财产物资的不同特点，分别采取不同的方法对其数量、质量、品种、类别、金额等予以盘点，将盘点结果登记在“盘存单”上，并由盘点人员、保管人员及相关人员签名盖章，以便明确责任。然后，清查人员还要根据盘存单资料和有关账簿资料填制“账存实存对比表”，检查账实是否相符（见表8－1、表8－2）。

表8－1　　盘存单

单位名称：　　盘点时间：　　编号：

财产类别：　　存放地点：　　金额单位：

编号	名称	计量单位	数量	单价	金额	备注

盘点人签章：　　保管人：

表8－2　　账存实存对比表

编号	类别及名称	计量单位	单价	实存		账存		对比结果				备注
								盘盈		盘亏		
				数量	金额	数量	金额	数量	金额	数量	金额	

主管人员：　　会计：　　制表：

(三)分析处理阶段

主要做好两方面的工作:一是对清查所确定的实存数与账存数的差异,要认真分析性质和原因,明确经济责任,提出改进意见和措施,并按规定程序上报有关部门和领导;二是对盘盈、盘亏的财产物资,按规定报请有关部门批准后,分别做相应的账务处理,同时调整账簿记录。

第二节　财产清查的方法

一、财产清查的盘存制度

财产物资的盘存制度是指财产物资盘存的原则和方法。按照确定财产物资账面结存数量的依据不同,财产清查的盘存制度有实地盘存制和永续盘存制。

(一)实地盘存制

实地盘存制又称定期盘存制,是指企业对各项财产物资,只在账簿中登记其收入数,不登记其发出数,期末通过对实物的盘点来确定财产物资结余数,然后倒计出本期发出数的一种盘存制度。其计算公式为:

本期发出数=期初结存数+本期收入数-期末实存数

实地盘存制的优点是简便易行,缺点是账簿记录中无法随时反映财产物资的发出数和结存数,不利于对财产物资的控制,它不是一种完善的财产物资管理办法。

(二)永续盘存制

永续盘存制是指企业对各项财产物资的收入和发出的数量及金额,都必须根据原始凭证和记账凭证在有关的账簿中进行连续登记,并随时结出账面余额的一种盘存制度。其计算公式为:

期末账面结存数=期初账面结存数+本期收入数-本期发出数

永续盘存制虽然实际记录了财产物资的收、付、存数量和金额,但账簿记录与实际盘存的数量和金额仍然有发生差异的可能。因此,即使是采用永续盘存制,也必须定期进行财产清查,以确保账实相符。

【例8-1】 某商业公司月初库存甲商品50件,单位成本1 000元,本月购入甲商品950件,单位成本1 000元;本期销售甲商品900件,期末经实地盘点,查明甲商品实存为80件,则按照永续盘存制和实地盘存制可分别计算如下:

永续盘存制下销售甲商品的成本=1 000×900=900 000(元)

月末甲商品账面余额=1 000×50+1 000×950-900 000=100 000(元)

实地盘存制下销售甲商品的成本=1 000×50+1 000×950-1 000×80=920 000(元)

课堂思考

比较永续盘存制与实地盘存制的不同,为什么说实地盘存制不是一种完善的财产物资管理办法?

二、财产清查的方法

由于货币资金、实物资产、债权债务各有不同的特点,因此清查的方法也各不相同,常用的方法有实地盘点法、技术推算法、查询法和核对法。

(一)实物资产的清查方法

各种实物资产包括材料、半成品、在产品、产成品、低值易耗品、包装物、固定资产等。由于实物的形态、体积、重量、堆放方式等不尽相同,因而所采用的清查方法也不尽相同。

1. 实地盘点法

实地盘点法即通过逐一清点或用计量器具来确定实物的实存数量。其适用的范围较广,在多数财产物资清查中都可以采用这种方法。

2. 技术推算法

采用这种方法,对于财产物资不是逐一清点计数,而是通过量方、计尺等技术推算财产物资的结存数量。这种方法只适用于大量成堆、笨重、难以逐一清点的财产物资的清查。

实物清查过程中,实物保管人员和盘点人员必须同时在场。对于盘点结果,应如实登记盘存单,并由盘点人员和实物保管人签字或盖章,以明确经济责任。盘存单既是记录盘点结果的书面证明,也是反映财产物资实存数的原始凭证。其一般格式如前表 8—1 所示。

为了查明实存数与账存数是否一致,确定盘盈或盘亏情况,应根据盘存单和有关账簿的记录,编制账存实存对比表。账存实存对比表是用以调整账簿记录的重要原始凭证,也是分析产生差异的原因、明确经济责任的依据。账存实存对比表的一般格式如前表 8—2 所示。

对于委托外单位加工和保管的材料、商品、物资以及在途的材料、商品、物资等,可以用询证的方法与有关单位进行核对,以查明账实是否相符。

(二)库存现金的清查方法

库存现金的清查,包括人民币和各种外币的清查,都是采用实地盘点法,即通过点票数来确定现金的实存数,然后以实存数与现金日记账的账面余额进行核对,以查明账实是否相符及盈亏情况。

由于现金的收支业务十分频繁,容易出现差错,需要出纳人员每日进行清查以及定期或不定期进行专门清查。每日业务终了,出纳人员都应将现金日记账的账面余额与库存现金的实存数进行核对,做到账款相符。清查小组清查盘点时,出纳人员必须在场,现钞应逐张查点,还应注意有无违反现金管理制度的现象,编制库存现金盘点报告表,并由盘点人员和出纳人员签章。库存现金盘点报告表兼有盘存单和账存实存对比表的作用,是反映库存现金实有数和调整账簿记录的重要原始凭证。其一般格式如表 8—3 所示。

表 8—3 **库存现金盘点报告表**

单位名称: 年 月 日

实存金额	账存金额	对比结果		备注
		盘盈	盘亏	

盘点人: 出纳员:

国库券、其他金融债券、公司债券、股票等有价证券的清查方法和库存现金相同。

(三)银行存款的清查方法

银行存款的清查,与实物和库存现金的清查方法不同,它是采用与银行核对账目的方法来进行的。即将企业单位的银行存款日记账与从银行取得的对账单逐一比较核对,以查明银行存款的收入、付出和结余的记录是否正确。

在实际工作中，企业银行存款日记账余额与银行对账单余额往往不一致，其主要原因为：一是双方账目发生错账、漏账。因此，在与银行核对账目之前，应先仔细检查企业单位银行存款日记账的正确性和完整性，然后再将日记账与银行送来的对账单逐笔进行核对。二是正常的“未达账项”。所谓“未达账项”，是指由于双方记账时间不一致而发生的一方已经入账、另一方尚未入账的款项。企业单位与银行之间的未达账项，有以下四种情况：

1. 企业已入账，但银行尚未入账

(1)企业送存银行的款项，企业已作为存款增加入账，但银行尚未入账；

(2)企业开出支票或其他付款凭证，企业已作为存款减少入账，但银行尚未付款，因而未记账。

2. 银行已入账，但企业尚未入账

(1)银行代企业收进的款项，银行已作为企业存款增加入账，但企业尚未收到通知，因而未入账；

(2)银行代企业支付的款项，银行已作为企业存款减少入账，但企业尚未收到通知，因而未入账。

上述任何一种情况的发生，都会使双方的账面存款余额不一致。因此，在核查时若双方账上没有错记、漏记的业务，应注意有无未达账项。如果发现有未达账项，则必须根据未达账项及有关数据编制“银行存款余额调节表”进行调节，并验证调节后余额是否相等。

【例 8—2】 20××年 6 月 30 日某企业银行存款日记账的账面余额为 31 000 元，银行对账单的余额为 36 000 元，经逐笔核对，发现有下列未达账项：

(1)29 日，企业销售产品收到转账支票一张计 2 000 元，将支票存入银行，银行尚未办理入账手续。

(2)29 日，企业采购原材料开出转账支票一张计 1 000 元，企业已作为银行存款付出，银行尚未收到支票而未入账。

(3)30 日，企业开出现金支票一张计 250 元，银行尚未入账。

(4)30 日，银行代企业收回货款 8 000 元，收款通知尚未到达企业，企业尚未入账。

(5)30 日，银行代付电费 1 750 元，付款通知尚未到达企业，企业尚未入账。

(6)30 日，银行代付水费 500 元，付款通知尚未到达企业，企业尚未入账。

根据以上资料，编制银行存款余额调节表，如表 8—4 所示。

表 8—4　　**银行存款余额调节表**

20××年 6 月 30 日　　单位：元

项目	金额	项目	金额
企业银行存款账面余额	31 000	银行对账单账面余额	36 000
加：银行已收，企业未收	8 000	加：企业已收，银行未收	2 000
减：银行已付，企业未付	1 750	减：企业已付，银行未付	1 000
	500		250
调节后存款余额	36 750	调节后存款余额	36 750

如果调节后双方余额相等，则一般说明双方记账没有差错；若不相等，则表明企业方或银行方或双方记账有差错，应进一步核对，查明原因予以更正。

课堂思考

理解银行存款余额调节表的作用，它能否作为调整账面记录的原始凭证？为什么？

（四）往来款项的清查

对往来款项的清查，采用与对方单位核对账目的方法。在检查各单位结算往来款项账目正确性和完整性的基础上，根据有关明细分类账的记录，按用户编制对账单，送交对方单位进行核对。对账单一般一式两联，其中一联作为回单。如果对方单位核对相符，应在回单上盖章后退回；如果不符，则应将不符的情况在回单上注明，或另抄对账单退回，以便进一步清查。在核对过程中，如果发现未达账项，双方都应采用调节账面余额的方法来核对往来款项是否相符。尤其应注意查明有无双方发生争议的款项、没有希望收回的款项以及无法支付的款项，以便及时采取措施进行处理，避免或减少坏账损失。

第三节　财产清查结果的处理

一、财产清查结果的处理程序

财产清查如果账实相符，就不必进行账务处理；如果账实不符，无论是盘盈还是盘亏，都需要进行账务处理，调整账存数使其与实存数相符。

财产清查结果的具体处理程序是：首先，将已查明属实的财产物资盘盈、盘亏数字，根据有关原始凭证编制记账凭证，据以记入有关账户，调整账面记录，使各项财产物资的账存数与实存数完全一致。其次，按照差异的原因和报经批准的结果，以上级有关部门审批后的处理决定文件为原始凭证，填制记账凭证，登记有关账簿。最后，总结经验教训，弥补管理漏洞，建立健全各项管理制度，提高企业管理水平。

二、设置的主要账户

为了核算在财产清查中查明的各项财产物资的盘盈、盘亏及其处理情况，需设置“待处理财产损溢”账户。该账户属于资产类，借方登记各种财产物资的盘亏、毁损数及按照规定程序批准的盘盈转销数，贷方登记各种财产物资的盘盈数及按照规定程序批准的盘亏、毁损转销数。借方余额表示尚未处理的各种财产物资的净损失数，贷方余额表示尚未处理的各种财产物资的净溢余数。该账户下设“待处理流动资产损溢”和“待处理非流动资产损溢”两个明细分类账户，分别对流动资产损溢和非流动资产损溢进行核算。

三、财产清查结果的账务处理

(一)流动资产清查结果的账务处理

对于银行存款、应收账款的清查,在剔除未达账项后,如果账实仍不符,应查明情况,及时解决。属于记账有误的,应及时更正错账。下面主要介绍库存现金和存货盘盈盘亏的账务处理。

1. 库存现金盘盈盘亏的账务处理

【例 8—3】 某企业对库存现金进行清查,发现溢余 60 元。

借:库存现金　60

　　贷:待处理财产损溢——待处理流动资产损溢　60

若经反复核查,未查明原因,报经批准转为营业外收入处理:

借:待处理财产损溢——待处理流动资产损溢　60

　　贷:营业外收入　60

【例 8—4】 某企业在现金清查中发现短缺 20 元。

借:待处理财产损溢——待处理流动资产损溢　20

　　贷:库存现金　20

若经核查,属于出纳员的责任,应由出纳员赔偿:

借:其他应收款——出纳员××　20

　　贷:待处理财产损溢——待处理流动资产损溢　20

2. 存货盘盈盘亏的账务处理

对于财产清查中各种材料、在产品和产成品的盘盈和盘亏,属于以下正常原因的,一般冲减或增加管理费用:在收发物资中,由于计量、检验不准确;财产物资在运输、保管、收发过程中,在数量上发生自然增减变化;由于手续不齐或计算、登记上发生错误。属于管理不善或工作人员失职,造成财产损失、变质或短缺的,应由过失人负责赔偿的,应增加其他应收款;属于自然灾害造成的非常损失,应增加营业外支出。

【例 8—5】 某企业在财产清查中,盘盈甲材料 6 千克,价值 3 000 元。

报经批准前,根据账存实存对比表的记录,编制会计分录如下:

借:原材料——甲材料　3 000

　　贷:待处理财产损溢——待处理流动资产损溢　3 000

经查明,这项盘盈材料因计量仪器不准造成,经批准冲减本月管理费用,编制会计分录如下:

借:待处理财产损溢——待处理流动资产损溢　3 000

　　贷:管理费用　3 000

【例 8—6】 某企业在财产清查中,发现甲材料实际库存较账面库存短缺 1 500 元。

报经批准前,先调整账面余额,编制会计分录如下:

借：待处理财产损溢——待处理流动资产损溢　　1 500
　　贷：原材料——甲材料　　1 500

报经批准，如属于定额内的自然损耗，则应作为管理费用计入本期损益，编制会计分录如下：

借：管理费用　　1 500
　　贷：待处理财产损溢——待处理流动资产损溢　　1 500

如果属于管理人员过失造成的损失，则应由过失人赔偿，编制会计分录如下：

借：其他应收款——××人　　1 500
　　贷：待处理财产损溢——待处理流动资产损溢　　1 500

如果属于自然灾害造成的损失，应经批准列作营业外支出，编制会计分录如下：

借：营业外支出　　1 500
　　贷：待处理财产损溢——待处理流动资产损溢　　1 500

知识链接

《中华人民共和国增值税暂行条例》第十条规定，非正常损失的购进货物及相关的应税劳务，非正常损失的在产品、产成品所耗用的购进货物或者应税劳务的进项税额，不得从销项税额中抵扣，因此，发生非正常损失时，这部分进项税额要转出。

课堂思考

假如上例中的原因是非正常损失，账务该如何处理？

（二）固定资产清查结果的账务处理

【例 8—7】 某企业在财产清查中，盘盈一台八成新的设备，该设备同类产品的市场价格为 50 000 元，所得税税率为 25%。

企业有关账务处理如下：

借：固定资产　　40 000
　　贷：以前年度损益调整　　40 000
借：以前年度损益调整　　10 000
　　贷：应交税费——应交所得税　　10 000
借：以前年度损益调整　　30 000
　　贷：利润分配——未分配利润　　30 000
借：利润分配——提取法定盈余公积　　3 000
　　贷：盈余公积——法定盈余公积　　3 000

知识链接

按会计准则规定，固定资产盘盈应作为前期差错记入“以前年度损益调整”科目，并调整所得税和未分配利润项目。这样，能使企业的报表更加透明，也在一定程度上控制人为调节利润的可能性。有关前期差错更正，将在《中级财务会计》中学习。

【例 8—8】 某公司年末组织人员对固定资产进行清查时，发现丢失一台电机，该设备原价 120 000 元，已计提折旧 30 000 元，并已计提减值准备 20 000 元。经查，设备丢失的原因在于设备管理员看守不当。经董事会批准，由设备管理员赔偿 15 000 元。

在审批之前，编制会计分录如下：

借：待处理财产损溢——待处理非流动资产损溢　　70 000
　　累计折旧　　30 000
　　固定资产减值准备　　20 000
　贷：固定资产　　120 000

报经批准后，编制会计分录如下：

借：其他应收款——××人　　15 000
　　营业外支出——盘亏损失　　55 000
　贷：待处理财产损溢——待处理非流动资产损溢　　70 000

(三)往来款项清查结果的账务处理

往来款项主要包括应收账款和应付账款。其清查结果的处理均不通过“待处理财产损溢”账户核算。经查明确认无法收回的应收账款，批准后应作为坏账损失转销；经查明确认无法支付的应付账款，批准后转作营业外收入。

【例 8—9】 某公司在财产清查中，应收某单位货款 3 000 元，已查明该款项确实无法收回。经批准核销，编制会计分录如下：

借：坏账准备　　3 000
　贷：应收账款——××单位　　3 000

【例 8—10】 某企业在财产清查中，查明应付某单位购料款 2 340 元，因该单位撤销，确实无法支付。经批准核销，编制会计分录如下：

借：应付账款——××单位　　2 340
　贷：营业外收入　　2 340

本章小结

财产清查，是指通过对实物、现金的实地盘点和对银行存款、往来款项的核对，查明各项财产物资、货币资金、往来款项的实有数与账面数是否相符的一种会计核算的专门方法。

财产清查的程序一般可分为准备阶段、实施阶段及分析处理阶段。财产的盘存制度包括永续盘存制和实地盘存制两种。财产清查的内容包括实物资产的清查、库存现金的清查、银行存款的清查、往来款项的清查。

实物资产的清查有实地盘点法和技术推算法。库存现金的清查是通过实地盘点法进行。银行存款的清查，主要是将银行送来的对账单上银行存款的余额与本单位银行存款日记账的账面余额逐笔进行核对，以查明账实是否相符；如有未达账项，应通过编制“银行存款余额调节表”予以调节。往来款项的清查方法同银行存款的清查方法。

财产清查如果账实相符，就不必进行账务处理；如果账实不符，无论是盘盈还是盘亏，都需要进行账务处理，调整账存数，使账实相符。

测试题

本章测试题可扫描以下二维码进行练习：

第九章 财务会计报告

学习目标

通过本章学习，了解财务会计报告的概念、种类、作用和编制的基本要求；理解和掌握利润表、资产负债表、现金流量表和所有者权益变动表的概念、内容与编制方法；要求会编制一般企业的利润表和资产负债表。

第一节 财务会计报告概述

一、财务会计报告的含义

企业的经济活动和财务收支，经过日常的会计核算，已在账簿中序时、连续、系统地做了归集和记录。但这些核算资料是分散地反映在各个账户之中，不能集中、总括、一目了然地反映企业的经济活动和财务收支全貌。为了满足经营管理的需要，需将日常核算资料按照科学的方法和一定的指标，定期进行系统的整理，以特定的表式全面、综合地反映企业整个经济活动和财务收支状况。

财务会计报告，是指企业对外提供的反映企业某一特定日期的财务状况和某一会计期间的经营成果、现金流量等会计信息的文件。财务会计报告包括财务报表和其他应当在财务报告中披露的相关信息和资料。财务会计报告的核心内容是财务报表，一套完整的财务报表至少应当包括资产负债表、利润表、现金流量表、所有者权益变动表以及附注。编制财务会计报告是会计核算的一种专门方法，也是会计核算程序的最后环节。

编制财务会计报告的目的是为了向现有的和潜在的投资者、债权人、政府部门及其他机构等信息使用者提供企业的财务状况、经营成果和现金流量等信息，以有利于正确地进行经济决策。

知识链接

财务报表附注是为便于报表使用者了解财务报表的内容，而对财务报表的编制基础、编制依据、编制原则和方法及主要项目等所做的解释。一般在编制年度、半年度财务会计报告时编制。国家统一的会计制度规定季度、月度财务会计报告需要编制会计报表附注的，从其规定。

会计报表附注包括所有在会计报表内未提供的与企业财务状况和经营成果及现金流量有关的、有助于报表使用者更好地了解会计报表且可以随同会计报表一同报出的重要信息。会计报表附注一般包括企业简介、不符合基本会计假设的说明、主要的会计政策、会计报表项目注释、分部情况和重要事项揭示等内容。编制时,没有统一的格式及要求。

二、财务报表的种类

财务报表是财务会计报告的主要组成部分,财务报表可以按不同的标志分类。

(一)按财务报表反映的经济内容不同,可以分为财务状况报表和经营成果报表

反映企业财务状况的报表包括:反映企业某一特定日期全部资产、负债及所有者权益的财务报表,如资产负债表;反映企业一定会计期间的财务状况变动的财务报表,如现金流量表。反映企业经营成果的报表是指反映企业在一定时期内利润形成情况的财务报表,如利润表。

(二)按财务报表的编报期间不同,可以分为年度财务报表和中期财务报表

年度财务报表,是指一个会计年度终了时编制的用于反映企业全年度财务状况变动情况和财务成果等的报表。中期财务报表是指按短于一个会计年度的报告期间编制的财务报表,包括月度报表、季度报表和半年度报表。与年度财务报表相比,中期财务报表中的附注披露可以适当简略。

(三)按财务报表的编报主体不同,可以分为个别财务报表和合并财务报表

个别财务报表是由企业在自身会计核算的基础上编制的财务报表,它主要用于反映企业自身的财务状况、经营成果和现金流量等情况。合并财务报表是以母公司和子公司组成的企业集团为会计主体,根据母公司和所属子公司的财务报表,由母公司编制的综合反映企业集团财务状况、经营成果和现金流量的财务报表。

(四)按财务报表的报送对象不同,可以分为内部财务报表和外部财务报表

内部报表是指根据企业内部经营管理需要,自行设计、填制,向企业领导和各责任部门提供的财务报表,如成本财务报表,一般不对外公开。外部财务报表是指根据《企业会计准则》和国家统一的会计制度规定,应定期向政府有关部门与企业利益相关者(如投资者、债权人等)报送的财务报表,如资产负债表、利润表和现金流量表被定为定期对外报送的三张主要报表。

三、财务报表的编制要求

为确保财务报表质量,编制财务报表必须符合以下要求:

(一)数字真实

根据客观性原则,企业财务报表所填列的数字必须真实可靠,能准确地反映企业的财务状况和经营成果。不得以估计数字填列财务报表,更不得弄虚作假、篡改伪造数字。为了确保财务报表的数字真实准确,应做到以下几点:

(1)报告期内所有的经济业务必须全部登记入账,应根据核对无误的账簿记录编制财务报表,不得用估计数字编制财务报表,不得弄虚作假,不得篡改数字。

(2)在编制财务报表之前,应认真核对账簿记录,做到账证相符、账账相符。发现有不符之处,应先查明原因,加以更正,再据以编制财务报表。

(3)企业应定期进行财产清查,对各项财产物资、货币资金和往来款项进行盘点、核实,在账实相符的基础上编制财务报表。

(4)在编制财务报表时,要核对财务报表之间的数字,有勾稽关系的数字应要认真核对;本期财务报表与上期财务报表之间的数字应衔接一致,本年度财务报表与上年度财务报表之间的相关指标数字应衔接一致。

(二)内容完整

财务报表中各项指标和数据是相互联系、相互补充的,必须按规定填列齐全、完整。不论是主表、附表还是补充资料,都不能漏填、漏报。各财务报表之间、项目之间凡有对应关系的项目的数据,应该相互一致,做到表表相符。

(三)计算正确

财务报表上的各项指标,都必须按《企业会计准则》和《企业会计制度》中规定的口径填列,不得任意删减或增加,凡需经计算填列的指标,应按以上两种制度所规定的公式计算填列。

(四)编报及时

企业应按规定的时间编报财务报表,及时逐级汇总,以便报表的使用者及时、有效地利用财务报表资料。为此,企业应科学地组织好会计的日常核算工作,选择适合本企业具体情况的会计核算组织程序,认真做好记账、算账、对账和按期结账工作。

知识链接

企业的财务报表必须由企业领导、总会计师、会计主管人员、制表人员签名盖章后才能报出。单位负责人对财务报表的合法性、真实性负法律责任。国有企业一般要向上级主管部门、开户银行、财政机关、税务机关和审计机关报送会计报表。同时,应向投资者、债权人以及其他与企业有关的报表使用者提供财务报表。公开发行股票的股份有限公司还应向证券交易和证券监督管理机构提供财务报表。根据法律和国家有关规定,对财务报表必须进行审计的单位应先委托会计师事务所进行审计,并将注册会计师出具的审计报告,随同财务会计报告按照规定期限报送有关部门。

第二节 利润表

一、利润表及其作用

利润表是反映企业在一定会计期间的经营成果的报表。利润表主要提供企业在一定时期内取得的全部收入,包括营业收入、投资收益和营业外收入,以及在一定时期内发生的全部费用和支出，包括营业成本、销售费用、管理费用、财务费用和营业外支出。全部收入与支出相抵后计算出企业在一定时期内实现的利润(或亏损)总额。其作用体现在：

(1)通过利润表可以了解企业利润(或亏损)的形成情况，据以分析、考核企业经营目标及利润计划的执行结果，分析企业利润增减变动的原因，以促进企业改善经营管理，不断提高管理水平和盈利水平。

(2)通过利润表可以评比对企业投资的价值和报酬，判断企业的资本是否保全。

(3)根据利润表提供的信息可以预测企业在未来期间的经营状况和盈利趋势。

二、利润表的结构

利润表一般包括表首、正表两部分。其中，表首概括说明报表名称、编制单位、编制日期、报表编号、货币名称、计量单位；正表是利润表的主体，反映形成经营成果的各个项目和计算过程。正表的格式一般有两种：单步式利润表和多步式利润表。单步式利润表是将当期所有的收入列在一起，然后将所有的费用列在一起，两者相减得出当期净损益。多步式利润表是通过对当期的收入、费用、支出项目按性质加以归类，按利润形成的主要环节列示一些中间性的利润指标，如营业利润、利润总额、净利润，分步计算当期净损益。利润表的格式如表 9—1 所示。

表 9—1 **利润表** 会企 02 表

编制单位： 年 月 单位：元

项 目	本期金额	上期金额
一、营业收入		
减：营业成本		
税金及附加		
销售费用		
管理费用		
研发费用		
财务费用		
加：其他收益		
投资收益(损失以“—”号填列)		
净敞口套期收益(损失以“—”号填列)		
公允价值变动收益(损失以“—”号填列)		
信用减值损失		
资产减值损失		
资产处置收益(损失以“—”号填列)		
二、营业利润(亏损以“—”号填列)		
加：营业外收入		
减：营业外支出		
三、利润总额(净亏损以“—”号填列)		
减：所得税费用		
四、净利润		
(一)持续经营净利润(净亏损以“—”号填列)		

续表

项　目	本期金额	上期金额
(二)终止经营净利润(净亏损以“－”号填列)		
五、其他综合收益的税后净额		
六、综合收益总额		
七、每股收益		
(一)基本每股收益		
(二)稀释每股收益		

为了清楚地反映各项指标的报告期数及从年初到报告期为止的累计数，在利润表中应分别设置“本期金额”和“上期金额”两栏。

三、利润表的编制方法

利润表中列示“本期金额”和“上期金额”两栏，“上期金额”直接从上期报表抄列，“本期金额”一栏数据的主要来源是损益类账户的本期发生额。利润表中各个项目应按照一定的程序和方法填列。

(一)利润表各项目的填列

(1)“营业收入”项目，反映企业经营主要业务和其他业务所确认的收入总额。本项目应根据“主营业务收入”“其他业务收入”账户的发生额分析填列。

(2)“营业成本”项目，反映企业经营主要业务和其他业务所确认的成本总额。本项目应根据“主营业务成本”“其他业务成本”账户的发生额分析填列。

(3)“税金及附加”项目，反映企业经营业务应负担的消费税、城市维护建设税、资源税、土地增值税和教育费附加及房产税、土地使用税、车船税、印花税。本项目应根据“税金及附加”账户的发生额分析填列。

(4)“销售费用”项目，反映企业在销售商品过程中发生的包装费、广告费等费用和为销售本企业商品而专设的销售机构的职工薪酬、业务费等经营费用。本项目应根据“销售费用”账户的发生额分析填列。

(5)“管理费用”项目，反映企业为组织和管理生产经营发生的管理费用。本项目应根据“管理费用”账户的发生额分析填列。

(6)“财务费用”项目，反映企业筹集生产经营所需资金等而发生的筹资费用。本项目应根据“财务费用”账户的发生额分析填列；对其中的“利息费用”和“利息收入”账户，根据“财务费用”账户的发生额分析填列。

(7)“资产减值损失”项目，反映企业各项资产发生的减值损失。本项目应根据“资产减值损失”账户的发生额分析填列。

(8)“信用减值损失”项目，反映企业计提的各项金融工具信用减值准备所确认的预期信用损失。本项目应根据“信用减值损失”账户的发生额分析填列。

(9)“投资收益”项目，反映企业以各种方式对外投资所取得的收益。本项目应根据“投资收益”账户的发生额分析填列。如为投资损失，以“－”号填列。

(10)“营业外收入”项目和“营业外支出”项目，反映企业发生的与其生产经营无直接关系的各项收入和支出。这两个项目应分别根据“营业外收入”账户和“营业外支出”账户的发生额分析填列。

(11)“利润总额”项目,反映企业实现的利润总额。如为亏损总额,以“－”号填列。

(12)“所得税费用”项目,反映企业应从利润总额中扣除的所得税费用。本项目应根据“所得税费用”账户的发生额分析填列。

(13)“净利润”项目,反映企业实现的净利润。如为净亏损,以“－”号填列。下设两部分:持续经营净利润和终止经营净利润。若企业不存在持续经营能力存疑的情况,则只需填写“持续经营净利润”。

报表中的“本期金额”栏应根据各有关会计科目的本期发生额直接填列,“上期金额”栏反映各项目自年初起到本报告期止的累计发生额。如果上年“利润表”和本年“利润表”的项目名称和内容不相一致,应将上年的报表项目名称和数字按本年度的规定进行调整,然后填入“上年金额”栏。

(二)每股收益

企业应当在利润表中单独列示基本每股收益和稀释每股收益。

基本每股收益指标反映的是归属于普通股股东的投资收益率,该指标的计算是本年内应当归属于普通股股东的当期净利润(扣除已经宣告的优先股股利之后)除以发行在外的普通股加权平均数。

稀释每股收益指标反映的是归属于现在的和潜在的普通股股东的投资收益率。该指标是在基本每股收益基础上调整稀释性潜在普通股份之后据以计算的。

稀释性潜在普通股,是指假设当期转换为普通股会减少每股收益的潜在普通股。潜在普通股,是指赋予其持有者在报告期或以后期间享有取得普通股权利的一种金融工具或其他合同,包括可转换公司债券、认股权证、股份期权等。

知识链接

发行在外普通股加权平均数＝期初发行在外普通股股数＋当期新发行普通股股数×已发行时间÷报告期时间－当期回购普通股股数×已回购时间÷报告期时间

已发行时间、报告期时间和已回购时间一般按照天数计算;在不影响计算结果合理性的前提下,也可以采用简化的计算方法。

(三)利润表编制方法举例

从上述具体项目的填列方法分析,利润表的填列方法可归纳为以下两种:

(1)根据账户的发生额分析填列。利润表中的大部分项目都可以根据账户的发生额分析填列,如销售费用、税金及附加、管理费用、财务费用、营业外收入、营业外支出、所得税费用等。

(2)根据报表项目之间的关系计算填列。利润表中的某些项目需要根据项目之间的关系计算填列,如营业利润、利润总额、净利润等。

【例9－1】 新华公司20××年度利润表有关科目的累计发生额如表9－2所示。

表 9—2 **利润表有关科目累计发生额** 单位:元

科目名称	借方发生额	贷方发生额
主营业务收入		12 500
其他业务收入		230
投资收益		3 200
营业外收入		2 850
主营业务成本	8 340	
税金及附加	550	
其他业务成本	160	
销售费用	200	
管理费用	1 050	
财务费用	1 000	
营业外支出	2 000	
所得税费用	1 370	

根据以上账户记录,编制新华公司20××年度利润表,如表9—3所示。

表 9—3 **利润表** 会企02表

编制单位:新华公司 20××年 单位:元

项目	本期金额	上期金额
一、营业收入	12 730	
减:营业成本	8 500	
税金及附加	550	
销售费用	200	
管理费用	1 050	
研发费用		
财务费用	1 000	
加:其他收益		
投资收益(损失以"—"号填列)	3 200	
净敞口套期收益(损失以"—"号填列)		
公允价值变动收益(损失以"—"号填列)		
信用减值损失		
资产减值损失		
资产处置收益(损失以"—"号填列)		
二、营业利润(亏损以"—"号填列)	4 630	
加:营业外收入	2 850	

续表

项　目	本期金额	上期金额
减：营业外支出	2 000	
三、利润总额(净亏损以“—”号填列)	5 480	
减：所得税费用	1 370	
四、净利润	4 110	
(一)持续经营净利润(净亏损以“—”号填列)		
(二)终止经营净利润(净亏损以“—”号填列)		
五、其他综合收益的税后净额	(略)	
六、综合收益总额	(略)	
七、每股收益	(略)	
(一)基本每股收益	(略)	
(二)稀释每股收益	(略)	

第三节　资产负债表

一、资产负债表及其作用

资产负债表又称财务状况表，是总括反映企业在某一特定日期(月末、季末或年末)全部资产、负债和所有者权益情况的会计报表。资产负债表主要提供的信息是：流动资产实有情况的信息，包括货币资金、应收及预付款项、交易性金融资产和存货等流动资产实有情况的信息；非流动资产实有情况的信息，包括债权投资、其他债权投资、长期股权投资、固定资产、无形资产等非流动资产实有情况的信息；流动负债的信息，包括短期借款、交易性金融负债、应付及预收款项等流动负债的信息；非流动负债的信息，包括长期借款、应付债券、长期应付款等信息；所有者权益的信息，包括实收资本、其他权益工具、资本公积、盈余公积和未分配利润等信息。资产负债表的作用有以下几点：

(1)通过资产负债表，可以了解企业所掌握的经济资源及其分布的情况，经营者可据此分析企业资产分布是否合理，以改进经营管理，提高管理水平；

(2)通过资产负债表，可以了解企业资金的来源渠道和构成，投资者和债权人可据此分析企业所面临的财务风险，以监督企业合理使用资金；

(3)通过资产负债表，可以了解企业的财务实力、短期偿债能力和支付能力，投资者和债权人可据此做出投资和贷款的正确决策；

(4)通过对前后期资产负债表的对比分析，可以了解企业资金结构的变化情况，经营者、投资者和债权人可据此掌握企业财务状况的变化趋势。

我国资产负债表的格式如表 9—4 所示。

表 9—4 **资产负债表** 会企 01 表

编制单位： 年 月 日 单位：元

资 产	期末余额	年初余额	负债和所有者权益（或股东权益）	期末余额	年初余额
流动资产：			流动负债：		
货币资金			短期借款		
交易性金融资产			交易性金融负债		
衍生金融资产			衍生金融负债		
应收票据			应付票据		
应收账款			应付账款		
应收款项融资			预收款项		
预付款项			合同负债		
其他应收款			应付职工薪酬		
存货			应交税费		
合同资产			其他应付款		
持有待售资产			持有待售负债		
一年内到期的非流动资产			一年内到期的非流动负债		
其他流动资产			其他流动负债		
流动资产合计			流动负债合计		
非流动资产：			非流动负债：		
债权投资			长期借款		
其他债权投资			应付债券		
长期应收款			租赁负债		
长期股权投资			长期应付款		
其他权益工具投资			预计负债		
投资性房地产			递延收益		
固定资产			递延所得税负债		
在建工程			其他非流动负债		
生产性生物资产			非流动负债合计		
油气资产			负债合计		
使用权资产			所有者权益（或股东权益）：		
无形资产			实收资本（或股本）		
开发支出			其他权益工具		
商誉			资本公积		
长期待摊费用			减：库存股		
递延所得税资产			其他综合收益		

续表

资 产	期末余额	年初余额	负债和所有者权益(或股东权益)	期末余额	年初余额
其他非流动资产			专项储备		
非流动资产合计			盈余公积		
			未分配利润		
			所有者权益(或股东权益)合计		
资产总计			负债和所有者权益(或股东权益)总计		

二、资产负债表的结构

资产负债表是依据“资产＝负债＋所有者权益”这一会计等式的基本原理设置的,分为左、右两方。左方反映企业拥有的全部资产,右方反映企业的负债和所有者权益,根据会计等式的基本原理,左方的资产总额等于右方的负债和所有者权益的总额。资产负债表左、右两方各项目前后顺序是按其流动性排列的。一般企业的资产负债表基本格式如表 9－4 所示。

(一)资产的排列顺序

1. 流动资产

流动资产包括在一年或超过一年的一个经营周期以内可以变现或耗用、售出的全部资产。在资产负债表上的排列顺序为:货币资金、交易性金融资产、衍生金融资产、应收票据、应收账款、应收款项融资、预付款项、其他应收款、存货、合同资产、持有待售资产、一年内到期的非流动资产等。

2. 非流动资产

非流动资产包括变现能力在一年或超过一年的一个经营周期以上的资产。在资产负债表上的排列顺序为:债权投资、其他债权投资、长期应收款、长期股权投资、其他权益工具投资、投资性房地产、固定资产、在建工程、生产性生物资产、油气资产、使用权资产、无形资产、开发支出、商誉、长期待摊费用、递延所得税资产等。

(二)负债的排列顺序

1. 流动负债

流动负债包括偿还期在一年以内的全部负债。在资产负债表上的排列顺序为:短期借款、交易性金融负债、衍生金融负债、应付票据、应付账款、预收款项、应付职工薪酬、应交税费、其他应付款、持有待售负债、一年内到期的非流动负债等。

2. 非流动负债

非流动负债包括偿还期在一年或超过一年的一个经营周期以上的债务。在资产负债表上的排列顺序为:长期借款、应付债券、长期应付款、预计负债、递延所得税负债等。

(三)所有者权益的排列顺序

所有者权益包括所有者投资、企业在生产经营过程中形成的盈余公积和未分配利润。在资产负债表上的排列顺序为:实收资本(或股本)、其他权益工具、资本公积、其他综合收益、盈余公积、未分配利润等。

三、资产负债表的编制方法

资产负债表中“年初余额”栏各项的数字,应按上年末资产负债表中“期末余额”栏中的数字填列。“期末余额”栏内各项数字，应根据会计期末各总账账户及所属明细账户的余额填列。若本年度资产负债表中规定各项目的名称和内容与上年度不一致，应对上年年末资产负债表各项的名称和数字按照本年度的规定进行调整后，填入表中的“年初余额”栏。

(一)资产负债表各项目的填列方法

在编制正式的资产负债表之前，企业应根据总账的期末余额先编制试算平衡表，对日常账簿记录的正确性进行复核、检查，在试算平衡之后，再根据有关账户余额或账户余额试算表和有关明细账户，编制资产负债表。以下介绍资产负债表部分项目的列报说明：

(1)“货币资金”项目，反映企业库存现金、银行结算户存款、外埠存款、银行汇票存款、银行本票存款、信用卡存款、信用证保证金存款等的合计数。本项目应根据“库存现金”“银行存款”“其他货币资金”账户的期末余额合计数填列。

(2)“交易性金融资产”项目，反映企业为交易目的所持有的债券投资、股票投资、基金投资等交易性金融资产的公允价值。本项目应根据“交易性金融资产”账户的期末余额填列。

(3)“应收票据”项目，反映企业因销售产品、提供劳务等而收到的商业汇票，包括银行承兑汇票和商业承兑汇票。本项目应根据“应收票据”账户的期末余额减去“坏账准备”账户中有关应收票据计提的坏账准备期末余额后的金额填列。

(4)“应收账款”项目，反映企业因销售商品、提供劳务等经营活动应收取的款项。本项目应根据“应收账款”和“预收账款”账户所属各明细账户的期末借方余额合计数，减去“坏账准备”账户中有关应收账款计提的坏账准备期末余额后的金额填列。

(5)“预付款项”项目，反映企业按购货合同规定预付给供应单位的款项等。本项目应根据“预付账款”和“应付账款”账户所属各明细账户的期末借方余额合计数，减去“坏账准备”账户中有关预付款项计提的坏账准备期末余额后的金额填列。

(6)“其他应收款”项目，应根据“应收利息”“应收股利”和“其他应收款”账户的期末余额合计数，减去“坏账准备”账户中相关坏账准备期末余额后的金额填列。其中的“应收利息”账户仅反映相关金融工具已到期可收取但于资产负债表日尚未收到的利息。

(7)“存货”项目，反映企业期末在库、在途和在加工中的各项存货的可变现净值。本项目应根据“材料采购”“在途物资”“原材料”“周转材料”“发出商品”“委托加工物资”“库存商品”“生产成本”等账户的期末余额合计数，减去“受托代销商品款”“存货跌价准备”账户期末余额后的金额填列。材料采用计划成本核算，以及库存商品采用计划成本核算或售价核算的企业，还应按加上或减去材料成本差异、商品进销差价后的金额填列。

(8)“一年内到期的非流动资产”项目，反映企业将于一年内到期的非流动资产。本项目应根据有关账户的期末余额分析计算填列。

(9)“其他流动资产”项目，反映企业除以上流动资产项目外的其他流动资产，本项目应根据有关账户的期末余额填列。如其他流动资产价值较大的，应在会计报表附注中披露其内容和金额。

(10)“债权投资”项目，反映企业业务管理模式为以特定日期收取合同现金流量为目的，以摊余成本计量的长期债权投资的期末账面价值。该项目应根据“债权投资”账户的相关明细账户期末余额，减去“债权投资减值准备”账户中相关减值准备的期末余额后的金额分析填列。

(11)“长期应收款”项目，反映企业融资租赁产生的应收款项、采用递延方式具有融资性质的销售商品和劳务等产生的长期应收款项等。本项目应根据“长期应收款”账户的期末余额，减去“坏账准备”账户所属相关明细账户期末余额，再减去“未确认融资收益”账户期末余额后的金额分析计算填列。

(12)“长期股权投资”项目，反映企业持有的对子公司、联营企业和合营企业的长期股权投资。本项目应根据“长期股权投资”账户的期末余额，减去“长期股权投资减值准备”账户期末余额后的金额填列。

(13)“固定资产”项目，反映企业固定资产的期末账面价值和企业尚未清理完毕的固定资产清理净损益。本项目应根据“固定资产”账户的期末余额，减去“累计折旧”和“固定资产减值准备”账户期末余额，以及“固定资产清理”账户的期末余额分析填列。

(14)“在建工程”项目，反映企业尚未达到预定可使用状态的在建工程的期末账面价值和企业为在建工程准备的各种物资的期末账面价值。本项目应根据“在建工程”账户的期末余额，减去“在建工程减值准备”账户期末余额后的金额，以及“工程物资”账户的期末余额，减去“工程物资减值准备”账户的期末余额后的金额填列。

(15)“无形资产”项目，反映企业持有的无形资产，包括专利权、非专利技术、商标权、著作权、土地使用权、特许权等期末账面价值。本项目应根据“无形资产”账户的期末余额，减去“累计摊销”“无形资产减值准备”账户期末余额后的金额填列。

(16)“其他非流动资产”项目，反映企业除长期股权投资、固定资产、在建工程、无形资产等资产以外的其他非流动资产。本项目应根据有关账户的期末余额填列。

(17)“短期借款”项目，反映企业向银行或其他金融机构等借入的期限在一年以下(含一年)的各种借款。本项目应根据“短期借款”账户的期末余额填列。

(18)“交易性金融负债”项目，反映企业承担的交易性金融负债，以及企业持有的指定为以公允价值计量且其变动计入当期损益的金融负债的期末账面价值。本项目应根据“交易性金融负债”等相关账户的期末余额填列。

(19)“应付票据”项目，反映企业购买材料、商品和接受劳务供应等而开出、承兑的商业汇票，包括银行承兑汇票和商业承兑汇票。本项目应根据“应付票据”账户的期末余额填列。

(20)“应付账款”项目，反映企业购买材料、商品和接受劳务供应等经营活动应支付的款项。本项目应根据“应付账款”和“预付账款”账户所属各明细账户的期末贷方余额合计数填列。

(21)“预收款项”项目，反映企业预收购买单位的账款。本项目应根据“预收账款”和“应收账款”账户所属各明细账户的期末贷方余额合计数填列。

(22)“应付职工薪酬”项目，反映企业为获得职工提供的服务或解除劳动关系而给予的各种形式的报酬或补偿。本项目应根据“应付职工薪酬”账户的期末贷方余额填列；如“应付职工薪酬”账户期末为借方余额，以“－”号填列。

(23)“应交税费”项目，反映企业按照税法规定计算应缴纳的各种税费，包括增值税、消费税、城市维护建设税、教育费附加、企业所得税、资源税、土地增值税、房产税、城镇土地增值税、车船税等。本项目应根据“应交税费”账户的期末贷方余额填列；如“应交税费”账户期末为借方余额，以“－”号填列。

(24)“其他应付款”项目，反映企业除应付票据、应付账款、预收账款、应付职工薪酬、应交税费等经营活动以外的其他各项应付、暂收的款项。本项目应根据“应付利息”“应付股利”“其他应付款”账户的期末余额合计数填列。

(25)“一年内到期的非流动负债”项目，反映企业非流动负债中将于资产负债表日后一年内到期部分的金额，如将于一年内偿还的长期借款。本项目应根据有关账户的期末余额分析填列。

(26)“长期借款”项目，反映企业向银行或其他金融机构借入的期限在一年以上(不含一年)的各项借款。本项目应根据“长期借款”总账账户余额扣除“长期借款”账户所属明细账户中将在资产负债表日起一年内到期，且企业不能自主地将清偿义务展期的长期借款后的金额计算填列。

(27)“应付债券”项目，反映企业为筹集长期资金而发行的债券本金和利息。本项目应根据“应付债券”账户的期末余额填列。“应付债券”项目下设“优先股”和“永续债”两个项目，分别反映企业发行的分类为金融负债的优先股和永续债的账面价值。

(28)“长期应付款”项目，反映企业除长期借款和应付债券以外的其他各种长期应付款的期末账面价值。本项目应根据“长期应付款”账户的期末余额，减去“未确认融资费用”账户期末余额后的金额，以及“专项应付款”账户的期末余额填列。

(29)“预计负债”项目，反映企业根据或有事项等相关准则确认的各项预计负债，包括对外提供担保、未决诉讼、产品质量保证、重组义务以及固定资产和矿区权益弃置义务等产生的预计负债。本项目应根据“预计负债”账户的期末余额填列。

(30)“递延所得税负债”项目，反映企业根据所得税准则确认的应纳税暂时性差异产生的所得税负债。本项目应根据“递延所得税负债”账户的期末余额分析填列。

(31)“其他非流动负债”项目，反映企业除以上非流动负债项目以外的其他非流动负债。本项目应根据有关账户的期末余额，减去将于一年内(含一年)到期偿还数后的余额分析填列。非流动负债各项目中将于一年内(含一年)到期的非流动负债，应在“一年内到期的非流动负债”项目反映。

(32)“实收资本(或股本)”项目，反映企业各投资者实际投入的资本(或股本)总额。本项目应根据“实收资本”(或“股本”)账户的期末余额填列。

(33)“资本公积”项目，反映企业收到投资者出资超出其在注册资本或股本中所占的份额以及直接计入所有者权益的利得和损失等。本项目应根据“资本公积”账户的期末余额填列。

(34)“盈余公积”项目，反映企业盈余公积的期末余额。本项目应根据“盈余公积”账户的期末余额填列。

(35)“未分配利润”项目，反映企业尚未分配的利润。本项目应根据“本年利润”账户和“利润分配”账户的余额计算填列。未弥补的亏损，在本项目内以“—”号填列。

(二)资产负债表编制方法举例

从上述具体项目的填列方法分析，可将其归纳为以下四种：

(1)根据总账账户余额直接填列。例如，“交易性金融资产”“递延所得税资产”“短期借款”“应付职工薪酬”“应交税费”“合同负债”“递延所得税负债”“实收资本(或股本)”“资本公积”“盈余公积”等项目，都是根据总账账户的期末余额直接填列。

(2)根据总账账户余额计算填列。例如，“货币资金”项目需要根据“库存现金”“银行存款”“其他货币资金”账户的期末余额合计数计算填列。

(3)根据明细账户余额计算填列。例如，“应付账款”项目需要根据“应付账款”“预付账款”账户所属相关明细账户的期末贷方余额计算填列。

(4)根据总账账户和明细账户余额分析计算填列。例如，“长期借款”“应付债券”项目需要根据“长期借款”“应付债券”总账账户的期末余额，扣除“长期借款”“应付债券”账户所属明细账户中将在资产负债表日起一年内到期，且企业不能自主地将清偿义务展期的部分后的金额计算填列。

下面举例说明一般企业资产负债表某些项目的编制方法。

【例 9—2】 下列是新华公司 20××年 12 月 31 日有关账户余额的资料，如表 9—5 所示。

表 9—5　　新华公司 20××年 12 月 31 日有关账户余额表　　单位：元

账户名称	借方余额	贷方余额	账户名称	借方余额	贷方余额
库存现金	700		短期借款		2 350
银行存款	2 500		应付票据		2 200
其他货币资金	2 050		应付账款		
交易性金融资产			预收账款		
应收票据	350		应付职工薪酬		
应收账款			应交税费		450
预付账款			其他应付款		350
其他应收款	100		长期借款		5 000
原材料	3 500		实收资本		15 000
库存商品	1 650		资本公积		890
生产成本			盈余公积		2 560
长期股权投资			未分配利润		1 250
长期股权投资减值准备					
固定资产	20 000				
累计折旧		1 700			
在建工程					
无形资产	900				
合　计	31 750	1 700	合　计	—	30 050

根据上述资料，编制该企业的资产负债表，如表 9—6 所示。

表 9—6　　资产负债表　　会企 01 表

编制单位：新华公司　　20××年 12 月 31 日　　单位：元

资　产	期末余额	年初余额（略）	负债和所有者权益	期末余额	年初余额（略）
流动资产：			流动负债：		
货币资金	5 250		短期借款	2 350	
交易性金融资产			交易性金融负债		
应收票据	350		应付票据	2 200	
应收账款			应付账款		
预付款项			预收款项		
其他应收款	100		应付职工薪酬		
存货	5 150		应交税费	450	

续表

资　产	期末余额	年初余额（略）	负债和所有者权益	期末余额	年初余额（略）
一年内到期的非流动资产	0		其他应付款	350	
其他流动资产	0		一年内到期的非流动负债	0	
流动资产合计	10 850		其他流动负债	0	
非流动资产：			流动负债合计	5 350	
债权投资			非流动负债：		
其他债权投资	0		长期借款	5 000	
长期应收款	0		应付债券	0	
长期股权投资			长期应付款	0	
投资性房地产	0		预计负债	0	
固定资产	18 300		递延所得税负债	0	
在建工程			其他非流动负债	0	
无形资产	900		非流动负债合计	5 000	
长期待摊费用	0		负债合计	10 350	
商誉	0		所有者权益：		
递延所得税资产	0		实收资本	15 000	
其他非流动资产	0		资本公积	890	
非流动资产合计	19 200		盈余公积	2 560	
			未分配利润	1 250	
			所有者权益合计	19 700	
资产总计	30 050		负债和所有者权益总计	30 050	

知识链接

当报表编制完成后，可利用报表之间的勾稽关系核对，以检查报表编制的正确性。如综合利润表中的“未分配利润”应与资产负债表中的“未分配利润”项目相互核对；综合利润表中的净利润应与利润表中的净利润项目相互核对。

课堂思考

年末资产负债表中“未分配利润”项目如何填列？1～11月的“未分配利润”项目又如何填列？

第四节　现金流量表

一、现金及现金流量表的定义

现金流量表是指反映企业在一定会计期间经营活动、投资活动和筹资活动对现金及现金等价物产生影响的会计报表。编制现金流量表的主要目的是为报表使用者提供企业在一定会计期间内现金流入和流出的有关信息，揭示企业的偿债能力和变现能力。为了更好地理解和运用现金流量表，必须正确界定以下概念：

（一）现金

现金是指企业库存现金及可随时用于支付的存款。应当注意的是，银行存款和其他货币资金中有些不能随时用于支付的存款，如不能随时支取的定期存款等，不应作为现金，而应列作投资；提前通知金融企业便可支取的定期存款，则应包括在现金范围内。

（二）现金等价物

现金等价物是指企业持有的期限短、流动性强、易于转化为已知金额现金、价值变动风险很小的投资。一项投资被确认为现金等价物，必须同时具备四个条件：期限短、流动性强、易于转化为已知金额现金、价值变动风险很小。其中，期限较短一般是指从购买日起 3 个月内到期，如可在证券市场上流通的 3 个月到期的短期债券投资等。

（三）现金流量

现金流量是指企业现金和现金等价物的流入和流出。应该注意的是，企业现金形式的转换不会产生现金的流入和流出，如企业从银行提取现金，是企业现金存放形式的转换，并未流出企业，不构成现金流量；同样，现金和现金等价物之间的转换也不属于现金流量，比如企业用现金购买将于 3 个月后到期的国库券。

二、现金流量表的结构

设置现金流量表的公式为：现金净流量＝现金收入－现金支出。该表分为三部分：第一部分为经营活动产生的现金流量，第二部分为投资活动产生的现金流量，第三部分为筹资活动产生的现金流量。各部分又分别按收入项目和支出项目列示，以反映各类活动所产生的现金流入量和现金流出量，以及各类现金流入和流出的原因。企业现金流量表的基本格式如表 9－7 所示。

表 9—7　　**现金流量表**　　会企 03 表

编制单位：　　20××年度　　单位：元

项　目	本期金额	上期金额
一、经营活动产生的现金流量		
销售商品、提供劳务收到的现金		
收到的税费返还		
收到的其他与经营活动有关的现金		
现金流入小计		

续表

项　目	本期金额	上期金额
购买商品、接受劳务支付的现金		
支付给职工以及为职工支付的现金		
支付的各项税费		
支付的其他与经营活动有关的现金		
现金流出小计		
经营活动产生的现金流量净额		
二、投资活动产生的现金流量		
收回投资收到的现金		
取得投资收益收到的现金		
处置固定资产、无形资产和其他长期资产收回的现金净额		
处置子公司及其他营业单位收到的现金净额		
收到的其他与投资活动有关的现金		
现金流入小计		
购建固定资产、无形资产和其他长期资产支付的现金		
投资支付的现金		
取得子公司及其他营业单位支付的现金净额		
支付的其他与投资活动有关的现金		
现金流出小计		
投资活动产生的现金流量净额		
三、筹资活动产生的现金流量		
吸收投资收到的现金		
借款收到的现金		
收到的其他与筹资活动有关的现金		
现金流入小计		
偿还债务支付的现金		
分配股利、利润或偿付利息支付的现金		
支付的其他与筹资活动有关的现金		
现金流出小计		
筹资活动产生的现金流量净额		
四、汇率变动对现金及现金等价物的影响		
五、现金及现金等价物净增加额		
加:期初现金及现金等价物余额		
六、期末现金及现金等价物余额		

表 9—8　　现金流量表补充资料

补充资料	本期金额	上期金额
1. 将净利润调节为经营活动现金流量		
净利润		
加:资产减值准备		
固定资产折旧、油气资产折旧、生产性生物资产折旧		
无形资产摊销		
长期待摊费用摊销		
处置固定资产、无形资产和其他长期资产的损失(减:收益)		
固定资产报废损失(减:收益)		
公允价值变动损失(减:收益)		
财务费用(减:收益)		
投资损失(减:收益)		
递延所得税资产减少(减:增加)		
递延所得税负债增加(减:减少)		
存货的减少(减:增加)		
经营性应收项目的减少(减:增加)		
经营性应付项目的增加(减:减少)		
其他		
经营活动产生的现金流量净额		
2. 不涉及现金收支的重大投资和筹资活动		
债务转为资本		
一年内到期的可转换公司债券		
融资租入固定资产		
3. 现金及现金等价物净增加情况		
现金的期末余额		
减:现金的期初余额		
加:现金等价物的期末余额		
减:现金等价物的期初余额		
现金及现金等价物净增加额		

(一)经营活动的现金流量

经营活动的现金流量是指企业除投资活动和筹资活动以外的所有交易和事项导致的现金收入和支出。

(1)经营活动产生的现金收入,包括出售产品、商品、提供劳务等取得的现金收入。

(2)经营活动产生的现金支出,包括购买材料、商品及支付职工劳动报酬发生的现金支出、各项制造费用、期间费用支出、税款等支出。

(二)投资活动的现金流量

投资活动的现金流量是指企业在投资活动中导致的现金收入和支出。

(1)投资活动产生的现金收入,包括收回投资、出售固定资产净收入等。

(2)投资活动产生的现金支出,包括对外投资、购买固定资产等。

(三)筹资活动的现金流量

筹资活动的现金流量是指企业在筹资活动中导致的现金收入和支出。

(1)筹资活动产生的现金收入,包括发行债券、取得借款、增加股本(增发股票)等。

(2)筹资活动产生的现金支出,包括偿还借款、清偿债务、支付现金股利等。

三、现金流量表的编制

编制现金流量表时,经营活动的现金流量有两种列示方法:一为直接法,二为间接法。这两种方法通常也称为现金流量表的编制方法。直接法是通过现金收入和支出的主要类别反映来自企业经营活动的现金流量。一般以利润表中的营业收入为起点,调整与经营活动有关项目的增减活动,然后计算出经营活动的现金流量。间接法是以本期净利润为起点,调整不涉及现金的收入、费用、营业外收支以及有关项目的增减变动,据此计算出经营活动的现金流量。

《企业会计准则——现金流量表》要求企业采用直接法报告经营活动的现金流量,同时要求在补充资料中用间接法来计算现金流量。有关经营活动现金流量的信息,可通过以下途径之一取得:

(1)直接根据企业有关账户的会计记录分析填列。

(2)对当期业务进行分析并对有关项目进行调整:①将权责发生制下的与企业经营活动有关的收入、成本和费用转换为现金基础;②将资产负债表和现金流量表中的投资、筹资项目,反映为投资和筹资活动的现金流量;③将利润表中有关投资和筹资方面的收入和费用列入现金流量表的投资、筹资的现金流量中。

知识链接

现金流量表的编制基础是收付实现制,能够真实地反映企业当期实际收入的现金、实际支出的现金、现金流入和流出相抵后的净额,从而分析利润表中本期净利润与现金流量之间的差异。资产负债表和利润表的编制基础是权责发生制。

知识链接

现金流量表补充资料包括将净利润调节为经营活动现金流量、不涉及现金收支的重大投资和筹资活动、现金及现金等价物净增加情况三部分。其中,将净利润调节为经营活动现金流量部分是按照间接法反映经营活动现金流量的。它是以净利润为起算点,调整不涉及现金的收入、费用、营业外收支等有关项目,据此计算出经营活动产生的现金流量净额。

课堂思考

为什么有的企业账面利润很大，看似业绩可观，而现金却入不敷出？

第五节　所有者权益变动表

一、所有者权益变动表的定义

所有者权益（或股东权益，下同）变动表是指反映所有者权益各组成部分当期的增减变动情况的会计报表。当期损益、直接计入所有者权益的利得和损失，以及与所有者的资本交易导致的所有者权益的变动，应当分别列示。

二、所有者权益变动表的格式

所有者权益变动表至少应该单独列示反映以下信息：(1)净利润；(2)直接计入所有者权益的利得和损失项目及其总额；(3)会计政策变更和差错更正的累计影响金额；(4)所有者投入资本和向所有者分配利润等；(5)按照规定提取的盈余公积；(6)实收资本、资本公积、盈余公积、未分配利润的期初和期末余额及其调节情况。

所有者权益变动表的格式如表 9—9 所示。

表 9—9

所有者权益变动表

会企 04 表

编制单位：　　　　　　　　　　　　______年度　　　　　　　　　　　　单位：元

项目	本年金额											上年金额										
	实收资本（或股本）	其他权益工具			资本公积	减：库存股	其他综合收益	专项储备	盈余公积	未分配利润	所有者权益合计	实收资本（或股本）	其他权益工具			资本公积	减：库存股	其他综合收益	专项储备	盈余公积	未分配利润	所有者权益合计
		优先股	永续债	其他									优先股	永续债	其他							
一、上年年末余额																						
加：会计政策变更																						
前期差错更正																						
其他																						
二、本年年初余额																						
三、本年增减变动金额（减少以"－"号填列）																						
（一）综合收益总额																						
（二）所有者投入和减少资本																						
1. 所有者投入的普通股																						
2. 其他权益工具持有者投入资本																						
3. 股份支付计入所有者权益的金额																						
4. 其他																						
（三）利润分配																						
1. 提取盈余公积																						
2. 对所有者（或股东）的分配																						
3. 其他																						
（四）所有者权益内部结转																						
1. 资本公积转增资本（或股本）																						
2. 盈余公积转增资本（或股本）																						
3. 盈余公积弥补亏损																						
4. 设定受益计划变动额结转留存收益																						
5. 其他综合收益结转留存收益																						
6. 其他																						
四、本年年末余额																						

课堂思考

所有者权益变动表项目与资产负债表中的所有者权益项目是否相同？若不同，请说明两者的区别。

本章小结

财务会计报告，是指企业对外提供的反映企业某一特定日期的财务状况和某一会计期间的经营成果、现金流量等会计信息的文件。财务会计报告包括财务报表和其他应当在财务报告中披露的相关信息和资料。

财务报表主要包括资产负债表、利润表、现金流量表和所有者权益变动表。

资产负债表是反映企业某一特定日期的全部资产、负债和所有者权益及其构成情况的报表，它是一张静态的报表。资产负债表的格式使用较多的是账户式。其基本结构是：左方反映资产情况，右方反映负债及所有者权益情况。它的编制有的根据总分类账户的期末余额填列，有的可以直接填列，有的需要整理、汇总、计算后填列。

利润表是反映企业在某一时期内经营活动成果的报表，它是一张动态的报表。利润表的格式一般采用多步式，其基本结构分为四段。它的编制根据收入、费用类账户的净发生额和其他有关资料填列。

现金流量表是反映企业在某一会计年度内现金流入与流出情况的报表，它也是一张动态报表。现金流量表的基本内容分为三部分：经营活动的现金流量、投资活动的现金流量和筹资活动的现金流量。它的编制根据资产负债表、利润表及其他有关账簿资料分析、汇总后填列。

所有者权益变动表是反映构成所有者权益的各组成部分当期的增减变动情况的报表。当期损益、直接计入所有者权益的利得和损失，以及与所有者的资本交易导致的所有者权益的变动，应当分别列示。

测试题

本章测试题可扫描以下二维码进行练习：

第十章 账务处理程序

学习目标

通过本章学习，掌握账务处理程序的意义和种类，掌握记账凭证账务处理程序、汇总记账凭证账务处理程序、科目汇总表账务处理程序各自的特点、一般程序、优缺点和适用范围。

第一节 账务处理程序概述

一、账务处理程序的概念

账务处理程序，也称会计核算形式，是指会计凭证、会计账簿、财务报表相结合的方式，包括账簿组织和记账程序。账簿组织是指会计凭证和会计账簿的种类、格式，以及会计凭证与账簿之间的联系方法；记账程序是指由原始凭证到编制记账凭证、登记明细分类账和总分类账、编制财务报表的工作程序和方法等。

不同单位由于业务性质、规模大小和经济业务的繁简程度各异，其适用的账务处理程序也不同。为此，科学地组织账务处理程序，对于提高会计核算质量和会计工作效率，充分发挥会计的核算和监督职能，具有重要意义。

二、账务处理程序的种类

目前，我国企业、事业、机关等单位会计核算一般采用的主要账务处理程序有记账凭证账务处理程序、汇总记账凭证账务处理程序、科目汇总表账务处理程序、日记总账账务处理程序、多栏式日记账账务处理程序等。

各种账务处理程序既有共同点，又有各自的特点。其中，记账凭证账务处理程序是最基本的一种，其他账务处理程序都是由此发展、演变而来的。它们之间的区别在于登记总账的依据和方法不同。

在实际工作中，各经济单位可根据实际需要选择其中一种账务处理程序，也可将多种账务处理程序的优点结合起来使用，以满足本单位经营管理的需要。

第二节　记账凭证账务处理程序

一、记账凭证账务处理程序的特点

记账凭证账务处理程序是指对发生的经济业务事项，都要根据原始凭证或原始凭证汇总表填制记账凭证，然后直接根据记账凭证登记总分类账的一种账务处理程序。它的特点就是直接根据记账凭证、逐笔登记总分类账。

在记账凭证账务处理程序下，应当设置现金日记账、银行存款日记账、明细分类账和总分类账。日记账和总账可采用三栏式；明细分类账可根据需要采用三栏式、数量金额式和多栏式；记账凭证一般使用收款凭证、付款凭证和转账凭证三种格式，也可采用通用记账凭证。

二、记账凭证账务处理程序的基本步骤

记账凭证账务处理程序的基本步骤如下（见图10－1）：

①根据原始凭证或原始凭证汇总表，填制记账凭证；

②根据收款凭证和付款凭证，逐笔登记现金日记账和银行存款日记账；

③根据原始凭证、原始凭证汇总表或记账凭证，登记各种明细分类账；

④根据记账凭证，逐笔登记总分类账；

⑤期末，将现金日记账、银行存款日记账的余额，以及各种明细分类账的余额合计数，分别与总分类账中相关账户的余额核对，核查是否相符；

⑥期末，根据核对无误的总分类账和明细分类账的相关资料，编制会计报表。

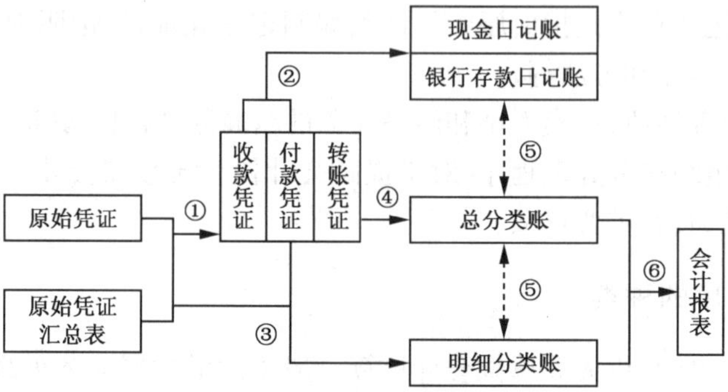

图10－1　记账凭证账务处理程序

三、记账凭证账务处理程序的优缺点及适用范围

记账凭证账务处理程序的主要优点是简单明了，方法易学，总分类账能详细反映经济业务状况，方便会计人员核对与查账；但登记总分类账的工作量较大，也不利于分工。因此，一般适用于规模较小、经济业务较简单的企业。

四、记账凭证账务处理程序的应用

1. 华盛公司20××年9月初各总分类账期初余额(见表10—1)

表10—1 总分类账户期初余额表 单位:元

账户名称	借方余额	贷方余额
库存现金	1 500	
银行存款	625 000	
其他应收款	500	
原材料	86 000	
库存商品	27 000	
固定资产	950 000	
累计折旧		285 000
应付账款		93 600
短期借款		150 000
应交税费		8 000
其他应付款		13 100
实收资本		800 000
资本公积		80 300
盈余公积		160 000
利润分配		100 000
合计	1 690 000	1 690 000

注:有关明细分类账户的月初余额详见各明细分类账户。

2. 该公司9月发生的经济业务

(1)1日,采购员王山出差回来,报销差旅费480元,原借支500元,退回余款20元。

(2)3日,生产甲产品领用A材料5 000千克,单价10元;B材料2 000千克,单价4元。

(3)4日,从海河公司购入A材料2 000千克,买价19 600元,增值税2 548元,运杂费400元。款项已用银行存款支付,原材料已验收入库。

(4)8日,向新民工厂销售甲产品200件,单位售价220元,增值税5 720元。款项已收存银行。

(5)10日,以银行存款归还短期借款100 000元。

(6)11日,以银行存款缴纳城市维护建设税5 600元,教育费附加2 400元。

(7)15日,以银行存款归还前欠立明工厂货款58 500元。

(8)15日,以银行存款80 000元发放职工工资。

(9)17日,以银行存款支付产品广告费1 000元。

(10)19日,以现金支付办公用品费580元,其中,车间180元,管理部门400元。

(11)21日,生产甲产品领用A材料1 000千克,单价10元;生产车间领用B材料50千克,单价4元;管理部门领用C材料100千克,单价3元。

(12)23 日，以银行存款支付本月水电费 30 000 元，其中，生产车间 22 000 元，管理部门 8 000 元。

(13)27 日，向宏达工厂销售甲产品 600 件，售价 220 元，增值税 17 160 元。款项已收存银行。

(14)30 日，结转本月应付职工工资 80 000 元，其中，生产甲产品的工人工资 45 000 元，车间管理人员工资 10 000 元，企业管理人员工资 25 000 元。

(15)30 日，按工资总额的 14%提取职工福利费 11 200 元，其中，生产甲产品的工人工资 6 300 元，车间管理人员工资 1 400 元，企业管理人员工资 3 500 元。

(16)30 日，计提本月固定资产折旧 2 000 元，其中，生产车间 1 400 元，管理部门 600 元。

(17)30 日，结转本月制造费用。

(18)30 日，本月生产甲产品 1 000 件全部完工，结转其生产成本。

(19)30 日，结转本月销售 800 件甲产品的成本(假设全部是本月生产)。

(20)30 日，计算本月销售甲产品应缴纳的城市维护建设税和教育费附加。

(21)30 日，结转本月主营业务收入。

(22)30 日，结转本月主营业务成本、税金及附加、销售费用、管理费用。

3. 账务处理

(1)根据以上经济业务，填制记账凭证(见表 10－2～表 10－6)。

表 10－2 **收款凭证**

借方科目：库存现金

20××年		凭证号数	摘　要	贷方科目	明细科目	金额(元)
月	日					
9	1	现收 1	收回差旅费余款	其他应收款	王山	20

表 10－3 **收款凭证**

借方科目：银行存款

20××年		凭证号数	摘　要	贷方科目	明细科目	金额(元)
月	日					
9	8	银收 1	销售甲产品	主营业务收入	甲产品	44 000
				应交税费	应交增值税	5 720
9	27	银收 2	销售甲产品	主营业务收入	甲产品	132 000
				应交税费	应交增值税	17 160

表 10－4 **付款凭证**

贷方科目：库存现金

20××年		凭证号数	摘　要	借方科目	明细科目	金额(元)
月	日					
9	19	现付 1	购买办公用品	制造费用		180
				管理费用		400

表 10—5　　**付款凭证**

贷方科目:银行存款

20××年		凭证号数	摘　要	借方科目	明细科目	金额(元)
月	日					
9	4	银付 1	购买 A 材料	原材料	A 材料	20 000
				应交税费	应交增值税	2 548
9	10	银付 2	归还短期借款	短期借款		100 000
9	11	银付 3	上缴税金及教育费附加	应交税费	应交城市维护建设税	5 600
					应交教育费附加	2 400
9	15	银付 4	归还欠款	应付账款	立明工厂	58 500
9	15	银付 5	发放工资	应付职工薪酬		80 000
9	17	银付 6	支付广告费	销售费用		1 000
9	23	银付 7	支付水电费	制造费用		22 000
				管理费用		8 000

表 10—6　　**转账凭证**

20××年		凭证号数	摘　要	一级科目	明细科目	借方金额(元)	贷方金额(元)
月	日						
9	1	转 1	报销差旅费	管理费用		480	
				其他应收款	王山		480
9	3	转 2	生产领料	生产成本	甲产品	58 000	
				原材料	A 材料		50 000
				原材料	B 材料		8 000
9	21	转 3	领料	生产成本	甲产品	10 000	
				制造费用		200	
				管理费用		300	
				原材料	A 材料		10 000
				原材料	B 材料		200
				原材料	C 材料		300
9	30	转 4	分配工资	生产成本	甲产品	45 000	
				制造费用		10 000	
				管理费用		25 000	
				应付职工薪酬			80 000
9	30	转 5	提取福利费	生产成本	甲产品	6 300	
				制造费用		1 400	
				管理费用		3 500	
				应付职工薪酬			11 200

续表

20××年		凭证号数	摘要	一级科目	明细科目	借方金额（元）	贷方金额（元）
月	日						
9	30	转6	计提折旧	制造费用		1 400	
				管理费用		600	
				累计折旧			2 000
9	30	转7	结转制造费用	生产成本	甲产品	35 180	
				制造费用			35 180
9	30	转8	结转产品成本	库存商品	甲产品	154 480	
				生产成本	甲产品		154 480
9	30	转9	结转销售成本	主营业务成本	甲产品	123 584	
				库存商品	甲产品		123 584
9	30	转10	结转城市维护建设税及教育费附加	税金及附加		2 033.20	
				应交税费	应交城市维护建设税		1 423.24
					应交教育费附加		609.96
9	30	转11	结转收入类账户	主营业务收入	甲产品	176 000	
				本年利润			176 000
9	30	转12	结转费用类账户	本年利润		164 897.20	
				主营业务成本			123 584
				税金及附加			2 033.20
				销售费用			1 000
				管理费用			38 280

（2）根据收款凭证和付款凭证，登记现金日记账和银行存款日记账（见表10—7、表10—8）。

表10—7 **现金日记账** 单位：元

20××年		凭证号数	摘要	对方科目	借方	贷方	借或贷	余额
月	日							
9	1		期初余额				借	1 500
	1	现收1	收回差旅费余款	其他应收款	20		借	1 520
	19	现付1	购买办公用品	管理费用等		580	借	940
	30		本月合计		20	580	借	940

表10—8 **银行存款日记账** 单位：元

20××年		凭证号数	摘要	对方科目	借方	贷方	借或贷	余额
月	日							
9	1		期初余额				借	625 000
	4	银付1	购买A材料	原材料等		22 548	借	602 452

续表

20××年		凭证号数	摘 要	对方科目	借 方	贷 方	借或贷	余 额
月	日							
	8	银收 1	销售甲产品	主营业务收入	49 720		借	652 172
	10	银付 2	归还短期借款	短期借款		100 000	借	552 172
	11	银付 3	上交上月税费	应交税费		8 000	借	544 172
	15	银付 4	归还欠款	应付账款		58 500	借	485 672
	15	银付 5	发放工资	应付职工薪酬		80 000	借	405 672
	17	银付 6	支付广告费	销售费用		1 000	借	404 672
	23	银付 7	支付水电费	管理费用等		30 000	借	374 672
	27	银收 2	销售甲产品		149 160		借	523 832
	30		本月合计		198 880	300 048	借	523 382

(3)根据原始凭证和记账凭证，登记明细分类账(只登记原材料、应付账款明细分类账，其他略)，并根据原材料明细分类账编制“原材料明细分类账户本期发生额及余额表”(见表 10—9 至表 10—13)。

表 10—9 **原材料明细分类账**

材料名称:A 材料 单位:千克,元

20××年		凭证号数	摘 要	收 入			发 出			结 存		
月	日			数量	单价	金额	数量	单价	金额	数量	单价	金额
9	1		期初余额							7 000	10	70 000
	3	转 2	生产领用				5 000	10	50 000	2 000	10	20 000
	4	银付 1	购入	2 000	10	20 000				4 000	10	40 000
	21	转 3	生产领用				1 000	10	10 000	3 000	10	30 000
	30		本月合计	2 000		20 000	6 000		60 000	3 000	10	30 000

表 10—10 **原材料明细分类账**

材料名称:B 材料 单位:千克,元

20××年		凭证号数	摘 要	收 入			发 出			结 存		
月	日			数量	单价	金额	数量	单价	金额	数量	单价	金额
9	1		期初余额							3 775	4	15 100
	3	转 2	生产领用				2 000	4	8 000	1 775	4	7 100
	21	转 3	车间领用				50	4	200	1 725	4	6 900
	30		本月合计				2 050		8 200	1 725	4	6 900

表 10－11 **原材料明细分类账**

材料名称:C 材料 单位:千克,元

20××年		凭证号数	摘 要	收 入			发 出			结 存		
月	日			数量	单价	金额	数量	单价	金额	数量	单价	金额
9	1		期初余额							300	3	900
	21	转 3	管理领用				100	3	300	200	3	600
	30		本月合计				100		300	200	3	600

表 10－12 **应付账款明细账**

明细账户:立明工厂 单位:元

20××年		凭证号数	摘 要	借 方	贷 方	借或贷	余额
月	日						
9	1		期初余额			贷	93 600
	15	银付 4	归还欠款	58 500		贷	35 100
	30		本月合计	58 500		贷	35 100

表 10－13 **原材料明细分类账户本期发生额及余额** 单位:元

明细账户	期初余额	本期发生额		期末余额
		借方	贷方	
A 材料	70 000	20 000	60 000	30 000
B 材料	15 100		8 200	6 900
C 材料	900		300	600
合 计	86 000	20 000	68 500	37 500

(4)根据记账凭证,登记总分类账(见表 10－14 至表 10－37)。

表 10－14 **库存现金(总账)** 单位:元

20××年		凭证号数	摘 要	借 方	贷 方	借或贷	余 额
月	日						
9	1		期初余额			借	1 500
	1	现收 1	收回差旅费余款	20		借	1 520
	19	现付 1	购买办公用品		580	借	940
	30		本月合计	20	580	借	940

表 10—15　　银行存款(总账)　　单位:元

20××年		凭证号数	摘　要	借　方	贷　方	借或贷	余　额
月	日						
9	1		期初余额			借	625 000
	4	银付 1	购买 A 材料		22 548	借	602 452
	8	银收 1	销售甲产品	49 720		借	652 172
	10	银付 2	归还短期借款		100 000	借	552 172
	11	银付 3	上交上月税费		8 000	借	544 172
	15	银付 4	归还货款		58 500	借	485 672
	15	银付 5	发放工资		80 000	借	405 672
	17	银付 6	支付广告费		1 000	借	404 672
	23	银付 7	支付水电费		30 000	借	374 672
	27	银收 2	销售甲产品	149 160		借	523 832
	30		本月合计	198 880	300 048	借	523 832

表 10—16　　其他应收款(总账)　　单位:元

20××年		凭证号数	摘　要	借　方	贷　方	借或贷	余　额
月	日						
9	1		期初余额			借	500
	1	转 1	报销差旅费		480	借	20
	1	现收 1	王山退余款		20	平	0
	30		本月合计		500	平	0

表 10—17　　原材料(总账)　　单位:元

20××年		凭证号数	摘　要	借　方	贷　方	借或贷	余　额
月	日						
9	1		期初余额			借	86 000
	3	转 2	生产领料		58 000	借	28 000
	4	银付 1	材料入库	20 000		借	48 000
	21	转 3	领料		10 500	借	37 500
	30		本月合计	20 000	68 500	借	37 500

表 10—18 **生产成本(总账)** 单位:元

20××年		凭证号数	摘要	借方	贷方	借或贷	余额
月	日						
9	3	转 2	生产领料	58 000		借	58 000
	21	转 3	生产领料	10 000		借	68 000
	30	转 4	分配工资	45 000		借	113 000
	30	转 5	提取福利费	6 300		借	119 300
	30	转 7	结转制造费用	35 180		借	154 480
	30	转 8	结转产品成本		154 480	平	0
	30		本月合计	154 480	154 480	平	0

表 10—19 **制造费用(总账)** 单位:元

20××年		凭证号数	摘要	借方	贷方	借或贷	余额
月	日						
9	21	转 3	车间领料	200		借	200
	19	现付 1	支付办公费	180		借	380
	23	银付 7	支付水电费	22 000		借	22 380
	30	转 4	分配工资	10 000		借	32 380
	30	转 5	提取福利费	1 400		借	33 780
	30	转 6	计提折旧费	1 400		借	35 180
	30	转 7	转出制造费用		35 180	平	0
	30		本月合计	35 180	35 180	平	0

表 10—20 **库存商品(总账)** 单位:元

20××年		凭证号数	摘要	借方	贷方	借或贷	余额
月	日						
9	1		期初余额			借	27 000
	30	转 8	完工入库	154 480		借	181 480
	30	转 9	销售转出		123 584	借	57 896
	30		本月合计	154 480	123 584	借	57 896

表 10—21 **固定资产(总账)** 单位:元

20××年		凭证号数	摘要	借方	贷方	借或贷	余额
月	日						
9	1		期初余额			借	950 000
	30		本月合计			借	950 000

表 10－22　　**累计折旧(总账)**　　单位:元

20××年		凭证号数	摘　要	借　方	贷　方	借或贷	余　额
月	日						
9	1		期初余额			贷	285 000
	30	转 6	计提折旧		2 000	贷	287 000
	30		本月合计		2 000	贷	287 000

表 10－23　　**应付账款(总账)**　　单位:元

20××年		凭证号数	摘　要	借　方	贷　方	借或贷	余　额
月	日						
9	1		期初余额			贷	93 600
	15	银付 5	归还欠款	58 500		贷	35 100
	30		本月合计	58 500		贷	35 100

表 10－24　　**应付职工薪酬(总账)**　　单位:元

20××年		凭证号数	摘　要	借　方	贷　方	借或贷	余　额
月	日						
9	15	银付 5	发放工资	80 000		借	80 000
	30	转 4	分配工资		80 000	平	0
	30	转 5	计提福利费		11 200	贷	11 200
	30		本月合计	80 000	91 200	贷	11 200

表 10－25　　**短期借款(总账)**　　单位:元

20××年		凭证号数	摘　要	借　方	贷　方	借或贷	余　额
月	日						
9	1		期初余额			贷	150 000
	10	银付 2	归还借款	100 000		贷	50 000
	30		本月合计	100 000		贷	50 000

表 10－26　　**应交税费(总账)**　　单位:元

20××年		凭证号数	摘　要	借　方	贷　方	借或贷	余　额
月	日						
9	1		期初余额			贷	8 000
	4	银付 1	支付进项税额	2 548		贷	5 452
	8	银收 1	收取销项税额		5 720	贷	11 172
	11	银付 3	支付上月城市维护建设税及教育费附加	8 000		贷	3 172
	27	银收 2	收取销项税额		17 160	贷	20 332
	30	转 10	计算本月城市维护建设税及教育费附加		2 033.20	贷	22 365.20
	30		本月合计	10 548	24 913.20	贷	22 365.20

表 10—27　　其他应付款　　单位:元

20××年 月	日	凭证号数	摘　要	借　方	贷　方	借或贷	余　额
9	1		期初余额			贷	13 100
	30		本月合计			贷	13 100

表 10—28　　实收资本　　单位:元

20××年 月	日	凭证号数	摘　要	借　方	贷　方	借或贷	余　额
9	1		期初余额			贷	800 000
	30		本月合计			贷	800 000

表 10—29　　资本公积(总账)　　单位:元

20××年 月	日	凭证号数	摘　要	借　方	贷　方	借或贷	余　额
9	1		期初余额			贷	80 300
	30		本月合计			贷	80 300

表 10—30　　盈余公积(总账)　　单位:元

20××年 月	日	凭证号数	摘　要	借　方	贷　方	借或贷	余　额
9	1		期初余额			贷	160 000
	30		本月合计			贷	160 000

表 10—31　　利润分配(总账)　　单位:元

20××年 月	日	凭证号数	摘　要	借　方	贷　方	借或贷	余　额
9	1		期初余额			贷	100 000
	30		本月合计			贷	100 000

表 10—32　　本年利润(总账)　　单位:元

20××年 月	日	凭证号数	摘　要	借　方	贷　方	借或贷	余　额
9	30		结转本月收入		176 000	贷	176 000
	30		结转本月费用	164 897.20		贷	11 102.80
	30		本月合计	164 897.20	176 000	贷	11 102.80

表 10－33　**主营业务收入(总账)**　单位:元

20××年		凭证号数	摘　要	借　方	贷　方	借或贷	余　额
月	日						
9	8	银收 1	甲产品销售收入		44 000	贷	44 000
	27	银收 2	甲产品销售收入		132 000	贷	176 000
	30	转 11	月末转出	176 000		平	0
	30		本月合计	176 000	176 000	平	0

表 10－34　**主营业务成本(总账)**　单位:元

20××年		凭证号数	摘　要	借　方	贷　方	借或贷	余　额
月	日						
9	30	转 9	结转销售成本	123 584		借	123 584
	30	转 12	月末转出		123 584	平	0
	30		本月合计	123 584	123 584	平	0

表 10－35　**税金及附加(总账)**　单位:元

20××年		凭证号数	摘　要	借　方	贷　方	借或贷	余　额
月	日						
9	30	转 10	计算税金及附加	2 033.20		借	2 033.20
	30	转 12	月末转出		2 033.20	平	0
	30		本月合计	2 033.20	2 033.20	平	0

表 10－36　**管理费用(总账)**　单位:元

20××年		凭证号数	摘　要	借　方	贷　方	借或贷	余　额
月	日						
9	1	转 1	报销差旅费	480		借	480
	19	现付 1	支付办公费	400		借	880
	21	转 3	领用材料	300		借	1 180
	23	银付 7	支付水电费	8 000		借	9 180
	30	转 4	分配工资	25 000		借	34 180
	30	转 5	提取福利费	3 500		借	37 680
	30	转 6	计提折旧	600		借	38 280
	30	转 12	月末转出		38 280	平	0
	30		本月合计	38 280	38 280	平	0

表 10—37

销售费用(总账)

单位:元

20××年		凭证号数	摘要	借方	贷方	借或贷	余额
月	日						
9	17	银付 6	支付广告费	1 000		借	1 000
	30	转 12	月末转出		1 000	平	0
	30		本月合计	1 000	1 000	平	0

(5)根据总分类账,编制"总分类账户期末余额表"(见表 10—38),进行月末对账。

表 10—38

总分类账户期末余额表

单位:元

账户名称	借方余额	贷方余额
库存现金	940	
银行存款	523 832	
原材料	37 500	
库存商品	57 896	
固定资产	950 000	
累计折旧		287 000
应付账款		35 100
应付职工薪酬		11 200
短期借款		50 000
应交税费		22 365.20
其他应付款		13 100
实收资本		800 000
资本公积		80 300
盈余公积		160 000
利润分配		100 000
本年利润		11 102.80
合计	1 570 168	1 570 168

(6)根据总分类账和明细分类账,编制资产负债表(简易)和利润表(见表 10—39、表 10—40)。

表 10—39

资产负债表

编制单位:华盛公司　　20××年 9 月 30 日　　单位:元

资产	期末余额	年初余额	负债和所有者权益	期末余额	年初余额
流动资产:		略	流动负债:		略
货币资金	524 772		短期借款	50 000	

续表

资 产	期末余额	年初余额	负债和所有者权益	期末余额	年初余额
应收票据			应付票据		
应收账款			应付账款	35 100	
其他应收款			应付职工薪酬	11 200	
存货	95 396		应交税费	22 365.20	
流动资产合计	620 168		其他应付款	13 100	
非流动资产：			流动负债合计	131 765.20	
长期股权投资			非流动负债：		
固定资产	663 000		长期借款		
无形资产			应付债券		
长期待摊费用			非流动负债合计		
非流动资产合计	663 000		负债合计	131 765.20	
			所有者权益：		
			实收资本	800 000	
			资本公积	80 300	
			盈余公积	160 000	
			未分配利润	111 102.80	
			所有者权益合计	1 151 402.80	
资产总计	1 283 168		负债和所有者权益合计	1 283 168	

表 10—40 **利润表**

编制单位:华盛公司 20××年 9 月 30 日 单位:元

项 目	本期金额	上期金额
一、营业收入	176 000	略
减:营业成本	123 584	
税金及附加	2 033.20	
销售费用	1 000	
管理费用	38 280	
研发费用		
财务费用		
加:其他收益		
投资收益(损失以“—”号填列)		
净敞口套期收益(损失以“—”号填列)		

续表

项　目	本期金额	上期金额
公允价值变动收益(损失以"－"号填列)		
信用减值损失		
资产减值损失		
资产处置收益(损失以"－"号填列)		
二、营业利润(亏损以"－"号填列)	11 102.80	
加:营业外收入		
减:营业外支出		
三、利润总额(净亏损以"－"号填列)	11 102.80	
减:所得税费用	2 775.70	
四、净利润	8 327.10	
(一)持续经营净利润(净亏损以"－"号填列)		
(二)终止经营净利润(净亏损以"－"号填列)		
五、其他综合收益的税后净额		
六、综合收益总额		
七、每股收益		
(一)基本每股收益		
(二)稀释每股收益		

第三节　科目汇总表账务处理程序

一、科目汇总表账务处理程序的特点

科目汇总表账务处理程序的特点是,定期将记账凭证编制成科目汇总表,然后根据科目汇总表登记总分类账。

采用科目汇总表账务处理程序时,其账簿设置、各种账簿的格式以及记账凭证的种类和格式基本上与记账凭证账务处理程序相同。但应增设科目汇总表,以作为登记总分类账的依据。

二、科目汇总表账务处理程序的基本步骤

科目汇总表账务处理程序如图 10－2 所示,具体步骤如下:

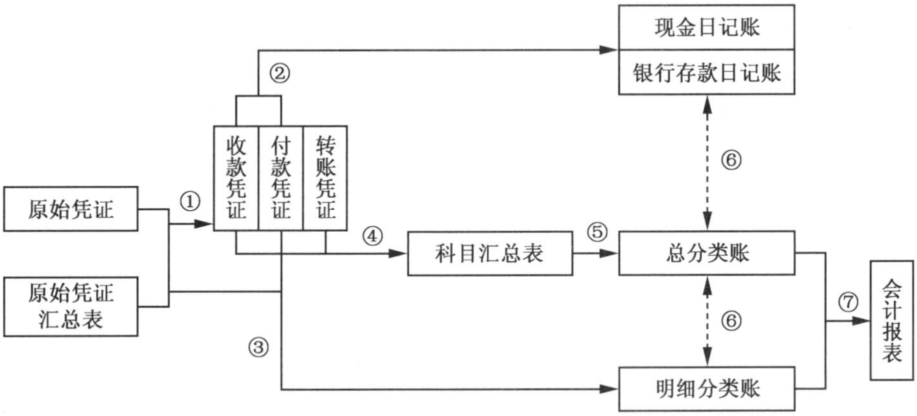

图 10—2　科目汇表总账务处理程序

①根据原始凭证或原始凭证汇总表，填制记账凭证；

②根据收款凭证和付款凭证，逐笔登记现金日记账和银行存款日记账；

③根据原始凭证、原始凭证汇总表或记账凭证，登记各种明细分类账；

④根据记账凭证，定期编制科目汇总表；

⑤期末，根据编制的科目汇总表登记总分类账；

⑥期末，将现金日记账、银行存款日记账的余额，以及各种明细分类账的余额合计数，分别与总分类账中相关账户的余额核对，核查是否相符；

⑦期末，根据核对无误的总分类账和明细分类账的相关资料，编制会计报表。

三、科目汇总表的编制方法

科目汇总表是根据一定时期内的全部记账凭证，按相同的会计科目进行归类编制，并定期汇总(如 5 天、10 天、15 天或 1 个月)，汇总出每一会计科目的借方本期发生额和贷方本期发生额，填写在科目汇总表的相关栏内，用于反映全部会计科目在一定期间的借方发生额和贷方发生额。其格式如表 10—1 所示。

科目汇总表的汇总方法有两种：一种是全部汇总，将一定时期内的全部收款凭证、付款凭证和转账凭证汇总在一张科目汇总表上，据以登记总分类账；另一种是分类汇总，将一定时期内的收款凭证、付款凭证和转账凭证分别汇总，编制成三张科目汇总表，据以登记总分类账。

知识链接

为了便于编制科目汇总表，必须注意：每张收款凭证一般应填列一个贷方科目，每张付款凭证一般应填列一个借方科目；每张转账凭证只应填列一个借方科目和一个贷方科目，一式两联，一联作为借方科目的汇总，另一联作为贷方科目的汇总。为了便于登记总账，科目汇总表上的科目排列应按总分类账上科目排列的顺序来定。

四、科目汇总表账务处理程序的优缺点及适用范围

科目汇总表账务处理程序的主要优点是：首先，根据定期编制的科目汇总表登记总分类账，可以大大简化总分类账的登记工作；其次，通过科目汇总表的编制，可进行发生额试算平衡，及时发现差错。但由于科目汇总表是定期汇总计算每一账户的借方、贷方发生额，并不考虑账户间的对应关系，因此，在科目汇总表和总分类账中不能明确反映账户的对应关系，不便于了解经济业务的具体内容。其主要适用于经济业务量较大的企业。

五、科目汇总表账务处理程序的应用

现以本章第二节案例中所填制的记账凭证为依据，采用全部汇总的方法编制科目汇总表，如表 10－41、表 10－42 所示。

表 10－41 **科目汇总表**

20××年 9 月 1 日至 15 日　汇字第 1 号　　单位：元

会计科目	账页	借方发生额	贷方发生额	记账凭证起讫号数（略）
库存现金		20		
银行存款		49 720	269 048	
其他应收款			500	
原材料		20 000	68 500	
生产成本		68 000		
制造费用		200		
应付账款		58 500		
应付职工薪酬		80 000		
短期借款		100 000		
应交税费		10 548	5 720	
主营业务收入			44 000	
管理费用		780		
合　计		387 768	387 768	

表 10—42 **科目汇总表**

20××年9月16日至30日 汇字第2号 单位:元

会计科目	账页	借方发生额	贷方发生额	记账凭证起讫号数(略)
库存现金			580	
银行存款		149 160	31 000	
生产成本		86 480	154 480	
制造费用		34 980	35 180	
库存商品		154 480	123 584	
累计折旧			2 000	
应付职工薪酬			91 200	
应交税费			19 193.20	
主营业务收入		176 000	132 000	
主营业务成本		123 584	123 584	
税金及附加		2 033.20	2 033.20	
管理费用		37 500	38 280	
销售费用		1 000	1 000	
本年利润		164 897.20	176 000	
合　计		930 114.40	930 114.40	

根据编制的科目汇总表登记总分类账(仅以银行存款和应交税费账户为例,其他账户从略),如表10—43、表10—44所示。

表 10—43 **银行存款总账** 单位:元

20××年		凭证号数	摘　要	借　方	贷　方	借或贷	余　额
月	日						
9	1		期初余额			借	625 000
	15	汇1	1～15日汇总过入	49 720	269 048	借	405 672
	30	汇2	16～30日汇总过入	149 160	31 000	借	523 832
	30		本月合计	198 880	300 048	借	523 832

表 10—44 **应交税费总账** 单位:元

20××年		凭证号数	摘　要	借　方	贷　方	借或贷	余　额
月	日						
9	1		期初余额			贷	8 000
	15	汇1	1～15日汇总过入	10 548	5 720	贷	3 172
	30	汇2	16～30日汇总过入		19 193.20	贷	22 365.20
	30		本月合计	10 548	24 913.20	贷	22 365.20

第四节 汇总记账凭证账务处理程序

一、汇总记账凭证账务处理程序的特点

汇总记账凭证账务处理程序区别于其他账务处理程序的主要特点是:定期将记账凭证分类编制汇总记账凭证,然后根据汇总记账凭证登记总分类账。

采用汇总记账凭证账务处理程序时,其账簿设置、各种账簿的格式以及记账凭证的种类和格式基本上与记账凭证账务处理程序相同。但应增设汇总收款凭证、汇总付款凭证和汇总转账凭证作为登记总分类账的依据。另外,总分类账的账页格式必须增设“对应账户”栏。

二、汇总记账凭证账务处理程序的基本步骤

汇总记账凭证账务处理程序的基本步骤如图 10—3 所示。

①根据原始凭证或原始凭证汇总表,填制记账凭证;

②根据收款凭证和付款凭证,逐笔登记现金日记账和银行存款日记账;

③根据原始凭证、原始凭证汇总表或记账凭证,登记各种明细分类账;

④根据收款凭证、付款凭证和转账凭证,定期分别编制汇总收款凭证、汇总付款凭证和汇总转账凭证;

⑤期末,根据汇总收款凭证、汇总付款凭证和汇总转账凭证,登记总分类账;

⑥期末,将现金日记账、银行存款日记账的余额,以及各种明细分类账的余额合计数,分别与总分类账中相关账户的余额核对,核查是否相符;

⑦期末,根据核对无误的总分类账和明细分类账的相关资料,编制会计报表。

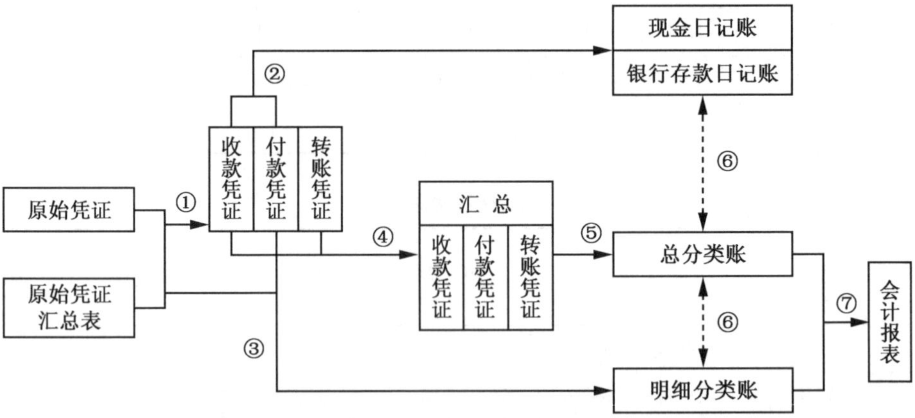

图 10—3 汇总记账凭证账务处理程序

三、汇总记账凭证及其编制方法

汇总记账凭证分为汇总收款凭证、汇总付款凭证和汇总转账凭证三种，其格式如表10—45、表10—46、表10—47所示。它是根据收款凭证、付款凭证和转账凭证定期汇总编制而成，间隔天数视业务量多少而定，一般5天或10天汇总填制一次，每月编制一张。

1. 汇总收款凭证的编制

应根据现金和银行存款收款凭证，分别按“库存现金”“银行存款”的借方设置，按对应贷方科目进行归类汇总。月末，结算出汇总收款凭证的合计数，分别记入库存现金、银行存款总分类账的借方以及其各对应账户总分类账的贷方。

2. 汇总付款凭证的编制

应根据现金和银行存款付款凭证，分别按“库存现金”“银行存款”的贷方设置，按对应借方科目进行归类汇总。月末，结算出汇总付款凭证的合计数，分别记入库存现金、银行存款总分类账的贷方以及其各对应账户总分类账的借方。

3. 汇总转账凭证的编制

应根据转账凭证中有关账户的贷方设置，按对应借方科目进行归类汇总。月末，结算出汇总转账凭证的合计数，分别记入该汇总转账凭证所开设的应贷账户总分类账的贷方，以及其各对应账户总分类账的借方。

表10—45 　**汇总收款凭证**

借方科目：　　年　月　　字第　号

贷方科目	金额				总账页数	
	1～10日 收字第 号至第 号	11～20日 收字第 号至第 号	21～31日 收字第 号至第 号	合计	借方	贷方
合 计						

表 10—46　　　　　　　　　　　　　**汇总付款凭证**

贷方科目：　　　　　　　　　　　　年　月　　　　　　　　　　　　字第　号

借方科目	金　额				总账页数	
	1～10 日　付字 第　号至第　号	11～20 日　付字 第　号至第　号	21～31 日　付字 第　号至第　号	合计	借方	贷方
合　计						

表 10—47　　　　　　　　　　　　　**汇总转账凭证**

贷方科目：　　　　　　　　　　　　年　月　　　　　　　　　　　　字第　号

借方科目	金　额				总账页数	
	1～10 日　转字 第　号至第　号	11～20 日　转字 第　号至第　号	21～31 日　转字 第　号至第　号	合计	借方	贷方
合　计						

知识链接

由于汇总收款凭证是根据收款凭证中有关账户的借方设置，按对应的贷方科目加以归类汇总的，为了便于汇总收款凭证的编制，收款凭证中的会计分录形式应是“一借一贷”或“一借多贷”。而汇总付款凭证和汇总转账凭证是根据有关账户的贷方设置，按对应的借方科目加以归类汇总的，为了便于汇总付款凭证和汇总转账凭证的编制，付款凭证和转账凭证中的会计分录形式应是“一贷一借”或“一贷多借”，否则，会给汇总记账凭证的编制带来不便。

四、汇总记账凭证账务处理程序的优缺点及适用范围

汇总记账凭证账务处理程序的主要优点是：能通过汇总记账凭证中有关科目的对应关系，

了解经济业务的来龙去脉，而且可以大大简化总分类账的登记工作；但由于汇总转账凭证是根据每一账户的贷方而不是按经济业务类型归类汇总的，故不利于会计分工。因此，一般适用于规模较大、经济业务较多的企业。

课堂思考

汇总记账凭证与科目汇总表有什么区别？

本章小结

账务处理程序，也称会计核算形式，是指会计凭证、会计账簿、财务报表相结合的方式，包括账簿组织和记账程序。

目前在会计实践中，采用的基本账务处理程序主要有：记账凭证账务处理程序、科目汇总表账务处理程序、汇总记账凭证账务处理程序、多栏式日记账账务处理程序和日记总账账务处理程序。其中，前三种程序应用较为普遍。各种账务处理程序既有共同点，又各有其特点、内容、优缺点和适用范围。其各自特点，主要体现在登记总账的依据和程序不同。

各单位要按照国家的统一规定，结合本单位的具体情况，选择合适的账务处理程序，以简化会计凭证和账簿，简化核算手续，提高会计核算工作的质量和效率。

测试题

本章测试题可扫描以下二维码进行练习：

附录一
《中华人民共和国会计法》(2017)

2017 年 11 月 4 日　中华人民共和国主席令第 81 号

(1985 年 1 月 21 日第六届全国人民代表大会常务委员会第九次会议通过，1993 年 12 月 29 日第八届全国人民代表大会常务委员会第五次会议修正，1999 年 10 月 31 日第九届全国人民代表大会常务委员会第十二次会议修订，2017 年 11 月 4 日第十二届全国人民代表大会常务委员会第三十次会议修正，自 2017 年 11 月 5 日起施行。)

第一章　总　则

第一条　为了规范会计行为，保证会计资料真实、完整，加强经济管理和财务管理，提高经济效益，维护社会主义市场经济秩序，制定本法。

第二条　国家机关、社会团体、公司、企业、事业单位和其他组织(以下统称单位)必须依照本法办理会计事务。

第三条　各单位必须依法设置会计账簿，并保证其真实、完整。

第四条　单位负责人对本单位的会计工作和会计资料的真实性、完整性负责。

第五条　会计机构、会计人员依照本法规定进行会计核算，实行会计监督。

任何单位或者个人不得以任何方式授意、指使、强令会计机构、会计人员伪造、变造会计凭证、会计账簿和其他会计资料，提供虚假财务会计报告。

任何单位或者个人不得对依法履行职责、抵制违反本法规定行为的会计人员实行打击报复。

第六条　对认真执行本法，忠于职守，坚持原则，做出显著成绩的会计人员，给予精神的或者物质的奖励。

第七条　国务院财政部门主管全国的会计工作。

县级以上地方各级人民政府财政部门管理本行政区域内的会计工作。

第八条　国家实行统一的会计制度。国家统一的会计制度由国务院财政部门根据本法制定并公布。

国务院有关部门可以依照本法和国家统一的会计制度制定对会计核算和会计监督有特殊要求的行业实施国家统一的会计制度的具体办法或者补充规定，报国务院财政部门审核批准。

中国人民解放军总后勤部可以依照本法和国家统一的会计制度制定军队实施国家统一的会计制度的具体办法，报国务院财政部门备案。

第二章　会计核算

第九条　各单位必须根据实际发生的经济业务事项进行会计核算，填制会计凭证，登记会计账簿，编制财务会计报告。

任何单位不得以虚假的经济业务事项或者资料进行会计核算。

第十条　下列经济业务事项，应当办理会计手续，进行会计核算：

(一)款项和有价证券的收付；

(二)财物的收发、增减和使用；

(三)债权债务的发生和结算；

(四)资本、基金的增减；

(五)收入、支出、费用、成本的计算；

(六)财务成果的计算和处理；

(七)需要办理会计手续、进行会计核算的其他事项。

第十一条 会计年度自公历1月1日起至12月31日止。

第十二条 会计核算以人民币为记账本位币。

业务收支以人民币以外的货币为主的单位，可以选定其中一种货币作为记账本位币，但是编报的财务会计报告应当折算为人民币。

第十三条 会计凭证、会计账簿、财务会计报告和其他会计资料，必须符合国家统一的会计制度的规定。

使用电子计算机进行会计核算的，其软件及其生成的会计凭证、会计账簿、财务会计报告和其他会计资料，也必须符合国家统一的会计制度的规定。

任何单位和个人不得伪造、变造会计凭证、会计账簿及其他会计资料，不得提供虚假的财务会计报告。

第十四条 会计凭证包括原始凭证和记账凭证。

办理本法第十条所列的经济业务事项，必须填制或者取得原始凭证并及时送交会计机构。

会计机构、会计人员必须按照国家统一的会计制度的规定对原始凭证进行审核，对不真实、不合法的原始凭证有权不予接受，并向单位负责人报告；对记载不准确、不完整的原始凭证予以退回，并要求按照国家统一的会计制度的规定更正、补充。

原始凭证记载的各项内容均不得涂改；原始凭证有错误的，应当由出具单位重开或者更正，更正处应当加盖出具单位印章。原始凭证金额有错误的，应当由出具单位重开，不得在原始凭证上更正。

记账凭证应当根据经过审核的原始凭证及有关资料编制。

第十五条 会计账簿登记，必须以经过审核的会计凭证为依据，并符合有关法律、行政法规和国家统一的会计制度的规定。会计账簿包括总账、明细账、日记账和其他辅助性账簿。

会计账簿应当按照连续编号的页码顺序登记。会计账簿记录发生错误或者隔页、缺号、跳行的，应当按照国家统一的会计制度规定的方法更正，并由会计人员和会计机构负责人(会计主管人员)在更正处盖章。

使用电子计算机进行会计核算的，其会计账簿的登记、更正，应当符合国家统一的会计制度的规定。

第十六条 各单位发生的各项经济业务事项应当在依法设置的会计账簿上统一登记、核算，不得违反本法和国家统一的会计制度的规定私设会计账簿登记、核算。

第十七条 各单位应当定期将会计账簿记录与实物、款项及有关资料相互核对，保证会计账簿记录与实物及款项的实有数额相符、会计账簿记录与会计凭证的有关内容相符、会计账簿之间相对应的记录相符、会计账簿记录与会计报表的有关内容相符。

第十八条 各单位采用的会计处理方法，前后各期应当一致，不得随意变更；确有必要变更的，应当按照国家统一的会计制度的规定变更，并将变更的原因、情况及影响在财务会计报告中说明。

第十九条 单位提供的担保、未决诉讼等或有事项，应当按照国家统一的会计制度的规定，在财务会计报告中予以说明。

第二十条 财务会计报告应当根据经过审核的会计账簿记录和有关资料编制，并符合本法和国家统一的会计制度关于财务会计报告的编制要求、提供对象和提供期限的规定；其他法律、行政法规另有规定的，从其规定。

财务会计报告由会计报表、会计报表附注和财务情况说明书组成。向不同的会计资料使用者提供的财务会计报告，其编制依据应当一致。有关法律、行政法规规定会计报表、会计报表附注和财务情况说明书须经注册会计师审计的，注册会计师及其所在的会计师事务所出具的审计报告应当随同财务会计报告一并提供。

第二十一条 财务会计报告应当由单位负责人和主管会计工作的负责人、会计机构负责人(会计主管人员)签名并盖章;设置总会计师的单位,还须由总计师签名并盖章。

单位负责人应当保证财务会计报告真实、完整。

第二十二条 会计记录的文字应当使用中文。在民族自治地方,会计记录可以同时使用当地通用的一种民族文字。在中华人民共和国境内的外商投资企业、外国企业和其他外国组织的会计记录可以同时使用一种外国文字。

第二十三条 各单位对会计凭证、会计账簿、财务会计报告和其他会计资料应当建立档案,妥善保管。会计档案的保管期限和销毁办法,由国务院财政部会同有关部门制定。

第三章 公司、企业会计核算的特别规定

第二十四条 公司、企业进行会计核算,除应当遵守本法第二章的规定外,还应当遵守本章规定。

第二十五条 公司、企业必须根据实际发生的经济业务事项,按照国家统一的会计制度的规定确认、计量和记录资产、负债、所有者权益、收入、费用、成本和利润。

第二十六条 公司、企业进行会计核算不得有下列行为:

(一)随意改变资产、负债、所有者权益的确认标准或者计量方法,虚列、多列、不列或者少列资产、负债、所有者权益;

(二)虚列或者隐瞒收入,推迟或者提前确认收入;

(三)随意改变费用、成本的确认标准或者计量方法,虚列、多列、不列或者少列费用、成本;

(四)随意调整利润的计算、分配方法,编造虚假利润或者隐瞒利润;

(五)违反国家统一的会计制度规定的其他行为。

第四章 会计监督

第二十七条 各单位应当建立、健全本单位内部会计监督制度。单位内部会计监督制度应当符合下列要求:

(一)记账人员与经济业务事项和会计事项的审批人员、经办人员、财物保管人员的职责权限应当明确,并相互分离、相互制约;

(二)重大对外投资、资产处置、资金调度和其他重要经济业务事项的决策和执行的相互监督、相互制约程序应当明确;

(三)财产清查的范围、期限和组织程序应当明确;

(四)对会计资料定期进行内部审计的办法和程序应当明确。

第二十八条 单位负责人应当保证会计机构、会计人员依法履行职责,不得授意、指使、强令会计机构、会计人员违法办理会计事项。

会计机构、会计人员对违反本法和国家统一的会计制度规定的会计事项,有权拒绝办理或者按照职权予以纠正。

第二十九条 会计机构、会计人员发现会计账簿记录与实物、款项及有关资料不相符的,按照国家统一的会计制度的规定有权自行处理的,应当及时处理;无权处理的,应当立即向单位负责人报告,请求查明原因,做出处理。

第三十条 任何单位和个人对违反本法和国家统一的会计制度规定的行为,有权检举。收到检举的部门有权处理的,应当依法按照职责分工及时处理;无权处理的,应当及时移送有权处理的部门处理。收到检举的部门、负责处理的部门应当为检举人保密,不得将检举人姓名和检举材料转给被检举单位和被检举人个人。

第三十一条 有关法律、行政法规规定,须经注册会计师进行审计的单位,应当向受委托的会计师事务所如实提供会计凭证、会计账簿、财务会计报告和他会计资料以及有关情况。

任何单位或者个人不得以任何方式要求或者示意注册会计师及其所在的会计师事务所出具不实或者不当的审计报告。

财政部门有权对会计师事务所出具审计报告的程序和内容进行监督。

第三十二条 财政部门对各单位的下列情况实施监督：

(一)是否依法设置会计账簿；

(二)会计凭证、会计账簿、财务会计报告和其他会计资料是否真实、完整；

(三)会计核算是否符合本法和国家统一的会计制度的规定；

(四)从事会计工作的人员是否具备专业能力、遵守职业道德。

在对前款第(二)项所列事项实施监督，发现重大违法嫌疑时，国务院财政部门及其派出机构可以向与被监督单位有经济业务往来的单位和被监督单位开立账户的金融机构查询有关情况，有关单位和金融机构应当给予支持。

第三十三条 财政、审计、税务、人民银行、证券监管、保险监管等部门应当依照有关法律、行政法规规定的职责，对有关单位的会计资料实施监督检查。

前款所列监督检查部门对有关单位的会计资料依法实施监督检查后，应当出具检查结论。有关监督检查部门已经做出的检查结论能够满足其他监督检查部门履行本部门职责需要的，其他监督检查部门应当加以利用，避免重复查账。

第三十四条 依法对有关单位的会计资料实施监督检查的部门及其工作人员对在监督检查中知悉的国家秘密和商业秘密负有保密义务。

第三十五条 各单位必须依照有关法律、行政法规的规定，接受有关监督检查部门依法实施的监督检查，如实提供会计凭证、会计账簿、财务会计报告和他会计资料以及有关情况，不得拒绝、隐匿、谎报。

第五章 会计机构和会计人员

第三十六条 各单位应当根据会计业务的需要，设置会计机构，或者在有关机构中设置会计人员并指定会计主管人员；不具备设置条件的，应当委托经批准设立从事会计代理记账业务的中介机构代理记账。

国有的和国有资产占控股地位或者主导地位的大、中型企业必须设置总会计师。总会计师的任职资格、任免程序、职责权限由国务院规定。

第三十七条 会计机构内部应当建立稽核制度。

出纳人员不得兼任稽核、会计档案保管和收入、支出、费用、债权债务账目的登记工作。

第三十八条 会计人员应当具备从事会计工作所需要的专业能力。

担任单位会计机构负责人(会计主管人员)的，应当具备会计师以上专业技术职务资格或者从事会计工作三年以上经历。

本法所称会计人员的范围由国务院财政部门规定。

第三十九条 会计人员应当遵守职业道德，提高业务素质。对会计人员的教育和培训工作应当加强。

第四十条 因有提供虚假财务会计报告，做假账，隐匿或者故意销毁会计凭证、会计账簿、财务会计报告，贪污，挪用公款，职务侵占等与会计职务的有关违法行为被依法追究刑事责任的人员，不得再从事会计工作。

第四十一条 会计人员调动工作或者离职，必须与接管人员办清交接手续。

一般会计人员办理交接手续，由会计机构负责人(会计主管人员)监交；会计机构负责人(会计主管人员)办理交接手续，由单位负责人监交，必要时主管单位可以派人会同监交。

第六章 法律责任

第四十二条 违反本法规定，有下列行为之一的，由县级以上人民政府财政部门责令限期改正，可以对单位并处三千元以上五万元以下的罚款；对其直接负责的主管人员和其他直接责任人员，可以处二千元以上二万元以下的罚款；属于国家工作人员的，还应当由其所在单位或者有关单位依法给予行政处分：

(一)不依法设置会计账簿的；

(二)私设会计账簿的；

(三)未按照规定填制、取得原始凭证或者填制、取得的原始凭证不符合规定的；

(四)以未经审核的会计凭证为依据登记会计账簿或者登记会计账簿不符合规定的；

(五)随意变更会计处理方法的;

(六)向不同的会计资料使用者提供的财务会计报告编制依据不一致的;

(七)未按照规定使用会计记录文字或者记账本位币的;

(八)未按照规定保管会计资料,致使会计资料毁损、灭失的;

(九)未按照规定建立并实施单位内部会计监督制度或者拒绝依法实施的监督或者不如实提供有关会计资料及有关情况的;

(十)任用会计人员不符合本法规定的。

有前款所列行为之一,构成犯罪的,依法追究刑事责任。

会计人员有第一款所列行为之一,情节严重的,五年内不得从事会计工作。

有关法律对第一款所列行为的处罚另有规定的,依照有关法律的规定办理。

第四十三条 伪造、变造会计凭证、会计账簿,编制虚假财务会计报告,构成犯罪的,依法追究刑事责任。

有前款行为,尚不构成犯罪的,由县级以上人民政府财政部门予以通报,可以对单位并处五千元以上十万元以下的罚款;对其直接负责的主管人员和其他直接责任人员,可以处三千元以上五万元以下的罚款;属于国家工作人员的,还应当由其所在单位或者有关单位依法给予撤职直至开除的行政处分;其中的会计人员,五年内不得从事会计工作。

第四十四条 隐匿或者故意销毁依法应当保存的会计凭证、会计账簿、财务会计报告,构成犯罪的,依法追究刑事责任。

有前款行为,尚不构成犯罪的,由县级以上人民政府财政部门予以通报,可以对单位并处五千元以上十万元以下的罚款;对其直接负责的主管人员和其他直接责任人员,可以处三千元以上五万元以下的罚款;属于国家工作人员的,还应当由其所在单位或者有关单位依法给予撤职直至开除的行政处分;其中的会计人员,五年内不得从事会计工作。

第四十五条 授意、指使、强令会计机构、会计人员及其他人员伪造、变造会计凭证、会计账簿,编制虚假财务会计报告或者隐匿、故意销毁依法应当保的会计凭证、会计账簿、财务会计报告,构成犯罪的,依法追究刑事责任;尚不构成犯罪的,可以处五千元以上五万元以下的罚款;属于国家工作人员的,还应当由其所在单位或者有关单位依法给予降级、撤职、开除的行政处分。

第四十六条 单位负责人对依法履行职责、抵制违反本法规定行为的会计人员以降级、撤职、调离工作岗位、解聘或者开除等方式实行打击报复,构成犯罪的,依法追究刑事责任;尚不构成犯罪的,由其所在单位或者有关单位依法给予行政处分。对受打击报复的会计人员,应当恢复其名誉和原有职务、级别。

第四十七条 财政部门及有关行政部门的工作人员在实施监督管理中滥用职权、玩忽职守、徇私舞弊或者泄露国家秘密、商业秘密,构成犯罪的,依法追究刑事责任;尚不构成犯罪的,依法给予行政处分。

第四十八条 违反本法第三十条规定,将检举人姓名和检举材料转给被检举单位和被检举人个人的,由所在单位或者有关单位依法给予行政处分。

第四十九条 违反本法规定,同时违反其他法律规定的,由有关部门在各自职权范围内依法进行处罚。

第七章 附 则

第五十条 本法下列用语的含义:

单位负责人,是指单位法定代表人或者法律、行政法规规定代表单位行使职权的主要负责人。

国家统一的会计制度,是指国务院财政部门根据本法制定的关于会计核算、会计监督、会计机构和会计人员以及会计工作管理的制度。

第五十一条 个体工商户会计管理的具体办法,由国务院财政部门根据本法的原则另行规定。

第五十二条 本法自 2000 年 7 月 1 日起施行。

附录二
企业会计准则——基本准则(2014)

财政部令第76号

(2006年2月15日财政部令第33号公布,自2007年1月1日起施行。2014年7月23日根据《财政部关于修改〈企业会计准则——基本准则〉的决定》修改)

第一章 总 则

第一条 为了规范企业会计确认、计量和报告行为,保证会计信息质量,根据《中华人民共和国会计法》和其他有关法律、行政法规,制定本准则。

第二条 本准则适用于在中华人民共和国境内设立的企业(包括公司,下同)。

第三条 企业会计准则包括基本准则和具体准则,具体准则的制定应当遵循本准则。

第四条 企业应当编制财务会计报告(又称财务报告,下同)。财务会计报告的目标是向财务会计报告使用者提供与企业财务状况、经营成果和现金流量等有关的会计信息,反映企业管理层受托责任履行情况,有助于财务会计报告使用者做出经济决策。

财务会计报告使用者包括投资者、债权人、政府及其有关部门和社会公众等。

第五条 企业应当对其本身发生的交易或者事项进行会计确认、计量和报告。

第六条 企业会计确认、计量和报告应当以持续经营为前提。

第七条 企业应当划分会计期间,分期结算账目和编制财务会计报告。

会计期间分为年度和中期。中期是指短于一个完整的会计年度的报告期间。

第八条 企业会计应当以货币计量。

第九条 企业应当以权责发生制为基础进行会计确认、计量和报告。

第十条 企业应当按照交易或者事项的经济特征确定会计要素。会计要素包括资产、负债、所有者权益、收入、费用和利润。

第十一条 企业应当采用借贷记账法记账。

第二章 会计信息质量要求

第十二条 企业应当以实际发生的交易或者事项为依据进行会计确认、计量和报告,如实反映符合确认和计量要求的各项会计要素及其他相关信息,保证会计信息真实可靠、内容完整。

第十三条 企业提供的会计信息应当与财务会计报告使用者的经济决策需要相关,有助于财务会计报告使用者对企业过去、现在或者未来的情况做出评价或者预测。

第十四条 企业提供的会计信息应当清晰明了,便于财务会计报告使用者理解和使用。

第十五条 企业提供的会计信息应当具有可比性。

同一企业不同时期发生的相同或者相似的交易或者事项,应当采用一致的会计政策,不得随意变更。确需变更的，应当在附注中说明。

不同企业发生的相同或者相似的交易或者事项，应当采用规定的会计政策，确保会计信息口径一致、相互可比。

第十六条 企业应当按照交易或者事项的经济实质进行会计确认、计量和报告，不应仅以交易或者事项的法律形式为依据。

第十七条 企业提供的会计信息应当反映与企业财务状况、经营成果和现金流量等有关的所有重要交易或者事项。

第十八条 企业对交易或者事项进行会计确认、计量和报告应当保持应有的谨慎，不应高估资产或者收益、低估负债或者费用。

第十九条 企业对于已经发生的交易或者事项，应当及时进行会计确认、计量和报告，不得提前或者延后。

第三章 资 产

第二十条 资产是指企业过去的交易或者事项形成的、由企业拥有或者控制的、预期会给企业带来经济利益的资源。

前款所指的企业过去的交易或者事项包括购买、生产、建造行为或其他交易或者事项。预期在未来发生的交易或者事项不形成资产。

由企业拥有或者控制，是指企业享有某项资源的所有权，或者虽然不享有某项资源的所有权，但该资源能被企业所控制。

预期会给企业带来经济利益，是指直接或者间接导致现金和现金等价物流入企业的潜力。

第二十一条 符合本准则第二十条规定的资产定义的资源，在同时满足以下条件时，确认为资产：

（一）与该资源有关的经济利益很可能流入企业；

（二）该资源的成本或者价值能够可靠地计量。

第二十二条 符合资产定义和资产确认条件的项目，应当列入资产负债表；符合资产定义、但不符合资产确认条件的项目，不应当列入资产负债表。

第四章 负 债

第二十三条 负债是指企业过去的交易或者事项形成的、预期会导致经济利益流出企业的现时义务。

现时义务是指企业在现行条件下已承担的义务。未来发生的交易或者事项形成的义务，不属于现时义务，不应当确认为负债。

第二十四条 符合本准则第二十三条规定的负债定义的义务，在同时满足以下条件时，确认为负债：

（一）与该义务有关的经济利益很可能流出企业；

（二）未来流出的经济利益的金额能够可靠地计量。

第二十五条 符合负债定义和负债确认条件的项目，应当列入资产负债表；符合负债定义、但不符合负债确认条件的项目，不应当列入资产负债表。

第五章 所有者权益

第二十六条 所有者权益是指企业资产扣除负债后由所有者享有的剩余权益。

公司的所有者权益又称为股东权益。

第二十七条 所有者权益的来源包括所有者投入的资本、直接计入所有者权益的利得和损失、留存收益等。

直接计入所有者权益的利得和损失，是指不应计入当期损益、会导致所有者权益发生增减变动的、与所有者投入资本或者向所有者分配利润无关的利得或者损失。

利得是指由企业非日常活动所形成的、会导致所有者权益增加的、与所有者投入资本无关的经济利益的流入。

损失是指由企业非日常活动所发生的、会导致所有者权益减少的、与向所有者分配利润无关的经济利益的流出。

第二十八条　所有者权益金额取决于资产和负债的计量。

第二十九条　所有者权益项目应当列入资产负债表。

第六章　收　入

第三十条　收入是指企业在日常活动中形成的、会导致所有者权益增加的、与所有者投入资本无关的经济利益的总流入。

第三十一条　收入只有在经济利益很可能流入从而导致企业资产增加或者负债减少、且经济利益的流入额能够可靠计量时才能予以确认。

第三十二条　符合收入定义和收入确认条件的项目，应当列入利润表。

第七章　费　用

第三十三条　费用是指企业在日常活动中发生的、会导致所有者权益减少的、与向所有者分配利润无关的经济利益的总流出。

第三十四条　费用只有在经济利益很可能流出从而导致企业资产减少或者负债增加、且经济利益的流出额能够可靠计量时才能予以确认。

第三十五条　企业为生产产品、提供劳务等发生的可归属于产品成本、劳务成本等的费用，应当在确认产品销售收入、劳务收入等时，将已销售产品、已提供劳务的成本等计入当期损益。

企业发生的支出不产生经济利益的，或者即使能够产生经济利益但不符合或者不再符合资产确认条件的，应当在发生时确认为费用，计入当期损益。

企业发生的交易或者事项导致其承担了一项负债而又不确认为一项资产的，应当在发生时确认为费用，计入当期损益。

第三十六条　符合费用定义和费用确认条件的项目，应当列入利润表。

第八章　利　润

第三十七条　利润是指企业在一定会计期间的经营成果。利润包括收入减去费用后的净额、直接计入当期利润的利得和损失等。

第三十八条　直接计入当期利润的利得和损失，是指应当计入当期损益、会导致所有者权益发生增减变动的、与所有者投入资本或者向所有者分配利润无关的利得或者损失。

第三十九条　利润金额取决于收入和费用、直接计入当期利润的利得和损失金额的计量。

第四十条　利润项目应当列入利润表。

第九章　会计计量

第四十一条　企业在将符合确认条件的会计要素登记入账并列报于会计报表及其附注(又称财务报表，下同)时，应当按照规定的会计计量属性进行计量，确定其金额。

第四十二条　会计计量属性主要包括：

(一)历史成本。在历史成本计量下，资产按照购置时支付的现金或者现金等价物的金额，或者按照购置资产时所付出的对价的公允价值计量。负债按照因承担现时义务而实际收到的款项或者资产的金额，或者承担现时义务的合同金额，或者按照日常活动中为偿还负债预期需要支付的现金或者现金等价物的金额计量。

(二)重置成本。在重置成本计量下，资产按照现在购买相同或者相似资产所需支付的现金或者现金等价物的金额计量。负债按照现在偿付该项债务所需支付的现金或者现金等价物的金额计量。

(三)可变现净值。在可变现净值计量下，资产按照其正常对外销售所能收到现金或者现金等价物的金额扣减该资产至完工时估计将要发生的成本、估计的销售费用以及相关税费后的金额计量。

(四)现值。在现值计量下,资产按照预计从其持续使用和最终处置中所产生的未来净现金流入量的折现金额计量。负债按照预计期限内需要偿还的未来净现金流出量的折现金额计量。

(五)公允价值。在公允价值计量下,资产和负债按照市场参与者在计量日发生的有序交易中,出售资产所能收到或者转移负债所需支付的价格计量。

第四十三条 企业在对会计要素进行计量时,一般应当采用历史成本,采用重置成本、可变现净值、现值、公允价值计量的,应当保证所确定的会计要素金额能够取得并可靠计量。

第十章 财务会计报告

第四十四条 财务会计报告是指企业对外提供的反映企业某一特定日期的财务状况和某一会计期间的经营成果、现金流量等会计信息的文件。

财务会计报告包括会计报表及其附注和其他应当在财务会计报告中披露的相关信息和资料。会计报表至少应当包括资产负债表、利润表、现金流量表等报表。

小企业编制的会计报表可以不包括现金流量表。

第四十五条 资产负债表是指反映企业在某一特定日期的财务状况的会计报表。

第四十六条 利润表是指反映企业在一定会计期间的经营成果的会计报表。

第四十七条 现金流量表是指反映企业在一定会计期间的现金和现金等价物流入和流出的会计报表。

第四十八条 附注是指对在会计报表中列示项目所做的进一步说明,以及对未能在这些报表中列示项目的说明等。

第十一章 附 则

第四十九条 本准则由财政部负责解释。

第五十条 本准则自 2007 年 1 月 1 日起施行。

主要参考文献

R EFERENCE

[1]中华人民共和国财政部. 企业会计准则——基本准则 [M]. 北京:经济科学出版社,2018.
[2]企业会计准则编审委员会. 企业会计准则[M]. 上海:立信会计出版社,2020.
[3]企业会计准则编审委员会. 企业会计准则案例讲解[M]. 上海:立信会计出版社,2020.
[4]企业会计准则编审委员会. 企业会计准则应用指南[M]. 上海:立信会计出版社,2020.
[5]刘永泽. 会计学[M]. 大连:东北财经大学出版社,2021.
[6]中华人民共和国会计法.

浙江省普通高校新形态教材项目
普通高等教育会计专业精品课程系列教材

基础会计练习册

傅 萌 主 编
王 霞 张 倩 副主编

上海财经大学出版社

目　录

CONTENTS

第一章 总　论

一、本章重点与难点

1. 重点：理解会计概念和会计职能，以及会计的产生与发展。
2. 难点：理解会计核算的目标和企业资金的周转。

二、本章练习题

(一)判断题

1. 会计核算的对象就是企业与行政、事业单位能用货币表现的经济活动的过程和结果。（　）
2. 工业企业资金在企业内部周转主要包括采购和销售两个阶段。（　）
3. 资金进入企业就是企业从投资者或债权人处取得资金的过程。（　）
4. 复式记账是对每一项经济业务都要以相等的金额同时记入两个对应账户的一种方法。（　）
5.《会计法》《企业财务会计报告条例》、企业会计准则体系等属于我国会计规范的文献。（　）

(二)单项选择题

1. 会计的主要计量尺度是（　）。
A. 劳动量度　B. 实物量度　C. 货币量度　D. 时间量度
2. 下列各项中，属于资金退出企业的是（　）。
A. 分配给投资者利润或股利　B. 购入为生产产品而储备的材料
C. 向银行借款　D. 销售产品与收回货款
3. 企业盘点实物、定期进行财产清查的目的主要是（　）。
A. 核对账目以保持账实相符　B. 计算企业的经营成果与财务状况
C. 储存会计数据资料　D. 反映各项资金的增减变动情况
4. 下列各项中，属于企业资金周转过程中的成品资金是（　）。
A. 原材料　B. 建筑物　C. 机器设备　D. 产成品
5.“四柱结算法”中的“开除”指的是（　）。
A. 上期结存　B. 本期支出　C. 本期收入　D. 本期结存

(三)多项选择题

1. 会计在企业经济管理中的职能有(　　)。

A. 核算职能　　B. 评价、预测、决策职能

C. 反映和监督职能　　D. 管理职能

2. 就人们所从事的会计工作而言,会计职业有(　　)。

A. 注册税务师　　B. 审计工作

C. 一般会计实务工作　　D. 会计教学工作

3. 下列各项中,属于外部报告的使用者有(　　)。

A. 投资者与债权人　　B. 证券分析师

C. 社会公众　　D. 企业总裁

4. 工业企业的资金运动主要有(　　)。

A. 资金进入　　B. 资金在企业内部周转

C. 资金退出　　D. 利润分配

5. 下列各项中,属于会计核算方法的具体内容有(　　)。

A. 设置账户与复式记账　　B. 填制与审核凭证

C. 登记账簿与成本计算　　D. 财产清查与编制财务报告

三、复习思考题

1. 会计有哪些职能?你是如何理解的?
2. 会计是怎样产生与发展的?
3. 财务会计报告的目标是什么?
4. 试述工业企业的资金周转。

四、案例分析题

案例一

2012年5月,世界最大的管理会计师组织——英国皇家特许管理会计师工会(CIMA)——在上海举办峰会,CIMA全球首席执行官、上海证券交易所资本市场研究所所长以及来自汇丰银行、可口可乐、福特汽车、卡夫食品公司的首席财务官围绕企业的非财务价值的话题展开讨论。CIMA在峰会上发布了《商业重启——企业价值中人的因素》报告的中文版。上海证券交易所资本市场研究所所长在演讲中表示,21世纪非财务价值占企业价值的比重已经高达80%,无形资产资本化更是世界500强利润的主要来源。企业不可以忽视非财务价值的重要性及驱动因素。但是,他同时也指出了非财务价值计量所面临的障碍,例如,观念障碍,即CEO们追逐短期盈利和财务指标,而忽视驱动企业价值的深层、可持续发展因素;以及技术障碍,即没有统一、客观的标准,很难以货币形式一一准确计量并加总。该所所长认为,非财务信息的精准计量和评估的前提是非财务信息的披露与披露质量——完整性、准确性、及时性,但是根据《中国上市公司非财务信息披露报告(2011)》报告,中国上市公司整体非财务信息披露水平处于起步阶段。CIMA全球首席执行官在CIMA的发布《商业重启——企业价值中人的因素》报告中文版中指出:根据CIMA和美国注册会计师协会对全球21个国家、近300家公司CEO的调研结果显示,3/4的受访者认为对于企业非财务价值计量的工作亟待提高。他认为,全球商业环境巨变,CEO们所面临的一个主要挑战就是在一个追逐短期盈利和财务

指标的资本市场的压力下，为企业建立长期可持续发展之路。

［思考与分析］

(1)为何应该重视企业的非财务价值信息的披露？

(2)结合会计的基本职能，在现阶段，财务报告应该怎样合理和准确地计量非财务价值？

(3)你觉得有必要计量和披露企业的非财务价值信息吗？为什么？

案例二

目前，不少准备上市的公司成为一些财经公关公司、财经网站嘴里的“唐僧肉”，公司所谓的“负面新闻”成为这些黑心公关公司勒索敛财的工具。何谓“财经公关”？简单而言，就是指企业在上市前为了获得良好的形象、影响投资者信心而做的各种宣传工作，其中很大的一块就是扫除所谓的“负面新闻”。据一家上市不足一年的创业板上市公司董事长秘书坦言，财经公关是一个灰色地带，他们主要提供两个方面的服务：一方面是常规的公司路演宣传活动，另一方面是新闻公关服务，尤其是避免出现负面报道。这项工作分两套方案同时进行：一套方案是，这些和媒体有着诸多联系的财经公关公司会在客户启动上市程序之后，和一些主要的媒体进行预沟通，凭借自身和媒体的良好关系，先承诺公司上市成功后会给出一个价码；另一套方案是，针对一些突发情况，财经公关公司要负责及时“灭火”。据悉，财经公关公司一般不承诺“扫清”负面新闻。如果客户公司遇到的是类似双汇股份“瘦肉精”事件这样的舆论监督，财经公关公司是毫无作用的。

［思考与分析］

(1)在我国，为何存在财经公关公司这个市场？是财经“公关”，还是勒索敛财？

(2)联系《会计法》的相关会计规范，上市公司应该如何自律？

第二章 会计核算的基础

一、本章重点与难点

1. 重点:理解会计核算的基本假设,以及会计核算的基础。
2. 难点:对会计信息的质量要求与计量属性的理解与应用。

二、本章练习题

(一)判断题

1. 进行会计核算的基础是会计主体;一个企业只能有一个会计主体。 (　　)

2. 企业管理的企业年金基金也属于会计主体。 (　　)

3. 某一会计事项是否具有重要性,在很大程度上取决于会计人员的职业判断。对于某一会计事项,在某一企业具有重要性,在另一企业则不一定具有重要性。 (　　)

4. 实质重于形式,要求企业应当按照交易或者事项的经济实质进行会计确认、计量和报告,不应仅以交易或者事项的法律形式为依据。 (　　)

5. 谨慎性要求企业在会计核算过程中对交易或事项应当区别重要程度,采用不同的核算方法。 (　　)

6. 历史成本通常反映的是资产或者负债过去的价值;而重置成本、可变现净值、现值以及公允价值通常反映的是资产或者负债的现时成本或者现时价值,是与历史成本相对应的计量属性,几种计量属性在任何情况下均不能互换。 (　　)

7. 货币计量假设还包括币值稳定假设。 (　　)

8. 强调会计信息的可比性要求,就意味着企业对会计政策的确定没有选择权,所以企业应该采用绝对一致的会计程序和方法。 (　　)

9. 如果没有持续经营假设,固定资产的投资成本就只能一次全部计入产品的生产成本。 (　　)

10. 根据权责发生制会计基础,本期销售的产品,在期末尚未收到款项,应当将其作为本期营业收入处理;而对本期按照合同规定收到的下期货款,只能作为本期预收账款处理,不能列为本期的营业收入。 (　　)

(二)单项选择题

1. 下列各项对会计核算基本假设的表述,正确的是(　　)。

A. 持续经营确定了会计核算的空间范围

B. 一个会计主体必然是一个法律主体

C. 货币计量为会计核算提供了必要的手段

D. 会计主体确立了会计核算的时间范围

2. 企业的会计期间是(　　)。

A. 自然形成的　　B. 人为划分的　　C. 一个周转过程　　D. 营业年度

3. 金融资产后续计量采用公允价值法,这反映的是会计信息质量要求的(　)。

A. 可靠性　　B. 相关性　　C. 实质重于形式　　D. 重要性

4. 企业会计确认、计量与报告应当遵循的会计基础是(　　)。

A. 收付实现制　　B. 权责发生制　　C. 持续经营　　D. 历史成本

5. 企业在各期提供的会计信息应当采用一致的会计政策,不得随意变更,这反映的是会计信息质量要求的(　　)。

A. 可靠性　　B. 相关性　　C. 可比性　　D. 可理解性

6. 下列各项中,不属于会计信息首要质量要求的是(　　)。

A. 可靠性　　B. 相关性　　C. 可理解性　　D. 实质重于形式

7. 期末存货采用成本与可变现净值孰低法计价,其体现的会计信息质量要求是(　　)。

A. 及时性　　B. 相关性　　C. 谨慎性　　D. 重要性

8. 企业提供的会计信息应当清晰明了,便于财务会计报告使用者理解和使用。这体现的是(　　)。

A. 相关性　　B. 可靠性　　C. 及时性　　D. 可理解性

9. 企业初始取得资产时,一般应采用的计量属性是(　　)。

A. 历史成本　　B. 重置成本　　C. 可变现净值　　D. 公允价值

10. 资产按照预计从其持续使用和最终处置中所产生的未来净现金流入量的折现金额计量,这种计量属性是(　　)。

A. 现值　　B. 可变现净值　　C. 历史成本　　D. 公允价值

(三)多项选择题

1. 下列说法中,正确的有(　　)。

A. 一般来说,法律主体必然是会计主体

B. 基金公司管理的证券投资基金,也是会计主体

C. 对于拥有子公司的母公司来说,集团企业应作为一个会计主体来编制财务报表

D. 会计主体一定是法律主体

2. 下列资产项目中,期末采用公允价值计量的有(　　)。

A. 商誉　　B. 交易性金融资产

C. 无形资产　　D. 可供出售的金融资产

3. 下列事项中,符合谨慎性会计信息质量要求的有(　　)。

A. 设置秘密准备,以防备在利润计划完成不佳的年度转回

B. 不要高估资产和预计收益

C. 合理估计可能发生的损失和费用

D. 尽可能低估负债和费用

4. AS股份有限公司于20××年9月销售商品一批,增值税发票已经开出,商品已经发

出，并办妥托收手续，但此时得知对方企业在一次交易中发生重大损失，财务出现困难，短期内不能支付货款，为此，AS股份有限公司本月未确认收入。下列各项中，符合会计信息质量要求的有（　　）。

A. 实质重于形式　　B. 重要性　　C. 谨慎性　　D. 相关性

5. 可比性要求（　　）。

A. 企业提供的会计信息应当具有可比性

B. 同一企业在不同时期发生的相同或者相似的交易或者事项，应当采用一致的会计政策，不得随意变更

C. 不同企业发生的相同或者相似的交易或者事项，应当采用规定的会计政策，确保会计信息口径一致、相互可比

D. 企业对于已经发生的交易或者事项，应当及时进行会计确认、计量和报告，不得提前或者延后

6. 下列各项中，企业没有违背可比性会计信息质量要求的有（　　）。

A. 因预计发生年度亏损，将以前年度计提存款跌价准备全部予以转回

B. 因首次执行企业准则，将所得税会计由应付税款法改为资产负债表债务法

C. 因客户的财务状况好转，将坏账准备的计提比例由应收账款余额的30%降为15%

D. 因减持股份而对被投资单位不再具有重大影响，将长期股权投资由权益法改为成本法核算

7. 下列各项中，符合谨慎性会计信息质量要求的有（　　）。

A. 固定资产采用加速折旧法

B. 存货期末计价采用成本与可变现净值孰低法

C. 在物价持续上涨的情况下，存货发出计价采用先进先出法

D. 应收账款坏账采用备抵法核算

8. 下列会计处理中，体现实质重于形式要求的有（　　）。

A. 将融资租入固定资产视为企业自有资产核算

B. 售后回购业务在会计核算上一般不确认收入

C. 商业承兑汇票贴现不冲减应收票据的账面价值

D. 出售固定资产的净损益计入营业外收支

9. 可靠性要求（　　）。

A. 企业应当以实际发生的交易或者事项为依据进行会计确认、计量和报告

B. 如实反映符合确认和计量要求的各项会计要素及其他相关信息

C. 保证会计信息真实可靠、内容完整

D. 企业提供的会计信息应当清晰明了，便于财务会计报告使用者理解和使用

10. 及时性原则要求（　　）。

A. 及时收集会计信息　　B. 及时处理会计信息

C. 及时传递会计信息　　D. 及时支付职工工资

(四)计算分录题

练习一

1. 目的：理解会计核算基础，对现金制与权责发生制进行比较。
2. 资料：甲公司最近3年的会计资料如下表所示(单位：元)：

	第一年	第二年	第三年
现　　销	22 000	18 000	14 000
赊　　销	30 000	38 000	48 000
现金费用	18 000	24 000	12 000
应付费用	24 000	28 000	40 000

3. 要求：
分别计算现金制与权责发生制下每年的净利润，见下列作业用表：

作业用表

	第一年净利润	第二年净利润	第三年净利润
现金制			
权责发生制			

练习二

1. 目的：理解会计核算基础，对现金制与权责发生制进行比较。
2. 资料：乙公司20××年12月的会计资料如下：
(1)支付上月的公用事业单位费用11 200元；
(2)收到上月销售产品的货款13 000元；
(3)预付明年一季度的仓库租金3 600元；
(4)支付本季度借款利息6 600元；
(5)预收销货款160 000元；
(6)销售产品一批，售价112 000元，已经收回货款72 000元，其余尚未收回；
(7)本月分摊财产保险费4 000元；
(8)本月应付职工薪酬24 000元。
3. 要求：计算现金制与权责发生制下的收入、费用和净利润，完成下列作业用表：

作业用表

项　目	现金制		权责发生制	
	收入	费用	收入	费用
1				
2				

续表

项目	现金制		权责发生制	
	收入	费用	收入	费用
3				
4				
5				
6				
7				
8				
合计				
利润				

三、复习思考题

1. 为什么要建立会计基本假设？会计核算有哪些基本假设？
2. 为什么要建立会计基础？说明权责发生制与现金制的差异。
3. 会计信息质量要求是什么？说明各项质量要求的内在意义。
4. 会计计量属性有哪些？举例说明各种计量属性的意义。

四、案例分析题

案例一

黄先生是H城剧团的创始人和经理。该公司打算向银行贷款。作为贷款申请的组成部分，银行要求该公司递交当年的资产负债表，下列是公司20××年9月30日资产负债表列示的相关信息：

H城剧团资产负债表

20××年9月30日

资产		负债和所有者权益	
库存现金	￥21 900	负债	
应收账款	132 200	应付账款	￥6 000
道具和服装	3 000	应付职工薪酬	29 200
固定资产——剧场	27 000	负债合计	35 000
照明设备	9 400	所有者权益	
汽车	15 000	实收资本	50 000
合计	￥208 500	合计	￥85 000

银行信贷员审阅了该剧团的会计记录后，发现存在以下问题：

(1)库存现金为21 900元，包括该剧团银行存款账户余额15 000元、剧团保险柜中1 900元和黄先生个人存款账户余额5 000元。

(2)列示的应收账款132 200元，包括欠艺术家旅行社7 200元。剩余125 000元是黄先生估计的 9 月 30 日至年底 12 月 31 日的未来售票所得。

(3)黄先生几天前以 18 000 元的价格购买了道具和服装，用现金支付 3 000 元，剩余 15 000 元，剧团开出一张至 2018 年 1 月底到期的票据，但剧团尚未将此列为负债。

(4)H 城剧团向 W 国际公司租用剧场，月租金为 3 000 元。资产负债表列示的 27 000 元表示至 20××年 9 月 30 日所支付的租金。W 国际公司在 7 年前取得固定资产——剧场，其取得成本为 135 000 元。

(5)9 月 26 日剧团购买照明设备，成本为 9 400 元，但舞台经理说这些设备一文不值。

(6)汽车是黄先生在两年前购买的。他最近看到类似的汽车售价为 13 000 元。他不在公司用这辆车，但这辆车有一个个性化的车牌照，上面写着“剧团”。

(7)应付账款包括剧团债务 3 900 元和黄先生的私人 Visa 卡 2 100 元。

(8)应付职工薪酬包括将在 12 月开演的一部新戏中，应支付给主角马莉的工资 25 000 元，以及应支付给舞台工作人员的工资 4 200 元。

(9)黄先生在几年前创立剧团时投资 20 000 元。最近，另一家剧团愿意出价 50 000 元购并该剧团，上列资产负债表中的所有者权益部分包括了这一数额。

[**思考与分析**]

(1)为该剧团编制更正后的资产负债表。

(2)分析更正的理由，请指出该剧团在会计处理过程中违反了哪些基本假设、会计核算的基础、会计信息的质量要求以及计量属性。

案例二

甲公司于 4 年前向洪董事长借入现金 700 000 元，用于购置房屋一栋。甲公司开给其董事长一张面值为 1 000 000 元、不带息、4 年后到期付款的票据。该房屋估计使用年限为 35 年，无残值，每年计提折旧 20 000 元。到今年底，该房屋的账面价值为 620 000 元(成本 700 000－累计折旧 80 000)。

由于房价上涨，该栋房屋现在的价值为 1 000 000 元。甲公司的洪董事长愿意以公司欠他的 1 000 000 元到期票据交换该栋房屋。在董事会讨论此项交易时，公司的其他董事分别持有下列不同观点：

陈董事：如果我们以这栋房屋来偿还 1 000 000 元的应付票据，本年度公司净利润将增加 300 000 元。以前各年度所提折旧也应冲回，因为过去 4 年中，房屋不仅没有折价，反而增值。

戴董事：依我看，我们可以接受董事长的建议，但不能确认任何利益。因为公司未收到现金、应收账款或其他任何资产，无利益可言。

黄董事：公司签发应付票据时只收到 700 000 元现金，这几年既未付息，也未记录相应的利息费用。现在我们应该以买入房屋时的 700 000 元清偿账上记录的 700 000 元负债。

[**思考与分析**]

(1)依照你的看法，这项交易应该如何处理？

(2)如果此项交易成功，在编制财务报表时是否应该进行充分揭露？

第三章
会计要素与会计等式

一、本章重点与难点

1. 重点:会计要素的含义及其构成,会计平衡公式恒等的意义。
2. 难点:会计要素的特征及其认定,经济业务的类型及其对会计平衡公式的影响。

二、本章练习题

(一)判断题

1. 所有者权益是企业投资者对企业资产的所有权,包括实收资本加上未分配利润。 ( )

2. 所有经济交易或事项的发生,都会引起会计等式两边发生变化,但不破坏会计等式的平衡关系。 ( )

3. 收入的取得一定表现为企业资产的增加。 ( )

4. 企业的投入资本就是企业的注册资本。 ( )

5. 费用按其内容可以分为生产成本、销售费用、管理费用和直接费用四大类。 ( )

6. 资产与权益是两笔资金的同一方面。 ( )

7. 资产可以是货币,也可以是实物;可以是有形的,也可以是无形的。 ( )

8. 收到货币资金并非都是营业收入,但支出货币资金都是营业成本和费用。 ( )

9. 按照资本保全原则,企业筹集到资本金后,在企业生产经营期间,投资者除依法转让外,一般不得抽回投资。 ( )

10. 一项经济交易的发生引起负债的增加和所有者权益的减少,没有破坏会计等式的平衡关系。 ( )

(二)单项选择题

1. 下列项目中,属于资产、负债和所有者权益资金运动方式的是( )。

A. 存在形态　B. 动态表现　C. 静态表现　D. 形成来源

2. 负债指过去的交易、事项形成的现实义务,履行该义务预期会导致( )流出企业。

A. 货币资金　B. 资产或劳务　C. 财产　D. 经济利益

3. 下列项目中,企业为销售商品等日常活动所发生的经济利益流出且符合费用定义的是( )。

A. 生产成本　B. 支出耗费　C. 提供劳务　D. 发生损失

4. 下列项目中，与产品生产无直接关系、属于经营管理过程中发生、不计入产品成本而直接计入当期损益的是(　　)。

A. 制造成本　　B. 制造费用　　C. 费用　　D. 期间费用

5. 下列项目中，属于对会计对象的具体内容进行科学分类的是(　　)。

A. 会计要素　　B. 会计科目　　C. 会计对象　　D. 会计账户

6. 下列项目中，企业在销售商品或提供劳务等日常经营活动中实现的收入是(　　)。

A. 营业收入　　B. 投资收益

C. 全部收入　　D. 营业收入和营业外收入

7. 引起资产和负债同时减少的经济交易与事项是(　　)。

A. 以银行存款购入材料一批　　B. 以银行借款偿还应付账款

C. 将现金存入银行　　D. 以银行存款偿还银行借款

8. 某企业月初资产总额为 10 万元，负债总额为 2 万元，本月发生以下交易与事项：(1)向银行借款 1 万元存入银行；(2)用银行存款偿还应付账款 0.5 万元。则月末所有者权益总额为(　　)万元。

A. 9　　B. 8　　C. 8.5　　D. 1.15

9. 下列经济交易与事项中，影响会计等式总额发生变化的是(　　)。

A. 以银行存款 50 000 元购买材料　　B. 结转完工产品成本 40 000 元

C. 购买机器设备 20 000 元，货款未付　　D. 收回客户所欠的货款 30 000 元

10. 某企业采购员预借差旅费，所引起的变动为(　　)。

A. 一项资产增加，一项负债增加　　B. 一项资产增加，另一项资产减少

C. 一项资产减少，一项负债减少　　D. 一项负债增加，另一项负债减少

(三)多项选择题

1. 企业资金运动的动态要素包括(　　)。

A. 负债　　B. 费用　　C. 收入　　D. 利润

2. 下列项目属于资产要素的有(　　)。

A. 无形资产　　B. 银行存款　　C. 固定资产　　D. 预收账款

3. 下列项目属于负债要素的有(　　)。

A. 管理费用　　B. 应付账款　　C. 预付账款　　D. 应付职工薪酬

4. 下列项目属于收入要素的有(　　)。

A. 主营业务收入　　B. 利得　　C. 其他业务收入　　D. 本年利润

5. 下列项目属于费用要素的有(　　)。

A. 制造费用　　B. 管理费用　　C. 预提费用　　D. 财务费用

6. 下列项目属于所有者权益要素的有(　　)。

A. 投资收益　　B. 盈余公积　　C. 实收资本　　D. 应付利润

7. 下列项目中，属于流动资产的有(　　)。

A. 预提费用　　B. 银行存款　　C. 预收账款　　D. 应收账款

8. 下列引起资产与负债同增的交易或事项为(　　)。

A. 用银行存款购买材料　　B. 购买材料但款项未付

C. 用银行存款偿还前欠货款　　D. 向银行借款存入银行

9. 下列各项目中，正确的经济交易类型有（　　）。

A. 资产与所有者权益同时增加　　B. 资产与负债同时增加

C. 一项负债减少，一项所有者权益增加　　D. 负债与所有者权益同时增加

10. 若一项经济交易发生后引起银行存款减少 5 000 元，则相应地有可能引起（　　）。

A. 固定资产增加 5 000 元　　B. 短期借款增加 5 000 元

C. 预付费用减少 5 000 元　　D. 应付账款减少 5 000 元

（四）计算分录题

练习一

1. 目的：掌握各会计要素的内容。

2. 资料：某公司有关项目金额如下：

序　号	项　目	金额（元）
1	商品销售收入	1 000
2	差旅费	500
3	银行借款	50 000
4	机器设备	100 000
5	原材料	20 000
6	库存现金	300
7	投入资本	30 000
8	银行存款	10 000
9	工资津贴	3 000
10	利润	50 000

3. 要求：将上述项目列表分类为：资产类、负债类、所有者权益类、收入类、费用类和利润类。请完成下列作业用表：

作业用表

类　别	项　目
资产类	
负债类	
所有者权益类	
收入类	
费用类	
利润类	

练习二

1. 目的：掌握会计基本等式的平衡关系。

2. 资料：金丰公司 20××年 6 月发生下列经济交易或会计事项：

(1)2 日，以银行存款支付原材料 12 000 元；

(2)6 日，以银行存款 20 000 元偿还短期借款；

(3)10 日，收到外单位投资设备一台，价值 40 000 元；

(4)15 日，以银行存款偿还应付账款 10 000 元。

3. 要求：根据上述资料，分析以上经济交易或事项发生对会计等式的影响。请完成下列作业用表：

作业用表

单位：元

日　期	资　产	负　债	所有者权益

练习三

1. 目的：练习会计等式的计算。

2. 资料：光明公司在 20××年期初及期末资产负债表中列示的资产总额和负债总额如下：

项　目	期　初	期　末
资产(元)	180 000	162 000
负债(元)	72 000	36 000

其中，甲投资者本期追加投资 37 800 元，乙投资者本期抽回投资 56 800 元。

3. 要求：根据会计等式，计算光明公司在 20××年实现的利润。

计算过程：

练习四

1. 目的：练习会计等式的计算。

2. 资料：华明公司在 20××年期初及期末资产负债表中列示的资产总额和负债总额如下：

项　目	期　初	期　末
资产(元)	80 000	62 000
负债(元)	52 000	26 000

此外，本年度还发生下列事项：

(1)甲投资者本期追加投资 57 800 元；

(2)乙投资者本期抽回投资 10 800 元;

(3)本期费用总额 59 400 元。

3. 要求:根据会计等式,计算光明公司 20××年利润总额。

计算过程:

练习五

1. 目的:练习会计等式。

2. 资料:美华公司 20××年 7 月 31 日和 8 月 31 日的资产和负债如下:

项　目	20××年 7 月 31 日	20××年 8 月 31 日
资产总额(元)	250 000	295 000
负债总额(元)	209 000	231 000

3. 要求:请依据以下两种情况,分别计算该公司 20××年 8 月实现的利润或发生的亏损:

(1)所有者 8 月追加投资 25 000 元;

(2)所有者 8 月没有追加投资而是抽回投资 15 000 元。

计算过程:

三、复习思考题

1. 什么是会计要素？会计要素包括哪些内容？
2. 什么是资产？资产有哪些特征？资产如何分类？资产包括哪些内容？
3. 什么是负债？负债有哪些特征？负债如何分类？
4. 什么是收入？收入有哪些特征？收入包括哪些内容？
5. 什么是会计等式？请列出会计等式及其转化形式。

四、案例分析题

开元公司于 20××年 1 月 1 日开业,截至 1 月 31 日,该公司共发生了 6 笔经济业务,经登记入账后,各账户余额如下(单位:元):

1	库存现金	4 000
2	银行存款	45 000
3	原材料	6 000
4	固定资产	80 000
5	应付账款	5 000
6	短期借款	50 000
7	管理费用	20 000
8	实收资本	100 000

［**思考与分析**］

(1)请结合会计要素、会计等式及其对经济业务的影响，说明这 6 笔经济业务的会计内涵。

(2)请上网搜索钢铁行业的几家上市公司的年度资产负债表，试找出该类公司资产负债表中金额最大的资产项目有哪些，并分析为什么这类公司需要大量拥有这些资产。

(3)请上网阅读任意几家上市公司的资产负债表和利润表，仔细阅读这些报表，并解释反映企业经营成果的会计要素(收入、费用和利润)是怎样影响一个企业的财务状况(资产、负债和所有者权益)的。

第四章 账户与复式记账

一、本章重点与难点

1. 重点:会计科目与账户的概念,账户的基本结构及余额的计算公式,试算平衡表的编制,复式记账原理,借贷记账法及会计分录的编制,总账和明细账的平行登记。

2. 难点:账户的概念,复式记账原理,会计分录的编制,总账和明细账的平行登记。

二、本章练习题

(一)判断题

1. 在借贷记账法下,账户借方登记增加数,贷方登记减少数。 (　　)

2. 一般来说,各类账户的期末余额与记录增加额的一方都在同一方向。 (　　)

3. 总分类账户是根据总分类科目设置的、用来提供详细核算资料和指标的账户。(　　)

4.“期末余额=期初余额+本期借方发生额-本期贷方发生额”这一公式适用于任何性质账户的结账。 (　　)

5. 资产类账户的余额一般在借方,权益类账户的余额一般在贷方。 (　　)

6. 一个账户的借方如果用来登记减少额,其贷方一定用来登记增加额。 (　　)

7. 会计科目是按照会计要素的具体内容进行进一步科学分类的标志。 (　　)

8. 一般而言,费用类账户的结构与权益类账户的结构相同,收入类账户结构与资产类账户结构相同。 (　　)

9. 在借贷记账法下,损益类科目期末一般都无余额。 (　　)

10. 企业在不违反具体会计准则与指南的前提下,可以根据实际情况自行增设、减少或合并某些会计科目。 (　　)

(二)单项选择题

1. 借贷记账法的借方表示的是(　　)。

A. 资产增加,负债及所有者权益减少　　B. 资产增加,负债及所有者权益增加

C. 资产减少,负债及所有者权益减少　　D. 资产减少,负债及所有者权益增加

2. 下列属于简单分录的是(　　)。

A. 一借一贷　　B. 一借多贷　　C. 多借一贷　　D. 多借多贷

3. 下列账户中,期末一般有借方余额的是(　　)。

A. 应付账款　　B. 应收账款　　C. 实收资本　　D. 预收账款

4. 采用复式记账法在账户中登记经济业务时，其特点是有关账户之间存在着（ ）。

A. 从属关系　B. 对立关系

C. 对应关系　D. 平行登记关系

5. 总分类账户与明细分类账户的区别是（ ）。

A. 登记的原始依据不同　B. 核算的内容不同

C. 登记的方向不同　D. 反映经济业务的详细程度不同

6. 会计科目是指（ ）。

A. 会计要素的名称　B. 报表的名称　C. 账簿的名称　D. 账户的名称

7. 下列账户中，与负债类账户结构相同的是（ ）。

A. 资产　B. 所有者权益　C. 费用　D. 成本

8.“应收账款”账户本期期初余额为 5 800 元，本期期末余额为 5 900 元，本期减少发生额为 800 元，则该账户本期增加发生额为（ ）元。

A. 700　B. 6 600　C. 900　D. 11 700

9. 乙公司月初有短期借款 40 万元，本月向银行借入短期借款 45 万元，以银行存款偿还短期借款 30 万元，则月末“短期借款”账户的余额为（ ）万元。

A. 借方 55　B. 贷方 55　C. 借方 15　D. 贷方 15

10. 按照复式记账原理，对于每一项经济业务都要相互联系地登记的是（ ）。

A. 一个资产账户、一个负债账户　B. 两个或两个以上的账户

C. 一个账户的借方、另一个账户的贷方　D. 一个总账账户及所属的明细账户

(三)多项选择题

1. 会计分录的要素包括（ ）。

A. 记账方向　B. 账户名称　C. 账户结构

D. 应记金额　E. 账户余额

2. 下列各项目中，属于复合会计分录的有（ ）。

A. 一借多贷分录　B. 一贷多借分录　C. 一借一贷分录

D. 多借多贷分录　E. 只借不贷分录

3. 下列各账户中，期末一般有贷方余额的有（ ）。

A.“管理费用”　B.“库存现金”　C.“预收账款”

D.“短期借款”　E.“应交税费”

4. 在借贷记账法下，账户的基本结构包括（ ）。

A.“借方”栏　B.“贷方”栏　C.“摘要”栏

D.“余额”栏　E.“记账”栏

5. 在借贷记账法下，期末余额一般在账户借方的有（ ）。

A. 资产类账户　B. 负债类账户　C. 损益类账户

D. 成本类账户　E. 收入类账户

6. 总分类账与明细分类账平行登记的要点有（ ）。

A. 依据相同　B. 方向相同　C. 金额相等　D. 格式相同

E. 期间相同

7. 关于总分类账户，下列说法中正确的有（ ）。

A. 按一级会计科目开设账户　　　　B. 提供某一会计要素的总括核算资料
C. 只用货币单位进行计量　　　　　D. 对所属明细分类账户起统驭作用
E. 只用数量单位进行计量

8. 明细分类账户的核算，可采用的计量方法有(　　)。
A. 货币计量　　B. 指数计算　　C. 实物计量
D. 劳动计量　　E. 项目计算

9. 下列会计科目中，属于损益类科目的有(　　)。
A. 主营业务收入　　B. 应收账款　　C. 投资收益
D. 生产成本　　E. 所得税费用

10. 下列属于成本类科目的有(　　)。
A. 制造费用　　B. 生产成本　　C. 主营业务成本
D. 管理费用　　E. 销售费用

(四)计算分录题

练习一

1. 目的：熟悉各类账户的结构，掌握本期发生额和余额的计算。

2. 资料：某公司各类账户的期初余额、本期借方发生额、本期贷方发生额和期末余额如下所示(单位：元)：

账户名称	期初余额	本期借方发生额	本期贷方发生额	期末余额
库存现金	350	1 000	(　　)	400
短期借款	10 000	5 000	(　　)	15 000
实收资本	50 000	2 000	0	(　　)
应收账款	(　　)	3 000	5 000	20 000
预付账款	30 000	(　　)	60 000	20 000
本年利润	40 000	200	10 000	(　　)

3. 要求：根据上述资料，计算括号内数字。

练习二

1. 目的：掌握总账与明细账的平行登记。

2. 资料：某公司各类总账与明细账资料如下：

原材料(总账)

借　方		贷　方	
期初余额	260 000		
本期发生额	(　　)	本期发生额	(　　)
期末余额	380 000		

原材料(A 材料)

借　方		贷　方	
期初余额	(　　)		
本期发生额	100 000	本期发生额	(　　)
期末余额	160 000		

原材料(B材料)

借　方		贷　方	
期初余额	140 000		
本期发生额	(　　)	本期发生额	20 000
期末余额	150 000		

原材料(C材料)

借　方		贷　方	
期初余额	10 000		
本期发生额	(　　)	本期发生额	5 000
期末余额	(　　)		

3. 要求:将上述有关账户中的空缺数字填列齐全。

练习三

1. 目的:掌握借贷记账法的初步运用。
2. 资料:申通公司20××年5月发生下列经济业务:
(1)用现金购买办公用品360元。
(2)购买材料一批,金额65 000元(暂不考虑增值税)。材料已验收入库,款项尚未支付。
(3)职工张小明出差预借差旅费1 000元,出纳员以现金支付。
(4)向银行提取现金3 000元备用。
(5)购入机器设备一台,价值80 000元,已用银行存款支付。
(6)向银行申请3个月的临时借款150 000元,款项已划入“银行存款”账户。
(7)张小明出差回来报销差旅费800元,余款交回财务科。
(8)收到某公司的投资款200 000元,存入银行。
3. 要求:根据以上经济业务编制会计分录,完成下列作业用表:

作业用表

经济业务	借贷方会计科目	借方金额	贷方金额

三、复习思考题

1. 什么是会计科目?为什么要设置会计科目?会计科目怎样分类及分级?
2. 什么是账户?各类账户的结构有何不同?
3. 记账方法有哪几种?它们各有什么特点?
4. 什么是借贷记账法?其要点有哪些?
5. 什么是会计分录?有哪几类会计分录?
6. 什么是账户对应关系?什么是对应账户?

7. 什么是总账与明细账的平行登记？其要点有哪些？

四、案例分析题

案例一

小郑开办了一家个体加工厂，本月发生了以下几笔经济业务，他是这样记录的：

(1)赊购一批原材料 15 000 元，用于产品生产。

借：原材料 15 000

　　贷：应收账款 15 000

(2)向银行借款 100 000 元，用于购买机器设备。

借：固定资产 100 000

　　贷：银行存款 100 000

(3)用现金支付业务招待费 1 000 元。

借：制造费用 1 000

　　贷：库存现金 1 000

(4)收到客户的预付货款 20 000 元，存入银行。

借：银行存款 20 000

　　贷：主营业务收入 20 000

[**思考与分析**]

小郑的业务处理正确吗？如有错误，请加以改正。

案例二

尖峰公司生产 X 产品，生产产品的材料有甲材料、乙材料和丙材料，每种材料由固定供应商提供，甲、乙、丙三种材料的供应商分别是宏远工厂、万里工厂和金胜工厂。构成产品实体的主要材料是乙材料，本月各种材料只购进一次，尖峰公司会计在登记有关总账和明细账时发生差错，记录如下：

原材料总账余额为 42 800 元，其中，甲材料 25 300 元、乙材料 11 000 元、丙材料 6 500 元。应付账款总账余额为 50 200 元，其中，宏远工厂 15 000 元、万里工厂 28 700 元、金胜工厂 6 500 元。在对有关明细账进行检查时，发现下列有助于查找错误的内容，自宏远工厂购入甲材料时即付 15 000 元，乙材料中现购 7 600 元，原材料明细账户中只有一个明细账记错。

[**思考与分析**]

假如你是尖峰公司的会计主管，请指出记账过程中的错误，并予以更正。

案例三

在我国的会计实务中，曾出现过三种复式记账法，即借贷记账法、增减记账法和收付记账法，目前都已被借贷记账法取代。诗人歌德赞美借贷记账法是“人类聪明的绝妙创造”。上网查找有关资料，了解借贷记账法产生的历史。

[**思考与分析**]

为什么说借贷记账法是国际通用的记账方法？

第五章
借贷记账法在制造业的运用

一、本章重点与难点

1. 重点：从资金进入企业到采购过程、生产过程、销售过程、利润形成和利润分配、资金退出企业的业务核算，以及其他业务的核算，材料采购成本的计算，产品生产成本的计算，利润的构成及计算。

2. 难点：材料采购成本的计算，产品生产成本的计算，利润的计算，年末利润的结转，利润分配各明细账户的结转。

二、本章练习题

(一)判断题

1. 借贷记账法的试算平衡方法有发生额平衡和差额平衡。 (　　)
2. 产品销售收取价款时，借记"银行存款"账户，贷记"库存商品"账户。 (　　)
3. "所得税费用"账户属于负债类账户。 (　　)
4. 制造费用可以按照生产工人工资或生产工时的比例分配到"生产成本"账户。 (　　)
5. "短期借款"账户不核算应支付的借款利息。 (　　)
6. 采购人员的差旅费不计入材料物资的采购成本。 (　　)
7. 盈余公积是按利润总额的一定比例计算提取的。 (　　)
8. "本年利润"账户如果有借方余额，表示本年发生的亏损。 (　　)
9. 产品销售成本就是已销产品的生产成本。 (　　)
10. 试算平衡，说明账户记录一定正确。 (　　)

(二)单项选择题

1. 企业的罚款收入属于(　　)。

A. 主营业务收入　B. 其他业务收入　C. 营业外收入　D. 投资收益

2. "在途物资"账户的贷方对应的借方账户是(　　)。

A. 材料采购　B. 银行存款　C. 原材料　D. 应付账款

3. 在计算材料采购成本时，可以直接归属于有关对象的直接费用是(　　)。

A. 外地运杂费　B. 运输保险费　C. 包装费　D. 材料买价

4. 结转已销产品的生产成本时，应贷记(　　)账户。

A. "生产成本"　B. "库存商品"　C. "主营业务成本"　D. "本年利润"

5. 下列各项中，为筹集生产经营所需资金而发生的费用的是（　　）。

A. 管理费用　B. 财务费用　C. 销售费用　D. 制造费用

6. 下列属于其他业务收入的是（　　）。

A. 材料销售收入　B. 产品销售收入　C. 利息收入　D. 投资收益

7. 企业月末计算应交的教育费附加时，贷记的账户是（　　）。

A.“税金及附加”　B.“应交税费”　C.“库存商品”　D.“生产成本”

8.“累计折旧”账户属于（　　）类账户。

A. 资产　B. 负债　C. 成本　D. 所有者权益

9. 甲公司月末编制的试算平衡表中，全部账户的本月借方发生额合计为 900 000 元，除“应付账款”以外，其他账户的本月贷方发生额合计为 896 000 元，则“应付账款”账户（　　）。

A. 本月借方发生额为 4 000 元　B. 本月贷方发生额为 4 000 元

C. 月末借方余额为 4 000 元　D. 月末贷方余额为 4 000 元

10.“生产成本”账户期末借方余额表示的是（　　）。

A. 完工产品成本　B. 在产品成本

C. 本月生产成本合计　D. 尚未转入本年利润的成本

（三）多项选择题

1.“生产成本”账户与下列项目可能发生对应关系的有（　　）。

A. 制造费用　B. 原材料　C. 管理费用

D. 库存商品　E. 实收资本

2. 以下在“税金及附加”账户中核算的有（　　）。

A. 增值税　B. 消费税　C. 教育费附加　D. 城市维护建设税

3. 影响营业利润的项目有（　　）。

A. 主营业务收入　B. 其他业务收入　C. 营业外收入　D. 营业外支出

E. 投资收益

4. 计提固定资产折旧时，与“累计折旧”账户对应的账户有（　　）。

A. 生产成本　B. 制造费用　C. 管理费用

D. 银行存款　E. 库存现金

5. 制造业的成本项目有（　　）。

A. 销售费用　B. 直接材料　C. 直接人工

D. 制造费用　E. 管理费用

6. 营业外收入主要包括（　　）。

A. 罚款收入　B. 无法支付的应付账款

C. 材料销售收入　D. 销售产品收入

E. 提供劳务收入

7. 下列项目中，应在“管理费用”账户中核算的有（　　）。

A. 工会经费　B. 差旅费　C. 业务招待费

D. 劳动保险费　E. 广告费

8. 下列账户中，应于期末将发生额结转到“本年利润”账户的有（　　）。

A. 制造费用　B. 管理费用　C. 财务费用

D. 销售费用　　　　E. 所得税费用

9. 属于利润分配内容的有(　　)。

A. 弥补以前年度亏损　　　　B. 提取盈余公积

C. 向投资者分配利润　　　　D. 缴纳所得税

E. 缴纳增值税

10. 借贷记账法的试算平衡有(　　)。

A. 一个账户的借贷方发生额平衡　　　　B. 全部账户的借贷方发生额平衡

C. 某一类账户的借贷方余额平衡　　　　D. 全部账户的借贷方余额平衡

E. 几个账户的借贷方余额平衡

(四)计算分录题

练习一

1. 目的:练习资金筹集业务的核算。

2. 资料:申华工厂20××年1月发生以下经济业务:

(1)5日,向银行申请取得期限为3年的借款150 000元,已存入银行存款户。

(2)6日,新华公司以新建厂房一栋向企业投资,协商价2 000 000元。

(3)10日,因临时需要向银行申请3个月期借款80 000元,存入银行。

(4)15日,收到大通公司以专利权向企业的投资,评估价50 000元。

(5)20日,收到华谊工厂投入资本200 000元,存入银行。

(6)30日,经批准将资本公积100 000元转增注册资本。

(7)31日,用银行存款归还已到期的为期6个月的借款50 000元。

(8)31日,收到开开公司投入的机器设备一台,双方协商价100 000元。

3. 要求:为以上经济业务编制会计分录,完成下列作业用表:

作业用表

经济业务	借贷方会计科目	借方金额	贷方金额

练习二

1. 目的:练习供应过程业务的核算。

2. 资料:友邦工厂20××年3月发生以下经济业务:

(1)1日,从京海工厂购入A材料500千克,买价50 000元,增值税进项税额6 500元,运杂费200元。款项已用银行存款支付,材料验收入库。

(2)6日,从本市五金商店购入C材料200千克,买价4 000元,增值税进项税额520元。材料验收入库,货款尚未支付。

(3)9日,用银行存款偿还上月欠京海工厂的购料款22 600元。

(4)15 日,从大宇工厂购入 B 材料 300 千克,买价 6 000 元,增值税进项税额 780 元,运杂费 150 元。款项用银行存款支付,材料尚未到达。

(5)20 日,从大宇工厂购入的 B 材料 300 千克到达,并验收入库。

(6)24 日,从永新工厂购入 A 材料 600 千克,买价 60 000 元,增值税进项税额 7 800 元;B 材料 400 千克,买价 8 000 元,增值税进项税额 1 040 元;共发生运杂费 500 元。款项已用银行存款支付,材料尚未到达(运杂费按材料重量分配)。

(7)29 日,从永新工厂购入的 A、B 两种材料到达,并验收入库。

3. 要求:为以上经济业务编制会计分录,完成下列作业用表:

作业用表

经济业务	借贷方会计科目	借方金额	贷方金额

练习三

1. 目的:练习生产过程业务的核算。

2. 资料:兴发工厂 20××年 5 月发生以下经济业务:

(1)以下是仓库发料凭证汇总表所提供的信息:

发料凭证汇总表 单位:元

材料类别	A 材料			B 材料			合 计
用 途	数量(吨)	单价	金额	数量(吨)	单价	金额	金额
产品生产领用							
其中:甲产品	40	300	12 000	30	200	6 000	18 000
乙产品	10	300	3 000	50	200	10 000	13 000
生产车间领用				10	200	2 000	2 000
管理部门领用				2	200	400	400
合 计	50	300	15 000	92	200	18 400	33 400

(2)从银行提取现金 82 000 元,以备发放工资。

(3)以现金 82 000 元支付本月职工工资。

(4)以银行存款支付机器设备修理费 17 740 元。

(5)分配结转本月工资费用,其中,生产甲产品工人工资 45 000 元,生产乙产品工人工资 20 000 元,车间管理人员工资 9 000 元,厂部管理部门人员工资 8 000 元,合计 82 000 元。

(6)按本月职工工资总额的 14%计提职工福利费。

(7)以银行存款支付下半年报纸杂志订阅费 3 000 元。

(8)计提本月固定资产折旧 2 600 元,其中,车间使用固定资产折旧 2 000 元,厂部管理部门固定资产折旧 600 元。

(9)按产品实际生产工时分配结转本月的制造费用(甲产品生产工时为 12 000 工时,乙产品生产工时为 8 000 工时)。

(10)结转完工产品成本:甲产品 500 件,全部完工并验收入库,结转其生产成本;乙产品未完工。

3. 要求:为以上经济业务编制会计分录,完成下列作业用表:

作业用表

经济业务	借贷方会计科目	借方金额	贷方金额

练习四

1. 目的:练习销售过程业务的核算。

2. 资料:长丰公司 20××年 6 月发生以下经济业务:

(1)向新光公司销售 A 产品 1 600 件,单价 500 元,计价款 800 000 元,增值税额 104 000 元,另用银行存款支付应由本企业负担的运杂费 1 200 元。货已发出,货款尚未收到。

(2)向 W 公司销售 B 产品 1 250 件,单价 400 元,计价款 500 000 元;另转让甲材料 400 千克,价款 20 000 元。增值税额共计 67 600 元。另以银行存款支付代垫运费 2 000 元。货已发出,货款尚未收到。

(3)用银行存款向电视台支付广告费 60 000 元。

(4)以银行存款预付本季度产品展销场地费 9 000 元,并摊销应由本月负担的部分。

(5)向光明公司销售 A 产品 600 件,单价 500 元;B 产品 200 件,单价 400 元。价款共计 380 000 元,增值税额 49 400 元。款项已收存银行。

(6)结转已销产品的销售成本和转让甲材料的成本,单位产品生产成本:A 产品 300 元,B 产品 220 元;甲材料单位成本 35 元。

(7)计算本月应纳增值税额(其中,本月"应交增值税——进项税额"88 400 元)。

(8)按本月应纳增值税额的 7%和 3%分别计算并结转应纳城市维护建设税和教育费附加。

3. 要求:为以上经济业务编制会计分录,完成下列作业用表:

作业用表

经济业务	借贷方会计科目	借方金额	贷方金额

练习五

1. 目的:练习其他业务的核算。

2. 资料:通济公司 20××年 7 月发生以下经济业务:

(1)通过银行收到 F 公司违约的罚款收入 3 000 元。

(2)采购员李力源因公出差,预借差旅费 2 000 元,当即以现金支付。

(3)李力源出差回来,报销差旅费 2 200 元,差额以现金支付。

(4)以银行存款支付公司办公用品费 1 300 元。

(5)接到银行通知,支付本季度短期借款利息 1 200 元,已从企业银行存款账户划转银行(本季度前两个月已预提了 800 元)。

3. 要求:为以上经济业务编制会计分录,完成下列作业用表:

作业用表

经济业务	借贷方会计科目	借方金额	贷方金额

练习六

1. 目的：练习利润形成和利润分配业务的核算。

2. 资料：健州公司 20××年 12 月发生以下经济业务：

(1)以银行存款支付厂部业务招待费 5 000 元。

(2)处理固定资产清理净收益 2 000 元。

(3)以银行存款 3 000 元支付违约罚款。

(4)预提本月短期借款利息 1 000 元。

(5)销售材料一批，增值税专用发票上注明该批材料货款为 20 000 元，增值税额为 2 600 元。价款已全部收到并存入银行。

(6)结转上述材料的销售成本 12 000 元。

(7)采购员张小为报销差旅费 800 元，原预借 1 000 元，余额退回。

(8)本月发生的除上述外其他各项销售收入及销售成本、费用汇总如下：

主营业务收入	850 000 元
主营业务成本	600 000 元
税金及附加	6 000 元
销售费用	5 000 元

期末，结转各损益类账户。

(9)按照本月利润总额(假设与应纳税所得额相同)的 25%计算所得税并予以结转。

(10)年末将"本年利润"账户的余额转入"利润分配"。

(11)假设全年实现净利润 3 000 000 元，按净利润的 10%计提法定盈余公积金。

(12)企业决定向投资者分配利润 500 000 元。

(13)年末将“利润分配”账户下各明细账户的余额转入“未分配利润”明细账，并计算“未分配利润”明细账户的期末余额。

3. 要求：为以上经济业务编制会计分录，完成下列作业用表：

作业用表

经济业务	借贷方会计科目	借方金额	贷方金额

练习七

1. 目的：进一步练习借贷记账法下会计分录的编制方法，掌握登记账户及编制试算平衡表。

2. 资料：海华工厂20××年7月各资产、负债及所有者权益账户的期初余额及发生的经济业务如下(单位：元)：

资产类账户	金　额	负债及所有者权益类账户	金　额
库存现金	1 000	负债：	
银行存款	135 000	短期借款	60 000
应收账款	10 000	应付账款	8 000
生产成本	40 000	应交税费	2 000
原材料	120 000	负债合计	70 000
库存商品	24 000	所有者权益：	
固定资产	600 000	实收资本	860 000
		所有者权益合计	860 000
总　计	930 000	总　计	930 000

(1)购进材料一批,计价 10 000 元(不考虑增值税),材料验收入库,货款以银行存款支付。
(2)生产车间向仓库领用材料 40 000 元,全部投入生产。
(3)从银行存款账户领取现金 400 元。
(4)以银行存款购入新汽车 1 辆,计价 100 000 元。
(5)用银行存款偿还应付供货单位材料款 3 000 元。
(6)生产车间向仓库领用材料 25 000 元。
(7)收到购货单位前欠货款 3 000 元存入银行。
(8)以银行存款 16 000 元,归还短期借款 12 000 元,归还应付供货单位货款 4 000 元。
(9)其他单位投入资本 20 000 元存入银行。
(10)收到购货单位前欠货款 4 000 元,其中支票 3 600 元存入银行,另有现金 400 元。
3. 要求:
(1)根据资料给出的各项经济业务,用借贷记账法编制会计分录,完成下列作业用表:

作业用表

经济业务	借贷方会计科目	借方金额	贷方金额

(2)开设各账户(T 形账户)登记期初余额,计算出每个账户的本期发生额和期末余额。
(3)月末编制总分类账户本期发生额及期末余额试算平衡表。

总分类账户本期发生额及期末余额试算平衡表

20××年 7 月　　单位:元

会计科目	期初余额		本期发生额		期末余额	
	借方	贷方	借方	贷方	借方	贷方

三、复习思考题

1. 制造企业的资金是怎样循环与周转的？
2. 什么是生产费用？什么是生产成本？
3. 什么是制造费用？制造费用如何进行归集与分配？
4. 完工产品的成本如何结转？
5. 利润由哪几部分构成？影响营业利润的因素有哪些？
6. 简述利润分配的程序。

四、案例分析题

案例一

登录中国会计网的论坛 http://bbs.canet.com.cn，有人要求你解答以下问题：

提供的信息是：某企业购入生产用的材料一批，材料买价是 80 000 元，入库后的整理挑选费用是 200 元，运输中的合理损耗是 2 000 元。材料已入库，货款尚未支付。对该项业务有以下三种观点：

观点一，有人认为合理损耗应包括在材料成本中，200 元的挑选整理费应计入生产成本，材料成本是 80 000 元；

观点二，有人认为材料成本是 82 000 元；

观点三，有人认为材料成本是 80 200 元。

[**思考与讨论**]

(1)采购材料成本包括哪些内容？

(2)你认为该业务应如何处理？

案例二

2002 年 7 月 21 日，美国世通公司（WorldCom）申请破产，成为美国最大的公司破产案。从 2001 年开始，世通公司用于扩建电信系统工程的大量费用没有被列为正常成本入账，而是作为资本支出处理，这一会计“技巧”为世通公司带来了 38 亿美元的巨额“利润”，世通公司丑闻从此昭然于天下。

[**思考与讨论**]

请上网查阅有关资料后分析：

(1)如何划分收益性支出与资本性支出？

(2)将收益性支出记入资本性支出，对企业的财务成果会产生什么影响？

第六章 会计凭证

一、本章重点与难点

1. 重点：原始凭证的种类、基本内容、填制要求和审核，记账凭证的种类、基本内容、填制要求和审核。

2. 难点：原始凭证的填制与审核，记账凭证的填制与审核。

二、本章练习题

(一)判断题

1. 会计凭证是指由会计人员填制的凭证。 (　　)
2. 原始凭证都是外来凭证。 (　　)
3. 购销合同、生产协议和请购单都不属于原始凭证。 (　　)
4. 记账凭证按其来源不同，可以分为外来记账凭证和自制记账凭证。 (　　)
5. 付款凭证只有在涉及现金支付时才编制。 (　　)
6. 属于货币资金收入的业务，都应填制收款凭证。 (　　)
7. 原始凭证可以用来直接登记总账账簿。 (　　)
8. 记账凭证的过账栏内的“√”表示已审核完毕。 (　　)
9. 除更正错账以及结账外，记账凭证必须附有原始凭证并注明所附原始凭证的张数。 (　　)
10. 各种记账凭证可以根据每一原始凭证单独填制，但不能将若干张同类原始凭证汇总编制。 (　　)

(二)单项选择题

1. 下列项目中，记账凭证应根据审核无误填制的是(　　)。

A. 收款凭证　　B. 付款凭证　　C. 原始凭证　　D. 转账凭证

2. 下列项目中，领料凭证汇总表是(　　)。

A. 累计凭证　　B. 记账凭证

C. 一次凭证　　D. 原始凭证汇总表

3. 下列项目中，为记录经济业务、明确经济责任并据以登记账簿的书面证明是(　　)。

A. 原始凭证　　B. 记账凭证

C. 记账凭证汇总表　　D. 会计凭证

4. 下列经济业务中,应编制转账凭证的是(　　)。

A. 支付材料价款　　B. 支付材料运杂费

C. 生产领用原材料　　D. 收回前欠的销售货款

5. 收款凭证的贷方科目可能是(　　)。

A. 库存现金　　B. 银行存款　　C. 管理费用　　D. 其他应收款

6. 下列单据中,不能作为原始凭证的是(　　)。

A. 发票　　B. 银行存款余额调节表

C. 领料单　　D. 工资结算汇总表

7. 下列原始凭证中,属于外来原始凭证的是(　　)。

A. 差旅费报销单　　B. 收料单

C. 折旧计算表　　D. 购买办公用品的发票

8. 企业购进一批材料,当即以银行存款支付一部分货款,余款暂欠,这笔经济业务发生后应填制的记账凭证是(　　)。

A. 付款凭证和转账凭证各一张　　B. 付款凭证一张

C. 付款凭证两张　　D. 转账凭证两张

9. 下列项目中,用于进行会计核算的一种专门方法并且是会计核算工作起始环节的是(　　)。

A. 设置账户　　B. 复式记账

C. 填制和审核凭证　　D. 登记账簿

10.“借:库存现金　贷:银行存款”这笔经济业务应填制的记账凭证是(　　)。

A. 银行存款收款凭证　　B. 银行存款付款凭证

C. 现金收款凭证　　D. 现金付款凭证

(三)多项选择题

1. 记账凭证编制的依据可以有(　　)。

A. 收款凭证　　B. 付款凭证　　C. 累计凭证　　D. 一次凭证

E. 汇总原始凭证

2. 下列属于外来凭证的有(　　)。

A. 购入材料的发票　　B. 收料单　　C. 银行结算凭证

D. 出差住宿费发票　　E. 工资结算汇总表

3. 记账凭证按其反映经济业务内容的不同,可分为(　　)。

A. 一次凭证　　B. 付款凭证　　C. 收款凭证　　D. 转账凭证　　E. 累计凭证

4.“限额领料单”有(　　)。

A. 外来原始凭证　　B. 自制原始凭证　　C. 一次凭证

D. 累计凭证　　E. 原始凭证汇总表

5. 原始凭证应具备的基本内容有(　　)。

A. 原始凭证的名称和填制日期　　B. 接受凭证单位名称

C. 经济业务的内容　　D. 数量、单价和大小写金额

E. 有关人员签章

6. 应在现金收、付款记账凭证上签字的有(　　)。

A. 制证人员　　B. 登账人员　　C. 审核人员　　D. 会计主管　　E. 法人代表

7. 以下不能作为原始凭证的有(　　)。

A. 购货合同　　B. 现金支票存根

C. 工资结算汇总表　　D. 产品成本计算表

E. 车间派工单

8. 下列属于记账凭证的有(　　)。

A. 支票　　B. 汇总收款凭证　　C. 收款凭证　　D. 转账凭证　　E. 银行结算凭证

9. 下列经济业务中,应填制转账凭证的有(　　)。

A. 从银行提取现金　　B. 以现金支付广告费用

C. 销售商品款项尚未收到　　D. 购入材料货款尚未支付

E. 固定资产提取折旧

10. 会计人员拒绝受理、拒绝付款和报销的凭证有(　　)。

A. 合法的凭证　　B. 涂改的凭证

C. 伪造的凭证　　D. 虚假的凭证

E. 经过补办手续更正的凭证

(四)计算分录题

练习一

1. 目的:掌握原始凭证的分类。

2. 资料:原始凭证的分类如下表所示:

原始凭证的分类

分类 会计凭证	一次凭证	外来凭证	累计凭证	汇总原始凭证
增值税专用发票				
收料凭证汇总表				
工商银行进账单				
银行借款凭证				
领料单				
限额领料单				
折旧计算表				
付款收到的收据				

3. 要求:以打"√"的方式在表中列出原始凭证所属的类别。

练习二

1. 目的:掌握原始凭证的填制。

2. 资料:浙江中德公司是一家从事产品生产的一般纳税企业,设在杭州市凯旋路1120号,电话0571-88783567。纳税人登记号:33010606893703088。开户行:工商银行艮山分理处。账号:18343740273899。总经理:王大云。财务科科长:张珊燕。审核员:陈晓梅。会计:

余青。出纳员：蒋丽红。仓库保管员：赵好为。20××年 8 月中德公司发生以下经济业务：

(1)1 日，财务科出纳员蒋丽红开出现金支票一张，从银行提取现金 1 500 元，以备零用。

(2)3 日，供销科黄明因采购材料去深圳，经供销科科长张大伟批准，向财务科借现金 3 000 元。要求填写“借支单”。

(3)8 日，黄明出差回来报销差旅费 2 800 元，余款交回财务科。

3. 要求：根据上述经济业务填写现金支票与借支单。

<table>
<tr><td rowspan="4">中国工商银行现金支票存根
支票号码 AY002038060
科目______
对方科目______
出票日期　年　月　日
收款人：
金额：
用途：
单位主管：　会计：
复　核：　记账：</td>
<td colspan="12">中国工商银行现金支票(浙)　AY002038060
出票日期(大写)　年　月　日　付款行名称
收款人　出票人账号</td></tr>
<tr><td rowspan="2">人民币(大写)</td><td>亿</td><td>千</td><td>百</td><td>十</td><td>万</td><td>千</td><td>百</td><td>十</td><td>元</td><td>角</td><td>分</td></tr>
<tr><td></td><td></td><td></td><td></td><td></td><td></td><td></td><td></td><td></td><td></td><td></td></tr>
<tr><td>用途______
上列款项请从
我账户内支付
出票人签章</td><td colspan="11">科目(借)______
对方科目(贷)______
付讫日期　年　月　日
出纳　复核　记账</td></tr>
</table>

借　支　单

年　月　日　部门：

<table>
<tr><td colspan="2">借支人姓名</td><td colspan="3"></td><td>职　务</td><td colspan="2"></td></tr>
<tr><td colspan="2">借支事由</td><td colspan="6"></td></tr>
<tr><td colspan="2">人民币
(大写)</td><td colspan="6">¥</td></tr>
<tr><td>核准</td><td></td><td>会计</td><td></td><td>出纳</td><td></td><td>借支人</td><td></td></tr>
</table>

练习三

1. 目的：掌握收款凭证、付款凭证和转账凭证的填制。

2. 资料：见上述练习二中浙江中德公司 20××年 8 月发生的经济业务。

3. 要求：根据上述经济业务填制下列收款凭证、付款凭证和转账凭证。

收款凭证

应借科目：　　　　年　月　日　　　　字第　　号

摘要	应贷科目		金额								记账“√”
	一级科目	二级或明细科目	十	万	千	百	十	元	角	分	
合计											

附件　张

会计主管　　记账　　出纳　　复核　　制单

付款凭证

应贷科目：　　　　年　月　日　　　　字第　　号

摘要	应借科目		金额								记账“√”
	一级科目	二级或明细科目	十	万	千	百	十	元	角	分	
合计											

附件　张

会计主管　　记账　　出纳　　复核　　制单

转账凭证

年　月　日　　　　字第　　号

摘要	一级科目	二级或明细科目	借方金额							贷方金额							记账“√”
			万	千	百	十	元	角	分	万	千	百	十	元	角	分	
合计																	

附件　张

会计主管　　记账　　出纳　　复核　　制单

三、复习思考题

1. 什么是会计凭证？会计凭证怎样分类？
2. 原始凭证应具备哪些内容？怎样填制和审核原始凭证？
3. 记账凭证应包括哪些内容？怎样填制和审核记账凭证？
4. 试述会计凭证传递和保管的基本要求。

四、案例分析题

案例一

甲企业采购员赵某出差回来报销差旅费。旅馆开出发票记载单价为 50 元，人数为 1 人，时间为 10 天，金额为 500 元。而赵某却将单价 50 元直接改为 350 元，小写金额改为 3 500 元，将大写金额前加了一个“叁仟”，报销后贪污金额为 3 000 元。

[**思考与分析**]

出纳员应如何审核这类虚假业务？

案例二

20××年下半年开始，北京某公司向供货商先后采购了 2 万余元液化气，双方履行顺利未见纠纷。第二年 3 月 2 日，该公司突然收到法院传票。原来，供货商一纸诉状将其告上了法庭，要求支付货款 2 万余元。审理中，被告承认供货事实，但称已经支付了该笔货款，并提供给原告其开具的发票为证。原告却提出发票上加盖的财务章不是该公司的，并拿来了财务章当庭对照。这时，被告才发现发票上财务专用章的供货商名称“北京市××液化气站”比原告名称“北京市××石油液化气站”少了“石油”两个字。最后，法院判决该公司向供货商支付了全部货款。

[**思考与分析**]

(1)分析法院做出判决的理由。

(2)财务人员审核原始凭证应包括哪些内容？

案例三

甲公司收到一张应由甲公司与乙公司共同负担费用支出的原始凭证，甲公司会计人员张某以该凭证及应承担的费用进行账务处理，并保存该原始凭证；同时应乙公司要求，将该原始凭证复印件提供给乙公司用于账务处理。年终，甲公司拟销毁一批保管期满的会计档案，其中有一张未结清债权债务的原始凭证，公司另一会计人员李某认为只要保管期满的会计档案就可以销毁。

[**思考与讨论**]

请上网查阅《会计工作基础规范》和《会计档案管理办法》后回答：

(1)会计人员张某将原始凭证复印件提供给乙公司用于债权债务账务处理的做法是否正确？

(2)会计人员李某的观点是否正确？

第七章 会计账簿

一、本章重点与难点

1. 重点：日记账、总分类账、明细分类账的内容、格式、登记依据和登记方法，登记账簿的各种规则。

2. 难点：会计账簿的设置与登记。

二、本章练习题

(一)判断题

1. 多栏式明细账格式适用于有关费用、成本和收入、成果类科目。（　　）

2. 对于现金日记账，必须每天结出余额，并与库存现金核对。（　　）

3. 总分类账的登记依据只能是记账凭证。（　　）

4. 对账的主要内容就是总分类账与明细分类账核对相符。（　　）

5. 银行存款日记账既是序时账，又是订本账。（　　）

6. 在会计核算中，既要求进行金额核算，又要求进行实物数量核算的各种财产物资，应使用数量金额式明细分类账。（　　）

7. 办理月结，应在各账户最后一笔记录下面画一条通栏红线，在红线下计算出本月发生额及月末余额，并在“摘要”栏注明“本月合计”或“本月发生额及余额”字样，然后在下面再画一条红线。（　　）

8. 账簿是以原始凭证为依据，由具有一定格式而又相互联系的账页所组成，用来全面、系统、连续记录反映经济业务的簿籍。（　　）

9. 订本式账簿具有不易散失、防止抽换、便于分工等优点。（　　）

10. 划线更正法适合记账凭证填制正确而账簿记录发生文字或数字错误的情况。（　　）

(二)单项选择题

1. 总分类账簿应采用的是（　　）。

A. 活页式　　B. 订本式　　C. 卡片式　　D. 备查账

2. 应收账款明细账一般采用的是（　　）。

A. 三栏式　　B. 多栏式　　C. 数量金额式　　D. 横线登记式

3. 按经济业务发生时间的先后顺序，逐日逐笔进行登记账簿的是（　　）。

A. 总分类账簿　　B. 明细分类账簿　　C. 序时账簿　　D. 备查账簿

4. 原材料总账适合采用(　　)。

A. 数量金额式　B. 横线登记式　C. 三栏式　D. 多栏式

5. 下列项目中,逐日逐笔登记日记账的是(　　)。

A. 会计人员　B. 出纳人员　C. 经办人员　D. 财务总监

6. 从银行提取现金时,登记现金日记账的依据是(　　)。

A. 现金收款凭证　B. 现金付款凭证

C. 银行收款凭证　D. 银行付款凭证

7. 租入固定资产登记簿属于(　　)。

A. 序时账簿　B. 总分类账簿　C. 明细分类账簿　D. 备查账簿

8. 多栏式现金日记账属于(　　)。

A. 明细分类账　B. 总分类账　C. 序时账　D. 备查账

9."生产成本"明细分类账适合采用(　　)。

A. 三栏式　B. 数量金额式　C. 借方多栏式　D. 贷方多栏式

10. 发现记账凭证所用科目及方向正确,但所填金额小于应记金额,并已过账,应采用(　　)方法更正错误。

A. 划线更正法　B. 红字冲销法　C. 补充登记法　D. 挖补法

(三)多项选择题

1. 明细分类账登记的依据有(　　)。

A. 原始凭证　B. 原始凭证汇总表　C. 记账凭证

D. 记账凭证汇总表　E. 总账

2. 下列账户的明细分类账应采用多栏式的有(　　)。

A. 原材料　B. 管理费用　C. 制造费用

D. 应付账款　E. 生产成本

3. 红字冲销法适用于(　　)。

A. 记账前,发现记账凭证上的文字或数字有误

B. 记账后,发现原记账凭证上应借、应贷科目错误

C. 记账后,发现原记账凭证上所填金额小于应记金额

D. 记账后,发现原记账凭证上所填金额大于应记金额

E. 记账后,发现记账凭证正确而登记账簿发生差错

4. 对账的内容包括(　　)。

A. 账表核对　B. 账证核对　C. 账账核对

D. 账实核对　E. 审核原始凭证

5. 总分类账的登记依据有(　　)。

A. 记账凭证　B. 明细分类账　C. 原始凭证

D. 汇总记账凭证　E. 科目汇总表

6. 必须采用订本式账簿的有(　　)。

A. 现金日记账　B. 原材料明细账　C. 银行存款日记账

D. 总分类账　E. 固定资产卡片

7. 下列情况下,允许用红色墨水记账的有(　　)。

A. 期末结账时划通栏红线　　B. 采用红字冲销法冲销原错误记录
C. 划线改错　　D. 补充登记时
E. 登记账簿

8. 更正错账的方法有(　　)。
A. 划线更正法　　B. 补充登记法　　C. 增减登记法
D. 红字冲销法　　E. 挖补法

9. 记账时不得隔页、跳行登记，如果发生隔页、跳行，不得随意涂改，而应采取的处理方法有(　　)。
A. 将空页、空行用红线划掉　　B. 应将账页撕下并装入档案保存
C. 应按规定由相关人员签章　　D. 应注明“此页空白”或“此行空白”
E. 不必处理

10. 活页账的主要优点有(　　)。
A. 可以根据实际需要随时插入空白账页　　B. 可以防止账页散失
C. 可以防止记账错误　　D. 不必装订
E. 便于分工记账

(四)计算分录题

练习一

1. 目的：掌握错账的更正方法。

2. 资料：甲公司 20××年 4 月 30 日在进行账证核对时，发现下列几笔业务的记录有错误：

(1)2 日，开出现金支票 1 200 元支付对前欠 A 公司的货款。原编制的会计分录如下：

借：应付账款——A 公司　　1 200
　　贷：库存现金　　1 200

(2)9 日，以银行存款 15 000 元购买一台机器设备。记账凭证正确，过账时误将固定资产金额登记为 51 000 元。

(3)12 日，车间领用一般消耗材料 370 元。原填制的记账凭证如下：

借：制造费用　　730
　　贷：原材料　　730

(4)20 日，购进甲材料 10 吨，单价 4 800 元，货款未付，假设暂不考虑增值税，材料已入库。原填制的记账凭证如下：

借：原材料　　4 800
　　贷：应付账款　　4 800

(5)30 日，生产车间为生产产品领用材料一批，计 45 000 元。原填制的记账凭证如下：

借：制造费用　　45 000
　　贷：原材料　　45 000

3. 要求：请首先指出每笔业务应采用的错账更正方法，然后说明如何更正(需要编制更正分录的请写出更正分录，完成下列作业用表)。

作业用表

经济业务	借贷方会计科目	借方金额	贷方金额

练习二

1. 目的：掌握现金日记账的登记。

2. 资料：雅来公司20××年9月初"库存现金"账户的借方余额为3 500元，9月有关经济业务如下：

(1)2日，采购员杨路华预借差旅费800元，用现金支付。

(2)5日，用现金购买办公用品600元。

(3)7日，从银行提取现金2 000元备用。

(4)8日，采购员杨路华出差回来报销差旅费600元，交回现金200元。

(5)10日，把零星现金收入1 000元交存银行。

3. 要求：根据上述资料：

(1)编制会计分录，完成下列作业用表。

(2)登记现金日记账，并结出本期发生额和期末余额。

作业用表

经济业务	借贷方会计科目	借方金额	贷方金额

续表

经济业务	借贷方会计科目	借方金额	贷方金额

练习三

1. 目的：掌握总账和明细账的登记。

2. 资料：20××年 6 月 1 日，宏远公司“原材料”总分类账户及其所属明细分类账户的余额如下：

(1)“原材料”总账账户的借方余额 35 000 元，其所属明细账户结存情况是：

①“甲材料”明细账户，结存数量 2 000 千克，单位成本 10 元，总计金额 20 000 元；

②“乙材料”明细账户，结存数量 50 吨，单位成本 300 元，总计金额 15 000 元。

(2)6 月发生的原材料收发业务如下：

①3 日，向 A 工厂购入甲材料 500 千克，单价 10 元，计 5 000 元，增值税 850 元；向 B 工厂购入乙材料 100 吨，单价 300 元，计 30 000 元，增值税 5 100 元。甲、乙材料已验收入库，货款均已支付。

②10 日，向 B 工厂购入甲材料 400 千克，单价 10 元，计 4 000 元，增值税 680 元；乙材料 50 吨，单价 300 元，计 15 000 元，增值税 2 550 元。材料均已验收入库，货款尚未支付。

③12 日，生产车间为生产产品从仓库领用甲材料 950 千克，金额 9 500 元，车间一般消耗 50 千克，金额 500 元；领用乙材料 100 吨，金额 30 000 元。

3. 要求：根据上述经济业务：

(1)编制会计分录，完成下列作业用表；

(2)根据平行登记的要求，在“原材料”总账账户及其所属明细分类账户中进行登记，并结出本期发生额和期末余额。

作业用表

经济业务	借贷方会计科目	借方金额	贷方金额

总　账

会计科目:原材料　　　　第10页

20××年		凭证号	摘　要	借　方	贷　方	借或贷	余　额
月	日						
6							
6							
6							
6							
6							

原材料明细分类账

明细账户:甲材料　　　　计量单位:千克　　　　金额:元

20××年		凭证号数	摘　要	收　入			发　出			结　存		
月	日			数量	单价	金额	数量	单价	金额	数量	单价	金额

原材料明细分类账

明细账户:乙材料　　计量单位:吨　　金额:元

20××年		凭证号数	摘　要	收　入			发　出			结　存		
月	日			数量	单价	金额	数量	单价	金额	数量	单价	金额

三、复习思考题

1. 什么是账簿？企业有哪些账簿？
2. 序时账与分类账有何不同？明细账有哪几种格式？
3. 启用账簿有哪些规则？
4. 登记账簿有哪些规则？

四、案例分析题

案例一

以下是某公司会计小邢设置的管理费用明细分类账：

管理费用明细分类账

20××年		凭　证		摘　要	结算凭证		对方科目	借方	贷方	结余
月	日	种类	编号		种类	号数				
3	1			上年结余						
	2		1							
	6									
				合计						
				累计						

[思考与讨论]

(1)该账簿存在什么问题？

(2)应如何设置才合理？

案例二

据《嘉兴日报》2007 年 4 月 19 日报道:海盐一家自作聪明的米业公司有两套会计账簿，真账簿用于股东之间掌握销售及利润情况，假账簿用来对付税务机关申报纳税。但机关算尽，最终还是被税务机关识破。

经公安、税务机关查实:该公司对付税务机关申报纳税的假账簿为一号账簿，用于股东之间掌握销售及利润情况的真账簿为二号账簿。而记录公司真实财务状况的二号账簿则存放在公司外面的一家小店内。

[**思考与分析**]

(1)该米业公司设两套账簿属于什么行为?

(2)你作为一名会计人员,如何看待这个问题?

案例三

美国安然公司2001年12月初申请破产,震惊全世界。2002年1月,为安然公司审计的安达信会计师事务所公开承认,他们销毁了大量的文书与证据。

[**思考与分析**]

(1)安达信会计师事务所在安然事件中扮演了什么样的角色?销毁各种文书证据的动机是什么?

(2)在我国的法律规定中,对销毁、隐匿会计凭证、账簿等行为如何处理?

第八章 财产清查

一、本章重点与难点

1. 重点:财产清查的方法及财产清查结果的账务处理。
2. 难点:财产清查的账户设置及财产清查结果的账务处理。

二、本章练习题

(一)判断题

1. 一般情况下,全面清查既可以是定期清查,也可以是不定期清查。 (　　)
2. 银行存款日记账与银行对账单余额不一致,主要是由记账错误和未达账项造成的。 (　　)
3. 只有在年度结束时,才进行全面清查。 (　　)
4. 对于银行存款的未达账项,应编制银行存款余额调节表进行调节,同时将未达账项编制记账凭证入账。 (　　)
5. 无论采用何种盘存制度,期末都需要对财产物资进行实地盘点。 (　　)
6. 对库存现金的清查,出纳人员不必在场。 (　　)
7. 采用实地盘存制,平时只登记财产物资的减少数,不登记增加数。 (　　)
8. 财产盘盈盘亏后,不管是否查明原因和报经批准,都应先编制分录调账,使账实相符。 (　　)
9. 对存货实地盘点的结果,应编制"账存实存对比表"。 (　　)
10. 只要账簿记录正确,就不会造成账实不符,不需进行财产清查。 (　　)

(二)单项选择题

1. 下列项目中,符合财产清查方法的是(　　)。
A. 账证　　B. 账账　　C. 账实　　D. 账表
2. 定期清查指的是(　　)。
A. 临时清查　　B. 局部清查　　C. 全部清查　　D. 清查对象不定
3. 下列项目中,符合银行存款清查方法的是(　　)。
A. 实地盘点　　B. 核对账目　　C. 技术推算　　D. 询证法
4. 出纳人员清点库存现金的时间应该是(　　)。
A. 每季度一次　　B. 每月一次　　C. 每天一次　　D. 每周一次

5. 产生未达账项的原因是(　　)。

A. 双方结账时间不一致　　B. 双方记账不正确

C. 双方记账时间不一致　　D. 双方记账金额不一致

6. 库存现金的清查方法应采用(　　)。

A. 技术推算法　　B. 实地盘点法　　C. 对账法　　D. 查询法

7. “待处理财产损溢”账户贷方核算的是(　　)。

A. 发生的财产盘亏、毁损数及经批准转销的盘盈数

B. 发生的财产盘亏、毁损数及盘盈数

C. 发生的财产盘盈数及经批准转销的盘亏、毁损数

D. 经批准转销的盘亏、毁损数及盘盈数

8. 企业流动资产发生的盘亏、毁损中属于一般经营损失的,经审批后应借记下列账户的是(　　)。

A. 待处理财产损溢　　B. 管理费用

C. 营业外支出　　D. 财务费用

9. 对各种应收、应付款的清查方法一般采用的是(　　)。

A. 函证核对法　　B. 实地盘点法　　C. 技术推算法　　D. 永续盘存制

10. 在永续盘存制下,平时应该是(　　)。

A. 只在账簿中登记财产物资的增加数,不登记财产物资的减少数

B. 只在账簿中登记财产物资的减少数,不登记财产物资的增加数

C. 在账簿中既登记财产物资的增加数,又登记财产物资的减少数

D. 对各项财产物资的增加数和减少数,都不需要登记

(三)多项选择题

1. 下列属于不定期清查的有(　　)。

A. 年度决算之前的清查　　B. 单位撤销、合并或改变隶属关系时的清查

C. 开展清产核资时的清查　　D. 发生非常灾害或损失时的清查

E. 更换仓库保管员时的清查

2. 定期清查一般是在(　　)。

A. 年度终了时　　B. 季度终了时　　C. 月末结账时

D. 单位撤销时　　E. 更换现金保管人员时

3. 未达账项通常是指(　　)。

A. 银行已收款入账而企业未入账　　B. 银行已付款而企业未入账

C. 企业、银行双方都未入账　　D. 企业已收款入账而银行未入账

E. 企业已付款入账而银行未入账

4. 账账核对包括(　　)。

A. 总账借、贷方数额核对　　B. 总账与明细账核对

C. 总账与日记账核对　　D. 日记账与对账单核对

E. 财会部门明细账与财产保管部门明细账核对

5. 下列财产物资,应当采用实地盘点法的有(　　)。

A. 库存现金　　B. 银行存款　　C. 债权债务

D. 存货　　　　E. 固定资产

6. 财产物资的盘存制度有(　　)。

A. 权责发生制　　B. 收付实现制　　C. 永续盘存制

D. 实地盘存制　　E. 现金流量制

7. 财产清查的内容包括(　　)。

A. 存货的清查　　B. 库存现金的清查　　C. 银行存款的清查

D. 固定资产的清查　　E. 债权债务的清查

8. 企业银行存款日记账账面余额小于银行对账单账面余额的原因有(　　)。

A. 企业账簿记录有差错　　B. 银行账簿记录有差错

C. 企业已作收款入账,银行尚未入账　　D. 企业已作付款入账,银行尚未入账

E. 银行已作付款入账,企业尚未入账

9. 下列财产清查资料中,不能作为调整账簿记录的原始凭证的有(　　)。

A. 盘存单　　B. 账存实存对比表

C. 银行存款余额调节表　　D. 银行对账单

E. 库存现金盘点表

10. 财产清查按其清查对象和范围不同,可分为(　　)。

A. 全面清查　　B. 定期清查　　C. 局部清查

D. 不定期清查　　E. 重点清查

(四)计算分录题

练习一

1. 目的:练习编制银行存款余额调节表,进行银行存款清查。

2. 资料:光明公司20××年8月31日银行存款日记账的余额为112 000元,银行对账单的余额为148 000元,经核对,发现以下未达账项:

(1)企业将收到的销货款4 000元存入银行,并已登记银行存款增加,而银行尚未入账。

(2)企业开出转账支票36 000元支付购料款,并已登记银行存款减少,而银行尚未入账。

(3)收到某单位汇来的购货款20 000元,银行已登记增加,企业尚未入账。

(4)银行代企业支付水费16 000元,银行已登记减少,企业尚未入账。

3. 要求:根据以上资料,编制银行存款余额调节表,并确定企业20××年8月31日银行存款的实际结存额。

银行存款余额调节表

存款种类:结算户存款　　　　年　　月　　日　　　　单位:元

项　目	金　额	项　目	金　额
银行对账单余额		企业银行存款日记账余额	
加:企业已收,银行未收 减:企业已付,银行未付		加:银行已收,企业未收 减:银行已付,企业未付	
调节后的存款余额		调节后的存款余额	

练习二

1. 目的：练习编制银行存款余额调节表，进行银行存款清查。

2. 资料：原丰公司20××年9月25日至9月30日银行存款账面记录如下：

(1)25日，开出支票1635号，支付采购材料运费300元；

(2)25日，开出支票1636号，支付购入材料货款39 360元；

(3)27日，收到销货款转账支票40 000元；

(4)28日，开出支票1637号，支付委托外单位加工费16 800元；

(5)30日，收到销货款转账支票28 000元；

(6)30日，开出支票1638号，支付设备修理费376元；

(7)30日，银行存款日记账账面余额为42 594元。

银行对账单记录如下：

(1)27日，支票1636号付出39 360元；

(2)28日，转账收入40 000元；

(3)28日，代交电费3 120元；

(4)28日，支票1635号付出300元；

(5)29日，存款利息收入488元；

(6)29日，代收江苏某公司货款11 820元；

(7)30日，支票1637号付出16 800元；

(8)30日，银行存款对账单余额为24 158元。

3. 要求：查明银行存款日记账账面余额与银行对账单余额不符的原因，编制银行存款余额调节表。

银行存款余额调节表

存款种类：结算户存款　　　　　　年　月　日　　　　　　单位：元

项　目	金　额	项　目	金　额
银行对账单余额		企业银行存款日记账余额	
加：企业已收，银行未收 减：企业已付，银行未付		加：银行已收，企业未收 减：银行已付，企业未付	
调节后的存款余额		调节后的存款余额	

计算过程：

______

______

______

______

______

练习三

1. 目的：练习编制银行存款余额调节表，进行银行存款清查。

2. 资料：永盛公司20××年5月31日银行存款日记账账面余额为525 000元，银行送来对账单，其银行存款余额为508 000元。经查对，发现有以下几笔未达账项：

(1)5月30日，委托银行收款50 000元，银行已记入企业银行存款账户，收款通知尚未送达公司。

(2)5月30日，公司开出现金支票一张，计1 600元，并已减少银行存款，银行尚未记账。

(3)5月31日，银行代公司支付电费1 000元，银行已减少企业存款，公司尚未记账。

(4)5月31日，公司收到外单位转账支票一张，计64 000元，公司已收账，银行尚未记账。

3. 要求：

(1)根据资料所述未达账项，编制银行存款余额调节表，确立公司月末实际可用的银行存款余额。

(2)假设银行对账单所列公司存款无误，未达账项也由双方查明无误，在编制银行存款余额调节表时所发现的错误金额是多少？公司银行存款日记账账面余额应是多少？

银行存款余额调节表

年　月　日

存款种类：结算户存款　　　　单位：元

项　目	金　额	项　目	金　额
银行对账单余额		企业银行存款日记账余额	
加：企业已收，银行未收 减：企业已付，银行未付		加：银行已收，企业未收 减：银行已付，企业未付	
调节后的存款余额		调节后的存款余额	

计算过程：

____

____

____

____

____

练习四

1. 目的：练习存货、固定资产清查结果的账务处理。

2. 资料：新光公司20××年6月30日对存货和固定资产清查时，发现有关情况如下：

(1)库存甲产品账面结存数量2 000件，单位成本40元，金额80 000元；实存1 985件，盘亏15件，价值600元。经查明系保管人员过失所致，经批准责令其赔偿。

(2)A材料账面结存数量250千克，每千克20元，金额5 000元，全部损毁。经查明由于自然灾害所致，其损失经批准作为非常损失处理，损毁材料作为废料处理，取得变价现金收入100元。

(3)发现账外机器一台，估计原价8 000元，七成新，原因待查，经批准同意转销处理。

(4)B 材料账面结存数量 150 千克，每千克成本 80 元，价值 12 000 元；实存 148 千克，盘亏 2 千克，价值 160 元。经查明属于定额内损耗，经批准转销处理。

(5)C 材料账面结存数量 300 千克，每千克 50 元，价值 15 000 元；实存 310 千克，盘盈 10 千克，价值 500 元。经查明为收发计量差错原因造成，经批准转销处理。

3. 要求：根据以上资料，编制存货和固定资产清查结果审批前后的会计分录，完成下列作业用表：

作业用表

经济业务	借贷方会计科目	借方金额	贷方金额

三、复习思考题

1. 什么是财产清查？为什么要进行财产清查？
2. 财产清查按不同标志可以划分为哪些类别？各有什么特点？适用于什么情况？
3. 什么是永续盘存制和实地盘存制？为什么说在一般情况下都应采用永续盘存制？
4. 如何对实物资产、库存现金进行清查？
5. 什么是未达账项？它包括哪些情况？为什么对已查出的未达账项不能立即入账？
6. 财产清查结果有哪几种情况？如何进行账务处理？

四、案例分析题

案例一

华海公司出纳员小李在 20××年 7 月 12 日和 7 月 15 日的现金清查中，分别发现现金短缺 40 元和溢余 35 元，经过反复核对找不到原因，考虑到两次现金长短款金额较小，小李采取以下办法来解决：短缺的 40 元自掏腰包补齐，溢余的 35 元收入自己的口袋。另外，他每次在编制银行存款余额调节表时，只根据银行存款日记账的余额加或减对账单中企业的未达账项来确定公司银行存款的实有数额，并立即将这些未入账的款项登记入账。

[**思考与分析**]

(1)小李对上述两项业务的处理是否正确？为什么？

(2)说出你的处理方法。

案例二

金华某公司财务部根据内部控制的需要，设置了财务经理、会计及出纳三个岗位。出纳负责保管现金，并登记现金日记账和银行存款日记账，每月月初到银行取回银行对账单，财务经理将对账单与银行存款日记账核对后编制银行存款余额调节表。20××年3月，该公司财务经理调离岗位，新来的财务经理由于忙于熟悉情况，连续近3个月未核对银行对账单，也未编制银行存款余额调节表。出纳员钟某见状，从4月开始挪用公司资金，直到20××年7月初，财务经理要求钟某拿出对账单来核对，钟某知道事情就要败露，当晚潜逃。第二天，财务经理发现银行存款日记账余额与对账单余额不符，经查，钟某从4月挪用第一笔资金开始，3个月累计共挪用公司资金近50万元。虽然钟某很快就被抓获归案，但挪用的公款基本被挥霍一空，给公司造成的损失也无法挽回。

［**思考与分析**］

如何加强这家企业的财产清查工作？

案例三

黄海公司的总经理助理赵某，将公司在用的一台机器借给其亲戚使用，但未办理任何手续。年底清查人员盘点固定资产时发现盘亏机器一台，该机器原价值200 000元，已提折旧60 000元。后经查实是赵某所为，在向其亲戚索要时，对方称该机器已遭毁损。而赵某对此的处理意见是，按正常报废处理。

［**思考与分析**］

(1)盘亏的设备按正常报废处理是否符合规定？

(2)该公司应该如何正确处理盘亏的资产？

第九章 财务会计报告

一、本章重点与难点

1. 重点:利润表的编制,资产负债表的编制,报表信息的有用性与局限性。
2. 难点:资产负债表的编制基础及方法,利润表的编制基础及方法。

二、本章练习题

(一)判断题

1. 企业必须对外提供资产负债表、利润表和现金流量表,会计报表附注可以不对外提供。( )
2. 现金流量表只能反映企业与现金有关的经营活动、投资活动和筹资活动。( )
3. 资产负债表中的资产类别应分为流动资产和非流动资产项目列示,非流动资产在前,流动资产在后。( )
4. 投资收益不影响营业利润。( )
5. 利润表是资产负债表的补充报表,用于补充说明各项资产增减变动的原因,以及股东变动的原因。( )
6. 资产负债表中的“无形资产”项目反映各项无形资产的原价。( )
7. 资产负债表中“应收账款”“应付账款”“预付款项”“预收款项”项目,应直接根据该账户的总账余额填列。( )
8. 现金流量表可以按照直接法报告,也可以按照间接法报告。( )
9. 企业购入 2 个月到期的国债作为交易性金融资产,不会减少企业投资活动产生的现金流量。( )
10. 由于会计年度末正值元旦放假,为尽快完成会计报表编报,可以于会计年度结束前提前结账,提前编制会计报表。( )

(二)单项选择题

1.“预付账款”账户明细账中若有贷方余额,应将其记入资产负债表中的项目是( )。

A. 应收账款　B. 预收账款　C. 应付账款　D. 其他应付款

2. 资产负债表中资产的排列是依据( )。

A. 项目收益性　B. 项目重要性　C. 项目流动性　D. 项目时间性

3. 资产负债表中的“未分配利润”项目,应根据下列账户填列的是( )。

A.“利润分配”账户余额　　B.“本年利润”账户余额
C.“盈余公积”账户余额　　D.“本年利润”和“利润分配”账户余额

4. 某企业20××年12月31日“固定资产”账户余额为2 000万元，“累计折旧”账户余额为800万元，“固定资产减值准备”账户余额为100万元，“在建工程”账户余额为200万元。该企业20××年12月31日资产负债表中“固定资产”账户的金额是（　　）万元。

A. 1 200　　B. 90　　C. 1 100　　D. 2 200

5. 以下不包括在资产负债表“存货”项目中的是（　　）。

A. 工程物资　　B. 材料成本差异　　C. 发出商品　　D. 劳务成本

6. 资产负债表中需要计算填列的是（　　）

A. 交易性金额资产　　B. 累计折旧　　C. 应付职工薪酬　　D. 货币资金

7. 20××年1月1日企业所有者权益情况如下：实收资本200万元，资本公积17万元，盈余公积60万元，未分配利润23万元。当年以资本公积15万元、盈余公积20万元和未分配利润15万元转增资本50万元；当年净利润20万元，按10%的比例提取盈余公积，宣告分配现金股利10万元。年末留存收益的数额是（　　）万元。

A. 310　　B. 58　　C. 18　　D. 20

8. 以下项目中，属于资产负债表中“流动负债”项目的是（　　）。

A. 长期借款　　B. 长期应付款　　C. 应付股利　　D. 应付债券

9. 某企业20××年发生的营业收入为1 000万元，营业成本为600万元，销售费用为20万元，管理费用为50万元，财务费用为10万元，投资收益为40万元，资产减值损失为70万元，公允价值变动损益为80万元收益，营业外收入为25万元，营业外支出为15万元。该企业20××年的营业利润是（　　）万元。

A. 370　　B. 330　　C. 320　　D. 390

10. 资产负债表的编制基础是（　　）。

A. 负债＝资产－所有者权益　　B. 资产＝负债＋所有者权益
C. 所有者权益＝资产－负债　　D. 资产＝流动资产＋非流动资产

（三）多项选择题

1. 下列项目中，属于流动资产的有（　　）。

A. 交易性金融资产　　B. 一年内到期的非流动资产
C. 货币资金　　D. 研发支出
E. 可供出售金融资产

2. 在下列项目中，应记入利润表中“营业外收入”项目的有（　　）。

A. 出口退税　　B. 先征后返收到的增值税
C. 无法支付的应付账款　　D. 销售材料取得的收入
E. 接受现金捐赠

3. 资产负债表中的“存货”项目应根据下列账户余额填列的有（　　）。

A. 生产成本　　B. 发出商品　　C. 材料采购
D. 劳务成本　　E. 原材料

4. 下列经济业务影响企业利润表中“营业利润”项目的有（　　）。

A. 存货管理不善发生的净损益　　B. 出租固定资产

C. 所得税费用　　D. 投资收益
E. 捐赠支出

5. 会计报表可以为(　　)等有关各方提供会计信息。
A. 投资者　　B. 债权人　　C. 审核机关
D. 税务部门　　E. 企业管理者

6. 资产负债表中,根据若干总账科目期末余额计算填列的有(　　)。
A. 货币资金　　B. 短期借款　　C. 存货
D. 应付债券　　E. 资本公积

7. 资产负债表中应当分类列报的三大类别是(　　)。
A. 资产　　B. 负债　　C. 利润
D. 所有者权益　　E. 收入

8. 现金流量表将企业在一定期间产生的现金流量分为(　　)。
A. 经营活动　　B. 管理活动　　C. 投资活动
D. 筹资活动　　E. 研发活动

9. 下列各项中,属于筹资活动产生的现金流量的有(　　)
A. 出售固定资产　　B. 发行债券　　C. 偿还借款
D. 出售产品　　E. 购买材料

10. 从资产负债表中,可以分析出的信息有(　　)。
A. 经济资源的分布和构成　　B. 偿债能力和支付能力
C. 资金的来源及其构成　　D. 财务安全性
E. 财务状况的变化趋势

(四)计算分录题

练习一

1. 目的:练习资产负债表项目的填制。
2. 资料:某企业 3 月末的有关账户余额如下:

序号	科目	余额(元)	方向
1	库存现金	980	借
2	银行存款	10 258	借
3	原材料	18 695	借
4	生产成本	489	借
5	库存商品	6 589	借
6	长期借款	100 000(含一年内到期 20 000)	贷
7	本年利润	30 015	贷
8	利润分配	4 856	借

3. 要求:计算填列资产负债表中货币资金、存货、长期借款、未分配利润四个项目的金额。

计算过程：

练习二

1. 目的：计算利润表相关项目。

2. 资料：某工业企业为增值税一般纳税企业，适用的增值税税率为13%，所得税税率为25%。该企业20××年度有关资料如下：

(1)本年度内发出产品5 000件，其中对外销售4 500件，其余为在建工程领用。该产品销售成本每件为12元，销售价格每件为20元。

(2)本年度内计入投资收益的债券利息收入为30 000元，其中，国债利息收入为2 500元。

(3)本年度内发生管理费用50 000元，其中，折旧费用25 000元，业务招待费20 000元。按税法规定可在应纳税所得额前扣除的折旧费用为20 000元，业务招待费为15 000元。

(4)本年度内补贴收入3 000元(计入当期营业外收入)。按税法规定应缴纳所得税。

3. 要求：计算该企业20××年利润表中有关项目的金额：营业利润、利润总额、所得税费用、净利润。

计算过程：

练习三

1. 目的：练习营业收入和营业成本的确定。

2. 资料：丙公司20××年度“主营业务收入”账户的贷方发生额为5 000万元，借方发生额为100万元(系10月发生的购买方退货)；“其他业务收入”账户的贷方发生额为300万元；“主营业务成本”账户的借方发生额为4 000万元；20××年10月10日，收到购买方退货，其成本为60万元；“其他业务成本”账户的借方发生额为200万元；2018年1月10日，收到20××年12月销售给某单位的一批产品，由于质量问题被退回，其收入为60万元，成本为40万元。

3. 要求：根据上述资料，计算利润表中营业收入和营业成本项目的金额。

计算过程：

练习四

1. 目的：练习资产负债表的编制。
2. 资料：金兰公司20××年10月1日资产、负债及所有者权益状况如下：

单位：元

资　产	金　额	负债及所有者权益	金　额
库存现金	60	短期借款	3 000
银行存款	4 500	应付账款	1 500
应收账款	2 100	实收资本	19 000
原材料	4 340		
固定资产	12 500		
合　计	23 500	合　计	23 500

该公司10月发生下列经济交易或会计事项：
(1)2日，以银行存款支付原材料1 200元；
(2)6日，用银行存款2 000元偿还短期借款；
(3)10日，收到外单位投资设备一台，价值4 000元；
(4)15日，以银行存款偿还应付账款1 000元。
3. 要求：为该公司编制该月的资产负债表。

资产负债表

编制单位：　　　　年　月　日　　　　单位：元

资　产	金　额	负债及所有者权益	金　额

计算过程：

练习五

1. 目的：练习资产负债表的编制。
2. 资料：大河公司20××年9月的有关资料如下：
(1)20××年9月30日调整前各账户余额如下表所示：

调整前各账户余额

单位:元

账户名称	借方余额	贷方余额
库存现金	240	
银行存款	18 960	
应收账款	6 400	
其他应收款	2 400	
原材料	22 880	
生产成本	57 600	
制造费用	12 800	
库存商品	12 640	
固定资产	641 600	
长期待摊费用	4 800	
累计折旧		144 000
短期借款		108 000
预收账款		20 000
应付利息		1 920
实收资本		350 000
资本公积		6 235.61
主营业务收入		86 400
销售费用	2 400	
管理费用	6 640	
本年利润		51 600
利润分配——未分配利润		27 440

(2)9月需要调整和结转的账项如下：

①本月应收出租包装物租金1 200元。

②本月水电费为3 600元,其中车间耗用2 500元,其余由行政管理部门负担。该项费用至今尚未确认入账,也未支付。

③本月应计借款利息840元。

④本月行政管理部门应负担财产保险费480元,该财产保险单是1年前购买的,为期2年。

⑤本月应计提固定资产折旧5 880元,其中25%的折旧费应由行政管理部门负担,其余均由生产车间负担。

⑥结转本月生产的制造费用。

⑦本月完工产品的制造成本为67 310元。

⑧本月销售产品的成本为49 584元。

⑨本月按应交增值税额的3%计征教育费附加[假设本月应交增值税额=(86 400－49 584)×13%=4 786.08(元)]。

⑩按本月实现利润的25%计算应交所得税。

3. 要求：

(1)根据上述资料,编制相关的调整分录、结转分录以及结账分录。

(2)计算分析并填列大河公司20××年9月30日的资产负债表，并写出“存货”“应交税费”和“未分配利润”这三个项目期末数的计算过程。

作业用表

经济业务	借贷方会计科目	借方金额	贷方金额

资产负债表

编报单位：　　　　　　　　　　年　月　日　　　　　　　　　　单位：元

项　目	期末数	项　目	期末数
货币资金		短期借款	
应收账款		预收账款	
其他应收款		应交税费	
存货		应付利息	
流动资产合计		其他应付款	
固定资产		流动负债合计	
减：累计折旧		负债合计	
固定资产净值		实收资本	
长期待摊费用		未分配利润	
长期资产合计		所有者权益合计	
资产合计		负债及所有者权益合计	

计算过程：

三、复习思考题

1. 什么是财务会计报告？为什么要编制财务会计报告？
2. 编制会计报表有什么要求？
3. 试述资产负债表的作用、结构和编制方法。
4. 试述利润表的作用、结构和编制方法。
5. 试述现金流量表的作用、结构和编制方法。

四、案例分析题

案例一

据报道，中小板上市公司紫鑫药业以人参贸易为托，大肆注册空壳公司，隐瞒关联交易，进行自买自卖。紫鑫药业客户信息扑朔迷离，而最终均指向上市公司实际控制人及其关联方。而该公司分布在延边、通化等地的上下游客户亦受同一集团所控制，并最终指向了紫鑫药业实际控制人郭春生。在此背景下，紫鑫药业与上述客户在2010年所进行的大量人参买卖交易也存在巨大的"自买自卖"甚至虚假交易的嫌疑。这一系列的财务造假手段被质疑复制了当年的银广夏骗局。

近年来，上市公司缺乏诚信、弄虚作假事件并不少见。2011年上半年，同样是中小板公司的＊ST大地就因为造假上市而遭遇股价暴跌，受害最深的无疑是广大中小投资者。

如果连上市公司的报表真实性都存在疑问，那么我们又以什么来对一家上市公司进行估值？谁也不知道还有多少紫鑫药业、＊ST大地隐藏在众多个股中，这样的结果只能是让投资者对价值投资更加怀疑，谁还敢长期持股？如果没有一个干净的市场环境，就算是社保资金、401K计划、QFII、RQFII进入股市，最终都有可能成为受害者，成为上市公司造假的炮灰。

想必有人会问，什么是证券市场的基石？答案很简单：上市公司质量。然而，2011年8月17日又一家涉嫌造假的上市公司被媒体揭露，这让普通投资者深感恐慌。在这样一个原本就重融资、轻回报的A股市场，如果连上市公司基本面的真实性都不再敢相信了，我们还如何相信证券市场？

[**思考与讨论**]

(1)请结合紫鑫药业，分析我国上市公司的信息质量，如果有财务造假，是否就意味着财务报表没用了？

(2)分析我国上市公司进行会计造假的原因和手段。

案例二

请上网找一家上市公司的年报。

[**思考与分析**]

(1)在这家公司的资产负债表中，哪项资产的金额最大？为什么公司在这项资产上做了大笔投资？

(2)该公司利润表中是净利润还是净亏损？净利润或净亏损占营业收入的比重为多少？利润表中的项目，哪三项发生了较大的百分比变动？

案例三

请上网找一家上市公司的年报。

[**思考与分析**]

(1)假定你是银行信贷的主管，这家公司要求借一笔相当于总资产10%的借款，期限是120天。你认为这家公司有信用风险吗？为什么？

(2)你认为这家公司的优势和劣势何在？

第十章
账务处理程序

一、本章重点与难点

1. 重点:账务处理程序的意义和种类,各种账务处理程序的区别,记账凭证账务处理程序、科目汇总表账务处理程序和汇总记账凭证账务处理程序的特点。

2. 难点:科目汇总表和汇总记账凭证的编制。

二、本章练习题

(一)判断题

1. 记账凭证账务处理程序是最基本的一种账务处理程序。 ( )

2. 汇总记账凭证账务处理程序虽然不能减轻登记总分类账的工作量,但便于了解账户之间的对应关系。 ( )

3. 无论采用哪种账务处理程序,财务报表的编制方法是相同的。 ( )

4. 汇总转账凭证是按每一借方科目分别设置,根据一定期间内的全部转账凭证,按与之相对应的贷方科目归类汇总。 ( )

5. 科目汇总表可以起到试算平衡的作用。 ( )

6. 科目汇总表账务处理程序的缺点是:不能明确反映账户的对应关系,不便于了解经济业务的来龙去脉,不便于查对账目。 ( )

7. 为便于编制汇总转账凭证,平时编制转账凭证时,对转账凭证中账户的对应关系,要求"一借一贷"或"一借多贷",而不宜采用"一贷多借"或"多借多贷"。 ( )

8. 各种账务处理程序登记总分类账的依据和方法是相同的。 ( )

9. 由于各单位的业务性质、规模大小、管理要求的不同,所以各单位采用的账务处理程序也就不尽相同。 ( )

10. 科目汇总表账务处理程序中,每月只能编制一张科目汇总表。 ( )

(二)单项选择题

1. 各种账务处理程序之间的主要区别是( )。

A. 会计凭证的种类不同　　B. 总分类账的格式不同

C. 登记总分类账的依据和方法不同　　D. 编制财务报表的方法不同

2. 记账凭证账务处理程序的特点是( )。

A. 根据各种记账凭证编制有关汇总记账凭证　B. 根据记账凭证逐笔登记总分类账

C. 根据各种记账凭证编制科目汇总表　　D. 根据汇总记账凭证登记总分类账

3. 科目汇总表账务处理程序的特点是(　　)。

A. 根据记账凭证登记总分类账　　B. 根据科目汇总表登记总分类账

C. 根据汇总记账凭证登记总分类账　　D. 根据科目汇总表登记明细分类账

4. 汇总收款凭证是按(　　)。

A. 收款凭证上的借方科目设置　　B. 收款凭证上的贷方科目设置

C. 付款凭证上的借方科目设置　　D. 付款凭证上的贷方科目设置

5. 各种账务处理程序的共同之处是(　　)。

A. 适用范围相同　　B. 登记总分类账的依据相同

C. 会计账簿的组织相同　　D. 登记总分类账的方法相同

6. 科目汇总表的基本编制方法是(　　)。

A. 按照贷方会计科目进行归类,定期汇总

B. 按照相同会计科目进行归类,定期汇总

C. 按照借方会计科目进行归类,定期汇总

D. 按照不同会计科目进行归类,定期汇总

7. 在科目汇总表账务处理程序下,登记总分类账的依据是(　　)。

A. 原始凭证　　B. 记账凭证　　C. 汇总原始凭证　　D. 科目汇总表

8. 记账凭证账务处理程序的适用范围是(　　)。

A. 规模较大、经济业务较多的单位　　B. 规模较小、经济业务较多的单位

C. 规模较小、经济业务较少的单位　　D. 会计基础工作比较规范的单位

9. 汇总记账凭证账务处理程序的优点是(　　)。

A. 可以进行试算平衡　　B. 便于了解账户之间的对应关系

C. 处理手续简单　　D. 不能简化登记总账的工作

10. 汇总付款凭证的贷方科目可能是(　　)。

A. 应收账款　　B. 管理费用　　C. 银行存款　　D. 主营业务收入

(三)多项选择题

1. 下列各项中,可以作为登记总分类账的直接依据的有(　　)。

A. 原始凭证　　B. 记账凭证　　C. 科目汇总表　　D. 汇总记账凭证

E. 汇总原始凭证

2. 关于记账凭证账务处理程序,下列说法正确的有(　　)。

A. 简单明了,易于理解

B. 一般适用于规模较大、经济业务较多的单位

C. 在经济业务较多的情况下,登记总分类账的工作量较大

D. 一般适用于规模较小、经济业务较少的单位

E. 总分类账可以详细地反映经济业务的发生和完成情况

3. 关于科目汇总表账务处理程序,下列说法正确的有(　　)。

A. 科目汇总表可以起到进行全部账户发生额试算平衡的作用

B. 可以减轻登记总分类账的工作量

C. 汇总的方法比较简单

D. 在科目汇总表和总分类账上能够明确反映账户的对应关系
E. 每月可以根据需要编制多张科目汇总表
4. 关于汇总记账凭证账务处理程序，下列说法正确的有（　　）。
A. 汇总记账凭证和总分类账不能明确反映账户的对应关系
B. 可以减轻登记总分类账的工作量
C. 一般适用于规模较小、经济业务较少的单位
D. 主要适用于规模较大、经济业务较多的单位
E. 汇总记账凭证可以起到试算平衡的作用
5. 可以简化总分类账登记工作的账务处理程序有（　　）。
A. 科目汇总表账务处理程序　B. 汇总记账凭证账务处理程序
C. 多栏式日记账账务处理程序　D. 记账凭证账务处理程序
E. 日记总账账务处理程序
6. 为了便于编制汇总转账凭证，所有转账业务的会计分录都应该有（　　）。
A. 多借多贷　B. 一借一贷　C. 一借多贷
D. 一贷多借　E. 以上都可以
7. 在汇总记账凭证账务处理程序下，下列可以作为登记总分类账依据的有（　　）。
A. 汇总原始凭证　B. 汇总收款凭证　C. 汇总付款凭证
D. 汇总转账凭证　E. 科目汇总表
8. 汇总收款凭证的借方科目可能有（　　）。
A. 库存现金　B. 银行存款　C. 固定资产
D. 原材料　E. 应收账款
9. 在各种账务处理程序下，明细分类账可以根据下列（　　）登记。
A. 原始凭证　B. 汇总记账凭证　C. 记账凭证
D. 科目汇总表　E. 原始凭证汇总表
10. 常用的账务处理程序包括（　　）。
A. 记账凭证账务处理程序　B. 科目汇总表账务处理程序
C. 汇总记账凭证账务处理程序　D. 多栏式日记账账务处理程序
E. 日记总账账务处理程序

（四）计算分录题

练习一

1. 目的：掌握记账凭证账务处理程序。
2. 资料：华星工厂采用记账凭证核算组织程序，有关资料如下：
20××年12月1日账户余额表如下：

账户余额表

单位:元

会计科目	借方	贷方	会计科目	借方	贷方
库存现金	3 500		短期借款		1 570 000
银行存款	300 000		应付账款		400 000
应收账款	200 000		应交税费		50 000
其他应收款	10 000		应付股利		70 000
预付账款	12 000		其他应付款		15 000
原材料	900 000		应付利息		20 000
库存商品	600 000		实收资本		2 000 000
制造费用	300 000		盈余公积		150 000
固定资产	3 000 000		本年利润		300 000
累计折旧		1 000 000	利润分配	250 000	

原材料购买情况如下表所示：

材料名称	数量(千克)	单价(元)	金额(元)
甲材料	1 500	400	600 000
乙材料	2 000	150	300 000

该企业12月发生下列业务(原材料按实际成本计价,不考虑增值税)：

(1)2日,购进甲材料100千克,单价400元。材料验收入库,货款由银行存款支付。

(2)5日,购进乙材料400千克,单价150元。材料验收入库,货款未付。

(3)15日,仓库发出材料,发料汇总表如下：

发料凭证汇总表

单位:元

项　　目	甲材料		乙材料		合　　计	
	数量	金额	数量	金额	数量	金额
制造产品耗用：	120	48 000	450	67 500		115 500
A产品	70	28 000	200	30 000		58 000
B产品	50	20 000	250	37 500		57 500
行政管理部门耗用	10	4 000				4 000
合　　计	130	52 000	450	67 500		119 500

(4)16日,用现金支付行政管理部门日常的零星开支2 000元。

(5)17日,用银行存款支付利息12 000元(前已预提)。

(6)20日,从银行提取现金50 000元以备发放工资。

(7)20日,用现金50 000元发放工资。

(8)25日,用银行存款8 000元支付水电费,其中,A产品耗用4 000元,B产品耗用2 500元,车间管理耗用1 500元。

(9)25日,销售A产品100件,货款180 000元存入银行。

(10)26日,销售B产品200件,货款100 000元,收回60 000元存入银行,其余部分尚未收回。

(11)28 日,用银行存款支付广告费 3 000 元。

(12)31 日,分配本月工资,其中,A 产品生产工人工资 30 000 元,B 产品生产工人工资 15 000 元,行政管理人员工资 5 000 元。

(13)31 日,计提行政管理部门固定资产折旧 1 000 元。

(14)31 日,结转本月完工产品成本,其中,A 产品完工 180 件,总成本 216 000 元;B 产品完工 300 件,总成本 120 000 元。

(15)31 日,计算本月应缴纳的销售税金 28 000 元。

(16)31 日,结转本月的销售收入。

(17)31 日,结转本月的销售成本,其中,A 产品销售成本为 120 000 元,B 产品销售成本为 80 000 元。

(18)31 日,结转本月其他各项支出。

(19)31 日,按 25%税率计算并结转本月应交所得税。

(20)假定经计算,本年提取的盈余公积金为 10 000 元,应分给投资者的利润为 10 000 元。

3. 要求:

(1)编制会计分录,完成下列作业用表:

作业用表

经济业务	借贷方会计科目	借方金额	贷方金额

(2)根据收、付款凭证,逐日逐笔登记现金日记账、银行存款日记账。

现金日记账

年		凭证号		摘　　要	对方科目	收　入	支　出	结　余
月	日	收	付					

银行存款日记账

年		凭证号		摘　　要	对方科目	收　入	支　出	结　余
月	日	收	付					

(3)根据原始凭证、记账凭证,登记原材料明细账。

原材料明细账

材料名称:甲材料　　　　单位:千克,元

	摘　要	收　入			发　出			结　存		
		数量	单价	金额	数量	单价	金额	数量	单价	金额
略										

原材料明细账

材料名称:乙材料　　　　单位:千克,元

	摘　要	收　入			发　出			结　存		
		数量	单价	金额	数量	单价	金额	数量	单价	金额
略										

(4)根据记账凭证,逐笔登记总分类账。

会计科目:库存现金

年		凭证号	摘　要	借　方	贷　方	借或贷	余　额
月	日						

会计科目:银行存款

年		凭证号	摘　　要	借　方	贷　方	借或贷	余　额
月	日						

会计科目:应收账款

年		凭证号	摘　　要	借　方	贷　方	借或贷	余　额
月	日						

会计科目:其他应收款

年		凭证号	摘　　要	借　方	贷　方	借或贷	余　额
月	日						

会计科目:预付账款

年		凭证号	摘　　要	借　方	贷　方	借或贷	余　额
月	日						

会计科目:原材料

年		凭证号	摘　　要	借　方	贷　方	借或贷	余　额
月	日						

会计科目:库存商品

年		凭证号	摘　　要	借　方	贷　方	借或贷	余　额
月	日						

会计科目：生产成本

年		凭证号	摘　　要	借　方	贷　方	借或贷	余　额
月	日						

会计科目：固定资产

年		凭证号	摘　　要	借　方	贷　方	借或贷	余　额
月	日						

会计科目：累计折旧

年		凭证号	摘　　要	借　方	贷　方	借或贷	余　额
月	日						

会计科目:短期借款

年		凭证号	摘　　要	借　方	贷　方	借或贷	余　额
月	日						

会计科目:应付账款

年		凭证号	摘　　要	借　方	贷　方	借或贷	余　额
月	日						

会计科目:应付职工薪酬

年		凭证号	摘　　要	借　方	贷　方	借或贷	余　额
月	日						

会计科目:应交税费

年		凭证号	摘　　要	借　方	贷　方	借或贷	余　额
月	日						

会计科目:应付股利

年		凭证号	摘　　要	借　方	贷　方	借或贷	余　额
月	日						

会计科目:其他应付款

年		凭证号	摘　　要	借　方	贷　方	借或贷	余　额
月	日						

会计科目:应付利息

年		凭证号	摘　　要	借　方	贷　方	借或贷	余　额
月	日						

会计科目:实收资本

年		凭证号	摘　　要	借　方	贷　方	借或贷	余　额
月	日						

会计科目:盈余公积

年		凭证号	摘　　要	借　方	贷　方	借或贷	余　额
月	日						

会计科目:本年利润

年		凭证号	摘　　要	借　方	贷　方	借或贷	余　额
月	日						

会计科目:利润分配

年		凭证号	摘　　要	借　方	贷　方	借或贷	余　额
月	日						

会计科目:主营业务收入

年		凭证号	摘　　要	借　方	贷　方	借或贷	余　额
月	日						

会计科目:主营业务成本

年		凭证号	摘　　要	借　方	贷　方	借或贷	余　额
月	日						

会计科目:税金及附加

年		凭证号	摘　　要	借　方	贷　方	借或贷	余　额
月	日						

会计科目:管理费用

年		凭证号	摘　　要	借　方	贷　方	借或贷	余　额
月	日						

会计科目:销售费用

年		凭证号	摘　　要	借　方	贷　方	借或贷	余　额
月	日						

会计科目:所得税费用

年		凭证号	摘　　要	借　方	贷　方	借或贷	余　额
月	日						

会计科目:在途物资

年		凭证号	摘　　要	借　方	贷　方	借或贷	余　额
月	日						

(5)根据总分类账户记录,编制试算平衡表。

试算平衡表

会计科目	期初余额		本期发生额		期末余额	
	借　方	贷　方	借　方	贷　方	借　方	贷　方

(6)根据总分类账户和明细分类账户记录,编制资产负债表和利润表。

资产负债表

编制单位: 年 月 日 单位:元

资　产	期末数	负债及所有者权益	期末数

利润表

编制单位: 年 月 日 单位:元

项　目	本　月　数	本年累计数
		略

练习二

1. 目的:练习科目汇总表的编制。

2. 资料:华发公司采用科目汇总表账务处理程序。20××年6月30日会计人员编制科目汇总表如下:

科目汇总表

20××年6月15日至6月30日　　汇字第2号　　单位:元

借　方	会计科目	贷　方
508	库存现金	
4 600	银行存款	
700	应收账款	
12 000	原材料	
50 000	固定资产	
3 000	管理费用	
	应付账款	2 000
	实收资本	60 000
	预收账款	2 068
	应付职工薪酬	2 600
70 808	合　计	66 668

经与有关账簿记录核对,发现在记账和过账过程中存在以下错误:

(1)本月"库存现金"账户借方发生额应为2 840元,贷方发生额应为2 372元。

(2)企业用银行存款4 000元偿还一笔欠款,已经正确记入"应付账款"账户,但未记入"银行存款"账户。

(3)企业提取现金500元零用,已经正确记入"库存现金"账户,但未记入"银行存款"账户。

(4)用现金850元购买当月厂部办公用品,已正确记入"库存现金"账户,但未记入"管理费用"账户。

(5)用现金50元支付零星费用,过账时误记为:

借:管理费用　　500

　贷:库存现金　　500

3. 要求:根据以上的资料,编制正确的科目汇总表,完成下列作业用表:

作业用表

20××年6月15日至6月30日　　汇字第2号

借　方	会计科目	贷　方

练习三

1. 目的:熟悉汇总记账凭证的种类。

2. 资料:建峰工厂"管理费用"总账账户20××年6月20日有借方余额18 500元,6月21

日至 30 日发生下列经济业务：

(1)开出转账支票 1 500 元，支付行政管理部门本月水电费。

(2)公出人员出差归来报销差旅费 800 元，付给现金。

(3)某职工因私事打长途电话费 100 元，现收回现金(前已报销)。

(4)摊销应由本月负担的保险费 600 元。

(5)月末结转本月发生的管理费用 21 300 元。

3. 要求：

(1)编制本月业务的会计分录，并说明其应编入何种汇总记账凭证。

经济业务	借贷方会计科目	借方金额	贷方金额

(2)根据汇总记账凭证登记“管理费用”总分类账户(T 形账户)，并写明摘要。

管理费用

本月发生额合计	本月发生额合计

练习四

1. 目的：掌握各种账务处理程序的优缺点和适用范围。

2. 资料与要求：将各种账户处理程序按下列要求填入下表内：

账务处理程序	特　点	优　点	缺　点	适用范围
记账凭证账务处理程序				
科目汇总表账务处理程序				
汇总记账凭证账务处理程序				
日记总账账务处理程序				

三、复习思考题

1. 什么是账务处理程序？采用科学合理的账务处理程序有何重要意义？

2. 简要说明记账凭证账务处理程序的主要步骤。

四、案例分析题

案例一

东新公司原本是一家规模较小的制造企业，但经过几年的发展，已经逐步发展壮大，业务量明显增多。公司会计抱怨工作量越来越大，即便总是加班加点也无法及时完成必要的会计工作。公司为此还新招聘了会计人员，但仍然无法很好地解决这个问题。于是公司咨询天健会计师事务所注册会计师张某，张某在实地了解了东新公司的会计工作流程后发现，该公司会计核算长期以来都是根据原始凭证填制记账凭证，根据记账凭证登记日记账、明细分类账，并逐笔登记总分类账，月末按要求进行对账、编制会计报表。

［**思考与分析**］

根据该公司的特点和张某了解到的情况，回答下列问题：

(1)为什么该公司会计工作会如此繁重？

(2)请你为东新公司重新设计账务处理程序。

案例二

在传统的会计核算方法中，科目汇总表账务处理程序是应用较广泛的一种账务处理程序。在没有实行会计电算化，或者正处于电算化与手工账并行期间的单位会计核算过程中，编制科目汇总表是一项比较繁重的工作。

［**思考与分析**］

请上网查找有关资料，讨论科目汇总表的编制方法和技巧。

参考答案

第一章　总　论

二、本章练习题

(一)判断题

1. √　2. ×　3. √　4. ×　5. √

(二)单项选择题

1. C　2. A　3. A　4. D　5. B

(三)多项选择题

1. AC　2. ABCD　3. ABC　4. ABC　5. ABCD

三、复习思考题

略。

四、案例分析题

略。

第二章　会计核算的基础

二、本章练习题

(一)判断题

1. ×　2. √　3. √　4. √　5. ×　6. ×　7. √　8. ×　9. √　10. √

(二)单项选择题

1. C　2. B　3. B　4. B　5. C　6. D　7. C　8. D　9. A　10. A

(三)多项选择题

1. ABC　2. BD　3. BC　4. AC　5. ABC　6. BCD
7. ABD　8. AB　9. ABC　10. AD

(四)计算分录题

练习一

单位:元

	第一年净利润	第二年净利润	第三年净利润
现金制	4 000	(6 000)	2 000
权责发生制	10 000	4 000	10 000

练习二

单位:元

项　目	现金制		权责发生制	
	收入	费用	收入	费用
1		11 200		
2	13 000			
3		3 600		
4		6 600		2 200
5	160 000			
6	72 000		112 000	
7				4 000
8				24 000
合计	245 000	21 400	112 000	30 200
利润	223 600		81 800	

三、复习思考题

略。

四、案例分析题

略。

第三章　会计要素与会计等式

二、本章练习题

(一)判断题

1. ×　2. ×　3. ×　4. ×　5. ×　6. ×　7. √　8. ×　9. √　10. √

(二)单项选择题

1. C　2. D　3. C　4. D　5. A　6. A　7. D　8. B　9. C　10. B

(三)多项选择题

1. BCD	2. ABC	3. BD	4. AC	5. ABD	6. BC
7. BD	8. BD	9. ABC	10. ACD		

(四)计算分录题

练习一

资产类:机器设备、原材料、银行存款和现金
负债类:银行借款、工资津贴
所有者权益类:投入资本
收入类:商品销售收入
费用类:差旅费
利润类:利润

练习二

根据会计恒等式:

	资　产	=	负　债	+	所有者权益
(1)	－银行存款 12 000 元				
	＋原材料 12 000 元				
(2)	－银行存款 20 000 元		－短期借款 20 000 元		
(3)	＋设备 40 000 元				＋接受投资 40 000 元
(4)	－银行存款 10 000 元		－应付账款 10 000 元		

练习三

根据:资产＝负债＋所有者权益＋利润
有:162 000＝36 000＋(108 000＋37 800－56 800)＋X
所以:X＝162 000－36 000－108 000－37 800＋56 800＝37 000(元)

练习四

根据:资产＝负债＋所有者权益＋收入－费用
有:62 000＝26 000＋(28 000＋57 800－10 800)＋X－59 400
所以:X＝62 000－26 000－28 000－57 800＋10 800＋59 400＝20 400(元)

练习五

根据:资产＝负债＋所有者权益＋利润
亦即:期末资产＝期末负债＋(期初所有者权益＋本期发生额)＋利润
有:(1)295 000＝231 000＋(250 000－209 000＋25 000)＋X
所以:X＝－2 000(元)
(2)295 000＝231 000＋(250 000－209 000－15 000)＋X
所以:X＝38 000(元)

三、复习思考题

略。

四、案例分析题

略。

第四章　账户与复式记账

二、本章练习题

(一)判断题

1. ×　2. √　3. ×　4. ×　5. √　6. √　7. √　8. ×　9. √　10. √

(二)单项选择题

1. A　2. A　3. B　4. C　5. D　6. D　7. B　8. C　9. B　10. B

(三)多项选择题

1. ABD　2. ABD　3. CDE　4. ABD　5. AD　6. ABCE
7. ABCD　8. ACD　9. ACE　10. AB

(四)计算分录题

练习一

根据各类账户的结构原理,有关数额计算结果如下(单位:元):

账户名称	期初余额	本期借方发生额	本期贷方发生额	期末余额
库存现金	350	1 000	(950)	400
短期借款	10 000	5 000	(10 000)	15 000
实收资本	50 000	2 000	0	(48 000)
应收账款	(22 000)	3 000	5 000	20 000
预付账款	30 000	(50 000)	60 000	20 000
本年利润	40 000	200	10 000	(49 800)

练习二

根据总账和明细账平行登记的原理,有关金额计算如下:

原材料(总账)

本期发生额 195 000	本期发生额 75 000

原材料(A 材料)

期初余额 110 000	本期发生额 50 000

原材料(B材料)

本期发生额 30 000	

原材料(C材料)

本期发生额 65 000	
期末余额 70 000	

练习三

(1)借:管理费用	360	
贷:库存现金		360
(2)借:原材料	65 000	
贷:应付账款		65 000
(3)借:其他应收款——张小明	1 000	
贷:库存现金		1 000
(4)借:库存现金	3 000	
贷:银行存款		3 000
(5)借:固定资产	80 000	
贷:银行存款		80 000
(6)借:银行存款	150 000	
贷:短期借款		150 000
(7)借:管理费用	800	
库存现金	200	
贷:其他应收款——张小明		1 000
(8)借:银行存款	200 000	
贷:实收资本		200 000

三、复习思考题

略。

四、案例分析题

略。

第五章　借贷记账法在制造业的运用

二、本章练习题

(一)判断题

1. × 2. × 3. × 4. √ 5. √ 6. √ 7. × 8. √ 9. √ 10. ×

(二)单项选择题

1. C 2. C 3. D 4. B 5. B 6. A 7. B 8. A 9. B 10. B

(三)多项选择题

1. ABD	2. BCD	3. ABE	4. BC	5. BCD	6. AB
7. ABCD	8. BCDE	9. ABC	10. BD		

(四)计算分录题

练习一

	借方	贷方
(1)借:银行存款	150 000	
贷:长期借款		150 000
(2)借:固定资产	2 000 000	
贷:实收资本		2 000 000
(3)借:银行存款	80 000	
贷:短期借款		80 000
(4)借:无形资产	50 000	
贷:实收资本		50 000
(5)借:银行存款	200 000	
贷:实收资本		200 000
(6)借:资本公积	100 000	
贷:实收资本		100 000
(7)借:短期借款	50 000	
贷:银行存款		50 000
(8)借:固定资产	100 000	
贷:实收资本		100 000

练习二

	借方	贷方
(1)借:原材料——A 材料	50 200	
应交税费——应交增值税(进项税额)	6 500	
贷:银行存款		56 700
(2)借:原材料——C 材料	4 000	
应交税费——应交增值税(进项税额)	520	
贷:应付账款——五金商店		4 520
(3)借:应付账款——京海工厂	22 600	
贷:银行存款		22 600
(4)借:在途物资——B 材料	6 150	
应交税费——应交增值税(进项税额)	780	
贷:银行存款		6 930
(5)借:原材料——B 材料	6 150	
贷:在途物资——B 材料		6 150
(6)借:在途物资——A 材料	60 300	
——B 材料	8 200	

应交税费——应交增值税(进项税额)　　8 840
　贷:银行存款　　77 340
(7)借:原材料——A 材料　　60 300
　——B 材料　　8 200
　贷:在途物资——A 材料　　60 300
　——B 材料　　8 200

练习三

(1)借:生产成本——甲产品　　18 000
　——乙产品　　13 000
制造费用　　2 000
管理费用　　400
　贷:原材料——A 材料　　15 000
　——B 材料　　18 400
(2)借:库存现金　　82 000
　贷:银行存款　　82 000
(3)借:应付职工薪酬　　82 000
　贷:库存现金　　82 000
(4)借:管理费用　　17 740
　贷:银行存款　　17 740
(5)借:生产成本——甲产品　　45 000
　——乙产品　　20 000
制造费用　　9 000
管理费用　　8 000
　贷:应付职工薪酬　　82 000
(6)借:生产成本——甲产品　　6 300
　——乙产品　　2 800
制造费用　　1 260
管理费用　　1 120
　贷:应付职工薪酬　　11 480
(7)借:预付账款　　3 000
　贷:银行存款　　3 000
(8)借:制造费用　　2 000
管理费用　　600
　贷:累计折旧　　2 600
(9)制造费用分配率=(2 000+17 740+9 000+1 260+2 000)÷(12 000+8 000)=1.6
甲产品应负担的制造费用=12 000×1.6=19 200(元)
乙产品应负担的制造费用=8 000×1.6=12 800(元)
借:生产成本——甲产品　　19 200
　——乙产品　　12 800

贷:制造费用 32 000
(10)借:库存商品——甲产品 88 500
贷:生产成本——甲产品 88 500

练习四

(1)借:应收账款——新光公司 904 000
贷:主营业务收入 800 000
应交税费——应交增值税(销项税额) 104 000
借:销售费用 1 200
贷:银行存款 1 200
(2)借:应收账款——W 公司 589 600
贷:主营业务收入 500 000
其他业务收入 20 000
应交税费——应交增值税(销项税额) 67 600
银行存款 2 000
(3)借:销售费用 60 000
贷:银行存款 60 000
(4)借:预付账款 9 000
贷:银行存款 9 000
借:销售费用 3 000
贷:预付账款 3 000
(5)借:银行存款 429 400
贷:主营业务收入 380 000
应交税费——应交增值税(销项税额) 69 400
(6)借:主营业务成本——A 产品 660 000
——B 产品 319 000
贷:库存商品——A 产品 660 000
——B 产品 319 000
借:其他业务成本 14 000
贷:原材料——甲材料 14 000
(7)本月应交增值税=本月销项税额-本月进项税额=221 000-88 400=132 600(元)
(8)借:税金及附加 13 260
贷:应交税费——应交城市维护建设税 9 282
——应交教育费附加 3 978

练习五

(1)借:银行存款 3 000
贷:营业外收入 3 000
(2)借:其他应收款——李力源 2 000
贷:库存现金 2 000

(3)借:管理费用　2 200
　贷:其他应收款——李力源　2 000
　　库存现金　200
(4)借:管理费用　1 300
　贷:银行存款　1 300
(5)借:财务费用　400
　应付利息　800
　贷:银行存款　1 200

练习六

(1)借:管理费用　5 000
　贷:银行存款　5 000
(2)借:固定资产清理　2 000
　贷:营业外收入　2 000
(3)借:营业外支出　3 000
　贷:银行存款　3 000
(4)借:财务费用　1 000
　贷:应付利息　1 000
(5)借:银行存款　22 600
　贷:其他业务收入　20 000
　　应交税费——应交增值税(销项税额)　2 600
(6)借:其他业务成本　12 000
　贷:原材料　12 000
(7)借:管理费用　800
　库存现金　200
　贷:其他应收款——张小为　1 000
(8)借:主营业务收入　850 000
　其他业务收入　20 000
　营业外收入　2 000
　贷:本年利润　872 000
借:本年利润　632 800
　贷:主营业务成本　600 000
　　其他业务成本　12 000
　　税金及附加　6 000
　　管理费用　5 800
　　财务费用　1 000
　　销售费用　5 000
　　营业外支出　3 000
(9)借:所得税费用　59 800
　贷:应交税费——应交所得税　59 800

借:本年利润　　59 800
　　贷:所得税费用　　59 800
(10)借:利润分配——提取盈余公积　　300 000
　　贷:盈余公积　　300 000
(11)借:利润分配——应付股利　　500 000
　　贷:应付股利　　500 000
(12)借:本年利润　　3 000 000
　　贷:利润分配——未分配利润　　3 000 000
(13)借:利润分配——未分配利润　　800 000
　　贷:利润分配——提取盈余公积　　300 000
　　　　——应付股利　　500 000

年末未分配利润＝3 000 000－300 000－500 000＝2 200 000(元)

练习七

1. 编制会计分录如下:
(1)借:原材料　　10 000
　　贷:银行存款　　10 000
(2)借:生产成本　　40 000
　　贷:原材料　　40 000
(3)借:库存现金　　400
　　贷:银行存款　　400
(4)借:固定资产　　100 000
　　贷:银行存款　　100 000
(5)借:应付账款　　3 000
　　贷:银行存款　　3 000
(6)借:生产成本　　25 000
　　贷:原材料　　25 000
(7)借:银行存款　　3 000
　　贷:应收账款　　3 000
(8)借:短期借款　　12 000
　　应付账款　　4 000
　　贷:银行存款　　16 000
(9)借:银行存款　　20 000
　　贷:实收资本　　20 000
(10)借:银行存款　　3 600
　　库存现金　　400
　　贷:应收账款　　4 000

2. T形账户(简略)如下:

库存现金

1 000	
(3) 400	
(10) 400	
800	
1 800	

银行存款

135 000	(1) 10 000
	(3) 400
	(4) 100 000
(7) 3 000	(5) 3 000
(9) 20 000	(8) 16 000
(10) 3 600	
26 600	129 400
32 200	

原材料

120 000	
(1)10 000	(2) 40 000
	(6) 25 000
10 000	65 000
65 000	

应收账款

10 000	
	(7) 3 000
	(10) 4 000
	7 000
3 000	

库存商品

24 000	
24 000	

固定资产

600 000	
(4)100 000	
700 000	

生产成本

40 000	
(2)40 000	
(6)25 000	
65 000	
105 000	

短期借款

	60 000
(8)12 000	
12 000	
	48 000

应交税费

	2 000
	2 000

应付账款

	8 000
(5)3 000	
(8)4 000	
7 000	
	1 000

实收资本

	860 000
	(9)20 000
	880 000

3. 编制总分类账户本期发生额及期末余额试算平衡表。

总分类账户本期发生额及期末余额试算平衡表

20××年7月　　单位:元

会计科目	期初余额		本期发生额		期末余额	
	借方	贷方	借方	贷方	借方	贷方
库存现金	1 000		800		1 800	
银行存款	135 000		26 600	129 400	32 200	
应收账款	10 000			7 000	3 000	
生产成本	40 000		65 000		105 000	
原材料	120 000		10 000	65 000	65 000	
库存商品	24 000				24 000	
固定资产	600 000		100 000		700 000	
短期借款		60 000	12 000			48 000
应付账款		8 000	7 000			1 000
应交税费		2 000				2 000
实收资本		860 000		20 000		880 000
合　计	930 000	930 000	221 400	221 400	931 000	931 000

三、复习思考题

略。

四、案例分析题

略。

第六章　会计凭证

二、本章练习题

(一)判断题

1. × 2. × 3. √ 4. × 5. × 6. × 7. × 8. × 9. √ 10. ×

(二)单项选择题

1. C 2. D 3. B 4. C 5. D 6. B 7. D 8. A 9. C 10. B

(三)多项选择题

1. CDE　2. ACD　3. BCD　4. BD　5. ABCDE　6. ABCD
7. AE　8. BCD　9. CDE　10. BCD

(四)计算分录题

练习一

原始凭证的分类

会计凭证＼分类	一次凭证	外来凭证	累计凭证	汇总原始凭证
增值税专用发票	√	√		
收料凭证汇总表				√
工商银行进账单	√	√		
银行借款凭证	√	√		
领料单	√			
限额领料单			√	
折旧计算表	√			
付款收到的收据	√	√		

练习二

<table>
<tr>
<td rowspan="3">
中国工商银行现金支票存根
支票号码 AY002038060
科目________________
对方科目____________
出票日期 20××年 8 月 1 日
收款人:浙江中德公司
金额:¥1 500.00
用途:备用金
单位主管:王大云 会计:余青
复核:　　　　记账:
</td>
<td colspan="2">
中国工商银行现金支票(浙)　　AY002038060
出票日期(大写)　贰零壹零年零捌月零壹日　付款行名称　工商银行艮山分理处
收款人　浙江中德公司　　出票人账号　18343740273899
</td>
</tr>
<tr>
<td>人民币(大写)壹仟伍佰元整</td>
<td>
亿 千 百 十 万 千 百 十 元 角 分
　　　　　¥ 1 5 0 0 0 0
</td>
</tr>
<tr>
<td>
用途　备用金
上列款项请从
我账户内支付
出票人签章
浙江中德公司
财务专用章　王大云
</td>
<td>
科目(借)________
对方科目(贷)________
付讫日期　　年　月　日
出纳　　复核　　记账
</td>
</tr>
</table>

借 支 单

20××年8月3日　　　部门:供销科

借支人姓名	黄明			职　务			
借支事由	出差						
人民币（大写）	叁仟元整　　　¥　3 000.00						
核准	张大伟	会计	余　青	出纳	蒋丽红	借支人	黄明

练习三

付 款 凭 证

应贷科目:银行存款　　　20××年8月1日　　　银付字第01号

摘　要	应借科目		金额							记账"√"
	一级科目	二级或明细科目	万	千	百	十	元	角	分	
提现	库存现金			1	5	0	0	0	0	
合　计			¥	1	5	0	0	0	0	

附件 1 张

会计主管:张珊燕　　记账:余青　　出纳:蒋丽红　　复核:陈晓梅　　制单:余青

收 款 凭 证

应借科目:库存现金　　　20××年8月8日　　　现收字第01号

摘　要	应贷科目		金额							记账"√"
	一级科目	二级或明细科目	万	千	百	十	元	角	分	
收回差旅费余款	其他应收款	黄明			2	0	0	0	0	
合　计				¥	2	0	0	0	0	

附件 1 张

会计主管:张珊燕　　记账:余青　　出纳:蒋丽红　　复核:陈晓梅　　制单:余青

转 账 凭 证

20××年8月8日　　　转字第01号

摘　要	一级科目	二级或明细科目	借方金额							贷方金额							记账"√"
			万	千	百	十	元	角	分	万	千	百	十	元	角	分	
报销差旅费	管理费用	差旅费		2	8	0	0	0	0								
	其他应收款	黄明									2	8	0	0	0	0	
合　计			¥	2	8	0	0	0	0	¥	2	8	0	0	0	0	

附件 1 张

会计主管:张珊燕　　记账:余青　　出纳:蒋丽红　　复核:陈晓梅　　制单:余青

三、复习思考题

略。

四、案例分析题

略。

第七章 会计账簿

二、本章练习题

(一)判断题

1. √ 2. √ 3. × 4. × 5. √ 6. √ 7. √ 8. × 9. × 10. √

(二)单项选择题

1. B 2. A 3. C 4. C 5. B 6. D 7. D 8. C 9. C 10. C

(三)多项选择题

1. ABC 2. BCE 3. BD 4. BCD 5. ADE 6. ACD
7. ABC 8. ABD 9. ACD 10. AE

(四)计算分录题

练习一

(1)红字冲销法。

借:应付账款——A 公司 [1 200]

　　贷:库存现金 [1 200]

借:应付账款——A 公司 1 200

　　贷:银行存款 1 200

(2)划线更正法。

把固定资产账簿记录上的 51 000 元用红线划去,在上方用蓝字写上正确的 15 000 元,并由登账人员签章。

(3)红字冲销法。

借:制造费用 [360]

　　贷:原材料 [360]

(4)补充登记法。

借:原材料 43 200

　　贷:应付账款 43 200

(5)红字冲销法。

借:制造费用　　45 000

　　贷:原材料　　45 000

借:生产成本　　45 000

　　贷:原材料　　45 000

练习二

(1)借:其他应收款——杨路华　　800

　　贷:库存现金　　800

(2)借:管理费用　　600

　　贷:库存现金　　600

(3)借:库存现金　　2 000

　　贷:银行存款　　2 000

(4)借:管理费用　　600

　　库存现金　　200

　　贷:其他应收款——杨路华　　800

(5)借:银行存款　　1 000

　　贷:库存现金　　1 000

现金日记账

20××年		凭证号	摘要	对方科目	借方										贷方										余额									
月	日				千	百	十	万	千	百	十	元	角	分	千	百	十	万	千	百	十	元	角	分	千	百	十	万	千	百	十	元	角	分
9	1	略	期初余额	略																									3	5	0	0	0	0
9	2	略	预支差旅费	略																8	0	0	0	0					2	7	0	0	0	0
9	5	略	购办公用品	略																6	0	0	0	0					2	1	0	0	0	0
9	7	略	提现	略					2	0	0	0	0	0															4	1	0	0	0	0
9	8	略	交回差旅费	略						2	0	0	0	0															4	3	0	0	0	0
9	10	略	存现	略															1	0	0	0	0	0					3	3	0	0	0	0
9	30	略	本月合计					¥	2	2	0	0	0	0				¥	2	4	0	0	0	0				¥	3	3	0	0	0	0

练习三

1. 编制会计分录如下:

(1)借:原材料——甲材料　　5 000

　　——乙材料　　30 000

　　应交税费——应交增值税(进项税额)　　5 950

　　贷:银行存款　　40 950

(2)借:原材料——甲材料　　4 000

　　——乙材料　　15 000

　　应交税费——应交增值税(进项税额)　　3 230

贷:银行存款　　　　22 230

(3)借:生产成本　　　　39 500

制造费用　　　　500

贷:原材料——甲材料　　　　10 000

——乙材料　　　　30 000

2. 登记原材料总账及其明细分类账。

总　账

会计科目:原材料　　　　第10页

20××年		凭证号数	摘　要	借方	贷方	借或贷	余额
月	日						
6	1	略	期初余额			借	35 000
6	3	略	购入材料	35 000		借	70 000
6	10	略	购入材料	19 000		借	89 000
6	12	略	领用材料		40 000	借	49 000
6	30	略	本月合计	54 000	40 000	借	49 000

原材料明细分类账

明细账户:甲材料　　　　计量单位:千克　　　　金额:元

20××年		凭证号数	摘　要	收　入			发　出			结　存		
月	日			数量	单价	金额	数量	单价	金额	数量	单价	金额
6	1	略	期初余额							2 000	10	20 000
6	3	略	购入材料	500	10	5 000				2 500	10	25 000
6	10	略	购入材料	400	10	4 000				2 900	10	29 000
6	12	略	生产领料				1 000	10	10 000	1 900	10	19 000
6	30	略	本月合计	900		9 000	1 000		10 000	1 900	10	19 000

原材料明细分类账

明细账户:乙材料　　　　计量单位:吨　　　　金额:元

20××年		凭证号数	摘　要	收　入			发　出			结　存		
月	日			数量	单价	金额	数量	单价	金额	数量	单价	金额
6	1	略	期初余额							50	300	15 000
6	3	略	购入材料	100	300	30 000				150	300	45 000
6	10	略	购入材料	50	300	15 000				200	300	60 000
6	12	略	生产领料				100	300	30 000	100	300	30 000
6	30	略	本月合计	150		45 000	100		30 000	100	300	30 000

三、复习思考题

略。

四、案例分析题

略。

第八章　财产清查

二、本章练习题

(一)判断题

1. √　2. √　3. ×　4. ×　5. √　6. ×　7. ×　8. √　9. √　10. ×

(二)单项选择题

1. C　2. D　3. B　4. C　5. C　6. B　7. C　8. B　9. A　10. C

(三)多项选择题

1. BCDE　2. ABC　3. ABDE　4. ABCE　5. ADE　6. CD
7. ABCDE　8. ABD　9. CD　10. AC

(四)计算分录题

练习一

银行存款余额调节表

20××年8月31日

存款种类:结算户存款　　　　单位:元

项　目	金　额	项　目	金　额
银行对账单余额	148 000	企业银行存款日记账余额	112 000
加:企业已收,银行未收 减:企业已付,银行未付	4 000 36 000	加:银行已收,企业未收 减:银行已付,企业未付	20 000 16 000
调节后的存款余额	116 000	调节后的存款余额	116 000

调节后的余额116 000元,就是该企业20××年8月31日银行存款的实际结存额。

练习二

银行存款余额调节表

20××年9月30日

存款种类:结算户存款　　　　单位:元

项　目	金　额	项　目	金　额
银行对账单余额	24 158	企业银行存款日记账余额	42 594
加:企业已收,银行未收 减:企业已付,银行未付	28 000 376	加:银行已收,企业未收 加:银行已收,企业未收 减:银行已付,企业未付	11 820 488 3 120
调节后的存款余额	51 782	调节后的存款余额	51 782

练习三

(1)编制银行存款余额调节表如下：

银行存款余额调节表

20××年5月31日

存款种类:结算户存款　　　　单位:元

项　目	金　额	项　目	金　额
银行对账单余额	508 000	企业银行存款日记账余额	525 000
加:企业已收,银行未收	64 000	加:银行已收,企业未收	50 000
减:企业已付,银行未付	1 600	减:银行已付,企业未付	1 000
调节后的存款余额	570 400	调节后的存款余额	574 000

(2)因银行对账单和未达账项均无错误,而调节后的存款余额,公司日记账多于银行对账单3 600元,显然是公司银行存款日记账记录有误,多收了3 600元。因此,公司20××年5月31日银行存款日记账账面余额应是521 400元(525 000－3 600)。

练习四

(1)①审批前:

借:待处理财产损溢——待处理流动资产损溢　600

　贷:库存商品——甲产品　600

②审批后:

借:其他应收款——某保管人员　600

　贷:待处理财产损溢——待处理流动资产损溢　600

(2)①审批前:

借:待处理财产损溢——待处理流动资产损溢　5 000

　贷:原材料——A材料　5 000

②审批后:

借:营业外支出　4 900

　库存现金　100

　贷:待处理财产损溢——待处理流动资产损溢　5 000

(3)①审批前:

借:固定资产　5 600

　贷:以前年度损益调整　5 600

②审批后:

借:以前年度损益调整　1 400

　贷:应交税费——应交所得税　1 400

借:以前年度损益调整　4 200

　贷:利润分配——未分配利润　4 200

(4)①审批前：

借:待处理财产损溢——待处理流动资产损溢 160

贷:原材料——B 材料 160

②审批后：

借:管理费用 160

贷:待处理财产损溢——待处理流动资产损溢 160

(5)①审批前：

借:原材料——C 材料 500

贷:待处理财产损溢——待处理流动资产损溢 500

②审批后：

借:待处理财产损溢——待处理流动资产损溢 500

贷:管理费用 500

三、复习思考题

略。

四、案例分析题

略。

第九章　财务会计报告

二、本章练习题

(一)判断题

1. × 2. × 3. × 4. × 5. × 6. × 7. × 8. √ 9. √ 10. ×

(二)单项选择题

1. C 2. C 3. D 4. C 5. A 6. D 7. B 8. C 9. A 10. B

(三)多项选择题

1. ABC 2. BCE 3. ABCDE 4. ABD 5. ABCDE 6. AC
7. ABD 8. ACD 9. BC 10. ABCDE

(四)计算分录题

练习一

货币资金＝980＋10 258＝11 238(元)

存货＝18 695＋489＋6 589＝25 773(元)

长期借款＝100 000－20 000＝80 000(元)

未分配利润＝30 015－4 856＝25 159(元)

练习二

(1)营业利润＝4 500×(20－12)＋30 000－50 000＝16 000(元)

(2)利润总额＝16 000＋3 000＝19 000(元)

(3)所得税费用＝[4 500×(20－12)＋30 000－2 500－(50 000－5 000－5 000)＋3 000]×25%

＝26 500×25%＝6 625(元)

(4)净利润＝19 000－6 625＝12 375(元)

练习三

(1)营业收入＝5 000－100＋300－60＝5 140(元)

(2)营业成本＝4 000－60＋200－40＝4 100(元)

练习四

资产负债表

编制单位:金兰公司　　20××年10月1日　　单位:元

资　产	金　额	负债及所有者权益	金　额
货币资金	360	负债	
应收账款	2 100	短期借款	1 000
原材料	5 540	应收账款	500
固定资产	16 500	所有者权益	
		实收资本	23 000
资产总计	24 500	负债及所有者权益总计	24 500

练习五

1. 编制相关的调整分录、结转分录以及结账分录。

(1)借:其他应收款　1 200
　　贷:其他业务收入　1 200

(2)借:制造费用　2 500
　　管理费用　1 100
　　贷:其他应付款　3 600

(3)借:财务费用　840
　　贷:应付利息　840

(4)借:管理费用　480
　　贷:长期待摊费用　480

(5)借:制造费用　4 410
　　管理费用　1 470
　　贷:累计折旧　5 880

(6)结转制造费用时：

借:生产成本 19 710

贷:制造费用 19 710

(7)结转完工产品成本时：

借:库存商品 67 310

贷:生产成本 67 310

(8)结转产品销售成本时：

借:主营业务成本 49 584

贷:库存商品 49 584

(9)借:税金及附加 143.58

贷:应交税费——应交教育费附加(4 786.08×3%) 143.58

(10)结转收入时：

借:主营业务收入 86 400

其他业务收入 1 200

贷:本年利润 87 600

(11)结转成本、费用时：

借:本年利润 62 657.58

贷:主营业务成本 49 584

税金及附加 143.58

销售费用 2 400

管理费用 9 690

财务费用 840

(12)借:所得税费用 6 235.61

贷:应交税费——应交所得税(24 942.42×25%) 6 235.61

借:本年利润 6 235.61

贷:所得税费用 6 235.61

(13)结转本年利润时：

借:本年利润 70 306.81

贷:利润分配——未分配利润(51 600+87 600−62 657.58−6 235.61)

70 306.81

2.(1)编制资产负债表。

资产负债表

编制单位:大河公司　　20××年9月30日　　单位:元

项　目	期末数	项　目	期末数
货币资金	19 200	短期借款	108 000
应收账款	6 400	预收账款	20 000
其他应收款	3 600	应交税费	143.58
存货	63 246	应付利息	2 760
流动资产合计	92 446	其他应付款	3 600

续表

项　目	期末数	项　目	期末数
固定资产	641 600	流动负债合计	134 503.58
减:累计折旧	149 880	负债合计	134 503.58
固定资产净值	491 720	实收资本	350 000
长期待摊费用	4 320	资本公积	6 235.61
长期资产合计	496 040	未分配利润	97 746.81
		所有者权益合计	453 938.24
资产合计	588 486	负债及所有者权益合计	588 486

(2)计算报表相关项目。

存货＝22 880＋57 600＋12 640＋19 710－49 584＝63 246(元)

应交税费＝143.58(元)

未分配利润＝51 600＋27 440＋(87 600－62 657.58－6 235.61)

＝97 746.81(元)

三、复习思考题

略。

四、案例分析题

略。

第十章　账务处理程序

二、本章练习题

(一)判断题

1. √　2. ×　3. √　4. ×　5. √　6. √　7. ×　8. ×　9. √　10. ×

(二)单项选择题

1. C　2. B　3. B　4. A　5. C　6. B　7. D　8. C　9. B　10. C

(三)多项选择题

1. BCD　2. ACDE　3. ABE　4. BD　5. ABE　6. BD
7. BCD　8. AB　9. ACE　10. ABC

(四)计算分录题

练习一

1. 根据本月经济业务编制的记账凭证(会计分录代替)如下：

(1)借:在途物资——甲材料	40 000	
贷:银行存款		40 000
借:原材料——甲材料	40 000	
贷:在途物资——甲材料		40 000
(2)借:在途物资——乙材料	60 000	
贷:应付账款		60 000
借:原材料——乙材料	60 000	
贷:在途物资——乙材料		60 000
(3)借:生产成本——A 产品	58 000	
——B 产品	57 500	
管理费用	4 000	
贷:原材料——甲材料		52 000
——乙材料		67 500
(4)借:管理费用	2 000	
贷:库存现金		2 000
(5)借:应付利息	12 000	
贷:银行存款		12 000
(6)借:库存现金	50 000	
贷:银行存款		50 000
(7)借:应付职工薪酬	50 000	
贷:库存现金		50 000
(8)借:生产成本——A 产品	4 000	
——B 产品	2 500	
制造费用	1 500	
贷:银行存款		8 000
(9)借:银行存款	180 000	
贷:主营业务收入		180 000
(10)借:银行存款	60 000	
应收账款	40 000	
贷:主营业务收入		100 000
(11)借:销售费用	3 000	
贷:银行存款		3 000
(12)借:生产成本——A 产品	30 000	
——B 产品	15 000	
管理费用	5 000	
贷:应付职工薪酬		50 000
(13)借:制造费用	5 000	

管理费用 1 000
　贷：累计折旧 6 000

(14)借：库存商品——A 产品 216 000
　　　　　　——B 产品 120 000
　贷：生产成本——A 产品 216 000
　　　　　　——B 产品 120 000

(15)借：税金及附加 28 000
　贷：应交税费 28 000

(16)借：主营业务收入 280 000
　贷：本年利润 280 000

(17)借：主营业务成本 200 000
　贷：库存商品——A 产品 120 000
　　　　　　——B 产品 80 000

借：本年利润 200 000
　贷：主营业务成本 200 000

(18)借：本年利润 43 000
　贷：税金及附加 28 000
　　销售费用 3 000
　　管理费用 12 000

(19)借：所得税费用 8 875
　贷：应交税费——应交所得税 8 875

借：本年利润 8 875
　贷：所得税费用 8 875

(20)借：利润分配——提取盈余公积 10 000
　　　　　　——应付股利 10 000
　贷：盈余公积 10 000
　　应付股利 10 000

2. 根据收、付款凭证，逐日逐笔登记现金日记账、银行存款日记账。

现金日记账

单位：元

年		凭证号		摘　要	对方科目	收　入	支　出	结　余
月	日	收	付					
略	略			期初余额				3 500
				零星开支	管理费用		2 000	1 500
				提取现金	银行存款	50 000		51 500
				发放工资	应付职工薪酬		50 000	1 500
				本期发生额及余额		50 000	52 000	1 500

银行存款日记账

单位:元

年		凭证号		摘要	对方科目	收入	支出	结余
月	日	收	付					
略	略			期初余额				300 000
			1	购进材料	原材料		40 000	260 000
			5	支付利息	应付利息		12 000	248 000
			6	提取现金	库存现金		50 000	198 000
				支付水电费	生产成本		6 500	191 500
			8		管理费用		1 500	190 000
		9		销售收入	主营业务收入	180 000		370 000
				销售收入		60 000		430 000
			11	支付广告费			3 000	427 000
				本期发生额及余额		240 000	113 000	427 000

3. 根据原始凭证、记账凭证,登记原材料明细账。

原材料明细账

材料名称:甲材料　　　　单位:千克,元

	摘要	收入			发出			结存		
		数量	单价	金额	数量	单价	金额	数量	单价	金额
略	期初余额							1 500	400	600 000
	购进材料	100	400	40 000				1 600	400	640 000
	发出材料				130	400	52 000	1 470	400	588 000
	本期发生额及期末余额	100		40 000	130		52 000	1 470		588 000

原材料明细账

材料名称:乙材料　　　　单位:千克,元

	摘要	收入			发出			结存		
		数量	单价	金额	数量	单价	金额	数量	单价	金额
略	期初余额							2 500	150	300 000
	购进材料	400	150	60 000				2 900	150	360 000
	发出材料				450	150	67 500	2 450	150	292 500
	本期发生额及期末余额	400		60 000	450		67 500	2 450		292 500

4. 根据记账凭证,逐笔登记总分类账。

会计科目:库存现金　　　　单位:元

年		凭证号	摘要	借方	贷方	借或贷	余额
月	日						
		略	期初余额			借	3 500
			支付零星开支		2 000	借	1 500
			提取现金	50 000		借	51 500
			发放工资		50 000	借	1 500
			本期发生额及期末余额	50 000	52 000	借	1 500

会计科目:银行存款　　单位:元

年		凭证号	摘　要	借　方	贷　方	借或贷	余　额
月	日						
		略	期初余额		40 000	借	300 000
			购买材料		12 000	借	260 000
			支付房租		50 000	借	248 000
			提取现金		8 000	借	198 000
			支付水电费			借	190 000
			销售产品	180 000		借	370 000
			销售产品	60 000		借	430 000
			支付销售费用		3 000	借	427 000
			本期发生额及期末余额	240 000	113 000	借	427 000

会计科目:应收账款　　单位:元

年		凭证号	摘　要	借　方	贷　方	借或贷	余　额
月	日						
		略	期初余额			借	200 000
			赊销产品	40 000		借	240 000
			本期发生额及期末余额	40 000		借	240 000

会计科目:其他应收款　　单位:元

年		凭证号	摘　要	借　方	贷　方	借或贷	余　额
月	日						
		略	期初余额			借	10 000
			本期发生额及期末余额			借	10 000

会计科目:预付账款　　单位:元

年		凭证号	摘　要	借　方	贷　方	借或贷	余　额
月	日						
		略	期初余额			借	12 000
			本期发生额及期末余额			借	12 000

会计科目:原材料　　单位:元

年		凭证号	摘　要	借　方	贷　方	借或贷	余　额
月	日						
		略	期初余额			借	900 000
			购入材料	40 000		借	940 000
			购入材料	60 000		借	1 000 000
			发出材料		119 500	借	880 500
			本期发生额及期末余额	100 000	119 500	借	880 500

会计科目:库存商品　　单位:元

年 月	日	凭证号	摘　要	借　方	贷　方	借或贷	余　额
		略	期初余额 结转完工产品成本 结转销售产品成本	 336 000 	 200 000	借 借 借	600 000 936 000 736 000
			本期发生额及期末余额	336 000	200 000	借	736 000

会计科目:生产成本　　单位:元

年 月	日	凭证号	摘　要	借　方	贷　方	借或贷	余　额
		略	期初余额 领用材料 水电费 分配工资费用 结转完工产品成本	 115 500 6 500 45 000 	 336 000	借 借 借 借 借	300 000 415 500 422 000 467 000 136 000
			本期发生额及期末余额	167 000	336 000	借	131 000

会计科目:固定资产　　单位:元

年 月	日	凭证号	摘　要	借　方	贷　方	借或贷	余　额
		略	期初余额			借	3 000 000
			本期发生额及期末余额			借	3 000 000

会计科目:累计折旧　　单位:元

年 月	日	凭证号	摘　要	借　方	贷　方	借或贷	余　额
		略	期初余额 计提折旧		 1 000	贷 贷	1 000 000 1 001 000
			本期发生额及期末余额		1 000	贷	1 001 000

会计科目:短期借款　　单位:元

年 月	日	凭证号	摘　要	借　方	贷　方	借或贷	余　额
		略	期初余额			贷	1 570 000
			本期发生额及期末余额			贷	1 570 000

会计科目:应付账款 单位:元

年		凭证号	摘要	借方	贷方	借或贷	余额
月	日						
		略	期初余额			贷	400 000
			赊购材料		60 000	贷	460 000
			本期发生额及期末余额		60 000	贷	460 000

会计科目:应付职工薪酬 单位:元

年		凭证号	摘要	借方	贷方	借或贷	余额
月	日						
		略	发放工资	50 000		借	50 000
			分配工资费用		50 000	平	0
			本期发生额及期末余额	50 000	50 000	平	0

会计科目:应交税费 单位:元

年		凭证号	摘要	借方	贷方	借或贷	余额
月	日						
		略	期初余额			贷	50 000
			税金及附加		28 000	贷	78 000
			应交所得税		8 875	贷	86 875
			本期发生额及期末余额		36 875	贷	86 875

会计科目:应付股利 单位:元

年		凭证号	摘要	借方	贷方	借或贷	余额
月	日						
		略	期初余额			贷	70 000
			分配利润		10 000	贷	80 000
			本期发生额及期末余额		10 000	贷	80 000

会计科目:其他应付款 单位:元

年		凭证号	摘要	借方	贷方	借或贷	余额
月	日						
		略	期初余额			贷	15 500
			本期发生额及期末余额			贷	15 500

会计科目:应付利息　　　　单位:元

年		凭证号	摘　　要	借　方	贷　方	借或贷	余　额
月	日						
		略	期初余额			贷	20 000
			支付预提的房租	12 000		贷	8 000
			本期发生额及期末余额	12 000		贷	8 000

会计科目:实收资本　　　　单位:元

年		凭证号	摘　　要	借　方	贷　方	借或贷	余　额
月	日						
		略	期初余额			贷	2 000 000
			本期发生额及期末余额			贷	2 000 000

会计科目:盈余公积　　　　单位:元

年		凭证号	摘　　要	借　方	贷　方	借或贷	余　额
月	日						
		略	期初余额			贷	150 000
			提取盈余公积金		10 000	贷	160 000
			本期发生额及期末余额		10 000	贷	160 000

会计科目:本年利润　　　　单位:元

年		凭证号	摘　　要	借　方	贷　方	借或贷	余　额
月	日						
			期初余额			贷	300 000
			结转各项收入		280 000	贷	580 000
			结转销售成本	200 000		贷	380 000
			结转其他各项支出	44 500		贷	335 500
			结转所得税	8 875		贷	326 625
			本期发生额及期末余额	253 375	280 000	贷	326 625

会计科目:利润分配　　　　单位:元

年		凭证号	摘　　要	借　方	贷　方	借或贷	余　额
月	日						
		略	期初余额			借	250 000
			提取盈余公积金	10 000		借	260 000
			分给投资人利润	10 000		借	270 000
			本期发生额及期末余额	20 000		借	270 000

会计科目：主营业务收入　　单位：元

年		凭证号	摘　要	借　方	贷　方	借或贷	余　额
月	日						
		略	销售产品收款 销售产品未收款 销售产品收款 结转销售收入	 280 000	180 000 40 000 60 000	贷 贷 贷 平	180 000 220 000 280 000 0
			本期发生额及期末余额	280 000	280 000	平	0

会计科目：主营业务成本　　单位：元

年		凭证号	摘　要	借　方	贷　方	借或贷	余　额
月	日						
		略	结转已销产品成本 结转至“本年利润”	200 000	 200 000	借 平	200 000 0
			本期发生额及期末余额	200 000	200 000	平	0

会计科目：税金及附加　　单位：元

年		凭证号	摘　要	借　方	贷　方	借或贷	余　额
月	日						
		略	计算应纳税金 结转税金	28 000	 28 000	借 平	28 000 0
			本期发生额及期末余额	28 000	28 000	平	0

会计科目：管理费用　　单位：元

年		凭证号	摘　要	借　方	贷　方	借或贷	余　额
月	日						
		略	一般耗用材料 零星开支 支付水电费 分配工资费用 提取折旧 结转管理费用	4 000 2 000 1 500 5 000 1 000	 13 500	借 借 借 借 借 平	4 000 6 000 7 500 12 500 13 500 0
			本期发生额及期末余额	13 500	13 500	平	0

会计科目：销售费用　　单位：元

年		凭证号	摘　要	借　方	贷　方	借或贷	余　额
月	日						
		略	支付广告费 结转销售费用	3 000	 3 000	借 平	3 000 0
			本期发生额及期末余额	3 000	3 000	平	0

会计科目:所得税费用 单位:元

年		凭证号	摘　　要	借　方	贷　方	借或贷	余　额
月	日						
		略	计算所得税	8 875		借	8 875
			结转所得税		8 875	平	0
			本期发生额及期末余额	8 875	8 875	平	0

会计科目:在途物资 单位:元

年		凭证号	摘　　要	借　方	贷　方	借或贷	余　额
月	日						
		略	购买甲材料	40 000		借	40 000
			结转入库材料成本		40 000	平	0
			购买乙材料	60 000		借	60 000
			结转入库材料成本		60 000	平	0
			本期发生额及期末余额	100 000	100 000	平	0

5. 根据总分类账户记录,编制试算平衡表如下:

总分类账户发生额及余额试算平衡表 单位:元

会计科目	期初余额		本期发生额		期末余额	
	借　方	贷　方	借　方	贷　方	借　方	贷　方
库存现金	3 500		50 000	52 000	1 500	
银行存款	300 000		240 000	113 000	427 000	
应收账款	200 000		40 000		240 000	
其他应收款	10 000				10 000	
预付账款	12 000				12 000	
原材料	90 000		100 000	119 500	880 500	
库存商品	600 000		336 000	200 000	736 000	
生产成本	300 000		167 000	336 000	131 000	
固定资产	3 000 000				3 000 000	
累计折旧		1 000 000		1 000		1 001 000
短期借款		1 570 000				1 570 000
应付账款		400 000		60 000		460 000
应交税费		50 000		38 000		86 875
应付股利		70 000		10 000		80 000
其他应付款		15 500				15 500
应付利息		20 000	12 000			8 000

续表

会计科目	期初余额		本期发生额		期末余额	
	借方	贷方	借方	贷方	借方	贷方
实收资本		2 000 000				2 000 000
盈余公积		150 000		10 000		160 000
本年利润		300 000	254 500	280 000		326 625
利润分配	250 000		20 000		270 000	
在途物资			100 000	100 000		
管理费用			13 500	13 500		
应付职工薪酬			50 000	50 000		
主营业务收入			280 000	280 000		
销售费用			3 000	3 000		
税金及附加			28 000	28 000		
主营业务成本			200 000	200 000		
所得税费用			8 875	8 875		
合计	5 575 500	5 575 500	1 902 875	1 902 875	5 708 000	5 708 000

6. 根据总分类账户和明细分类账户记录，编制资产负债表和利润表如下：

资产负债表

编制单位：华星工厂　　　20××年12月31日　　　单位：元

资产	期末数	负债及所有者权益	期末数
流动资产：		流动负债：	
库存现金	428 500	短期借款	1 570 000
应收账款	240 000	应付账款	460 000
其他应收款	10 000	其他应付款	15 500
存货	1 747 500	应交税费	86 875
预付账款	12 000	应付股利	80 000
流动资产合计	2 438 000	应付利息	8 000
固定资产：		流动负债合计	2 220 375
固定资产原价	3 000 000	所有者权益：	
减：累计折旧	1 001 000	实收资本	2 000 000
固定资产净值	1 999 000	盈余公积	160 000
固定资产合计	1 999 000	未分配利润	56 625
		所有者权益合计	2 216 625
资产总计	4 437 000	负债及所有者权益总计	4 437 000

利润表

编制单位:华星工厂　　20××年12月31日　　单位:元

项　目	本月数	本年累计数
一、营业收入	280 000	
减:营业成本	200 000	
税金及附加	28 000	
销售费用	3 000	略
管理费用	13 500	
二、营业利润	35 500	
加:营业外收入		
减:营业外支出		
三、利润总额	35 500	
减:所得税费用	8 875	
五、净利润	26 625	

练习二

科目汇总表

20××年6月15日至6月30日　汇字第2号　　单位:元

借　方	会计科目	贷　方
2 840	库存现金	2 372
4 600	银行存款	4 500
700	应收账款	
12 000	原材料	
50 000	固定资产	
3 400	管理费用	
	应付账款	6 000
	实收资本	56 000
	预收账款	2 068
	应付职工薪酬	2 600
73 540	合　计	73 540

练习三

1. 编制本月业务的会计分录如下：

(1)借：管理费用　　1 500
　　贷：银行存款　　1 500

应编入“银行存款汇总付款凭证”。

(2)借：管理费用　　800
　　贷：库存现金　　800

应编入“现金汇总付款凭证”。

(3)借：库存现金　　100
　　贷：管理费用　　100

应编入“现金汇总收款凭证”。

(4)借：管理费用　　600
　　贷：预付账款　　600

应编入贷方科目“预付账款汇总转账凭证”。

(5)借：本年利润　　21 300
　　贷：管理费用　　21 300

应编入贷方科目“管理费用汇总转账凭证”。

2. 登记“管理费用”总分类账户（T 形账户），并写明摘要。

管理费用

6 月 20 日余额：	18 500		
根据银行存款汇总付款凭证	1 500		
根据现金汇总付款凭证	800		
根据现金汇总收款凭证	100		
根据“预付账款”账户贷方汇总转账凭证	600	根据“管理费用”账户贷方汇总转账凭证	21 300
本月发生额合计	21 300	本月发生额合计	21 300

练习四

账务处理程序	特　点	优　点	缺　点	适用范围
记账凭证账务处理程序	根据记账凭证逐笔登记总分类账	总分类账能详细反映业务发生情况，账户对应关系清楚	登记总账的工作量较大	规模小、业务少、凭证不多的单位
科目汇总表账务处理程序	定期根据所有记账凭证汇总编制科目汇总表，然后根据科目汇总表登记总分类账	简化了登记总账的工作量，科目汇总表能起到入账前的试算平衡作用	账户对应关系不清楚，不便于分析资金运动的来龙去脉	大、中、小型单位

续表

账务处理程序	特　点	优　点	缺　点	适用范围
汇总记账凭证账务处理程序	定期将全部记账凭证分别编制汇总收款凭证、汇总付款凭证、汇总转账凭证，根据各种汇总的记账凭证登记总分类账	大大减少了登记总账的工作量，汇总的记账凭证能正确反映账户之间的对应关系	定期编制汇总记账凭证的工作量较大，而且在汇总过程中是否存在错误也不易发现	规模较大、经济业务较多的单位
日记总账账务处理程序	设置日记总账，根据记账凭证逐笔登记日记总账	简化了记账手续，日记总账能反映账户对应关系，有利于分析资金运动的来龙去脉	会计科目较多时，会造成账页过大、栏次过多，不便于分工记账	规模小、业务少、使用会计科目少的单位

三、复习思考题

略。

四、案例分析题

略。